GLOBAL TILT

GLOBAL TILT
세계 경제 축의 대이동

램 차란 지음 | 김현구 옮김

21세기북스

50년 동안 한 지붕 아래서 살아온 12명의 형제자매와
사촌들로 이루어진 대가족의 마음과 영혼에 이 책을 바친다.
가족들의 개인적 희생이 없었더라면
나는 학교교육을 받지 못했을 것이다.

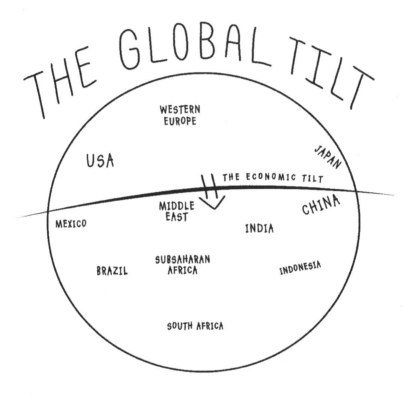

Global Tilt illustration by Maria Elias

'글로벌 틸트GLOBAL TILT'의 정의

1 북반구 나라들로부터 북위 31도 이하 나라들로 사업과 경제력의 이동, 2 사업 역사상 최대의 변화, 3 지도자들이 북반구와 남반구에 관한, 그리고 이 둘 사이의 관계에 관한 낡은 가정과 경험 법칙, 사고방식을 버릴 필요성, 4 남반구의 고삐 풀린 에너지, 인구학적 변화와 전 지구적 금융 시스템의 변동성, 디지털화 등을 포함한 억제할 수 없는 힘들의 결과물, 5 복잡성과 속도, 변동성, 불확실성을 다룰 수 있는 사람들에게 열리는 거대한 기회, 6 전략적 사고와 지도력, 조직의 사회적 시스템에서의 급격한 변화의 추동.

제 1 부

세계 경제의
지각 변동

제3장

**남반구의
새로운 힘**

제 2 부

우리는 무엇을
준비해야 하는가

제4장

**축이 이동하는
세계에서의
성공 전략**

제5장

**축이 이동하는
세계가 요구하는
리더십**

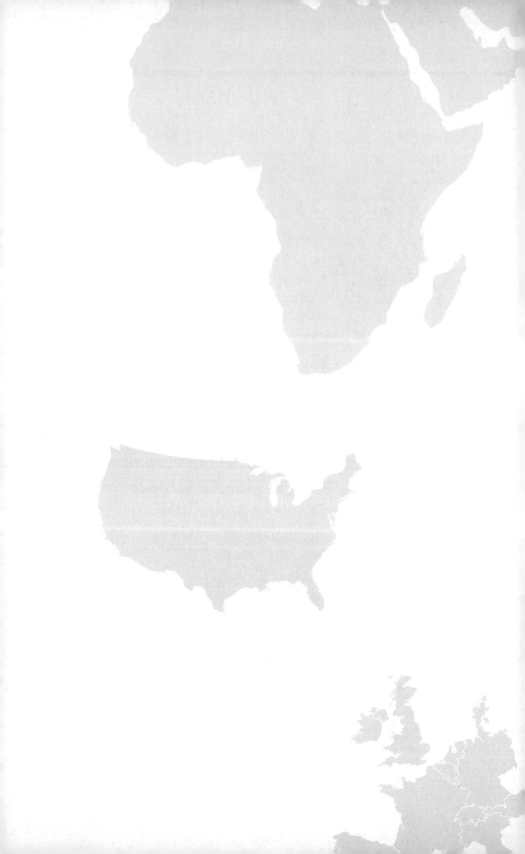

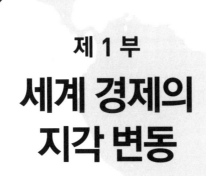

제 1 부

세계 경제의
지각 변동

THE GLOBAL TILT

WESTERN
EUROPE

USA

JAPAN

THE ECONOMIC TILT

MIDDLE
EAST

CHINA

MEXICO

INDIA

SUBSAHARAN
AFRICA

INDONESIA

BRAZIL

SOUTH AFRICA

제1장

무시할 수 없는
변화

2010년 11월 24일 늦은 시각에 나는 두바이에 도착했다. 인도의 제1위 통신 회사 바르티 에어텔을 위한 기업 미팅에서 연설을 하기로 되어 있었기 때문이다. 나는 열두 시간 전 뉴욕에서 출발했는데, 그 이전 사흘 동안은 미국 동부 연안 기업들과의 약속으로 바빴다. 하지만 출발하기 바로 전주에 들었던 몇 가지 문제와 질문들이 여전히 내 머릿속에서 맴돌았다. CEO들은 물론 고위 관리자와 중간 관리자들도 모두 유럽의 경제 붕괴로 인한 여파가 그들 사업에 어떤 영향을 미칠 것인가 하는 문제로 고심하고 있었다. 침체는 얼마나 심각하고, 얼마나 오래 지속될 것인가? 다른 사람들과 마찬가지로 그들도 세계 경제의 둔화와 전 지구적 경쟁, 급속한 변화라는 맞바람에 강타당한 기분이었다.

호텔에 도착한 나는 옷을 갈아입은 후 회의장으로 향했다. 회의장으로 통하는 로비에는 160명의 바르티 고위 관리자들이 환담을 나누고 있었다. 이들 중 46명은 아프리카 사람들이었는데, 바르티가 아프리카 15개국 통신사업체 집단인 자인Zain을 인수한 후 새로 편입했기 때문이다. 이들은 바르티가 바로 전해에 사업을 확대한 곳인 방글라데시와 스리랑카의 경영진과 더불어 이제 바르티 에어텔 경영진의 일부가 됐다. 많은 사람이 일반적인 서구식 비즈니스 복장을 하고 있었지만, 일부는 아프리카 전통 의상을 입고 있었고, 모두가 영어로 말했다. 대부분 30대로 보였지만, 이보다 훨씬 더 젊어 보이는 사람들도 있었다.

그러나 이 집단과 불과 몇 시간 전에 내가 만났던 지도자들 - 물리적으로나 심리적으로 바다 건너만큼 멀리 떨어져 있는 - 사이의 분명한 차이를 설명해주는 것은 여기 있는 이 집단의 젊음만은 아니었다. 분위기는 들뜨고 활기차며 낙관적이었다. 가입자 수 기준으로 이미 세계 5위의 통신사업자가 된 바르티는 계속 전진하고 있었고, 그 지도자들도 이 점을 알고 있었다. 무에서 시작한 바르티는 15년 만에 수십억 달러짜리 기업으로 성장해 통신 산업의 세계적 주도자가 됐다. 이 회사가 가까운 미래의 어느 시점에 미국이나 유럽에서도 성공을 거두지 못할 이유가 있을까? 나는 궁금했다. 그러나 이 놀랄 만한 성장과 그 창업자 수닐 미탈Sunil Mittal의 기업가적 열정이 북반구에는 거의 알려져 있지 않다.

그 순간 명백한 진실이 나에게 확실해졌다. 즉 세계의 축이 이미 이동했다는 것이다. 그 경제적 중심이 전통적으로 선진국이라 불리던 북반구 서방국가들로부터 아프리카의 일부까지 포함한 중동의 국가들과 브라질, 인도, 인도네시아, 중국 같은 빠르게 발전하는 국가들로 이동했다. 지난 수십 년 동안에는 기술과 경영 노하우, 자본이 서방에서 동방으로, 미국과 서유럽에서 일본과 한국, 아시아의 호랑이들로 이전되었다는 것이 표준적인 관점이었다. 그러나 오늘날 그 흐름은 일반적으로 북에서 남으로 이루어지고 있다. 지리적인 면에서 그 분할선은 북위 31도 선이다. 이 분할이 정밀한 것은 아니지만 – 예를 들면 한국과 일본은 그 경제와 사업 관행 면에서 본질적으로 북반구 국가에 속한다 – 축의 이동을 보는 간단한 편법이라고 할 수 있다.

부가 북에서 남으로 이동하고 있고, 일자리도 마찬가지다. 남반구 기업들은 크든 작든 맹렬한 기업가적 추진력을 가지고 있다. 많은 기업들이 두 자릿수의 수익 성장을 누리고 있고, 자기들 국가에 일자리와 번영을 가져오고 있다. 이들은 규모를 키우고 모든 전선에서 북반구 기업들에 도전하고 있다. 이 기업들이 거대한 추진력을 가지고 있다면, 예전의 거대 기업들 – 이들 중 일부는 수십 년 동안 자신들 분야의 산업을 지배해왔다 – 은 낮거나 중간 정도의 한 자릿수 성장을 간신히 이어나가고 있다. 남반구는 변화를 추동하고 있고, 북반구는 이것을 두려워하고 있다.

북반구의 기업 지도자들은 그 거대한 추세를 이해하지 못한다. 이런 일부 기업들은 자신의 본거지에서보다 훨씬 더 높은 성장을 찾아 남반구로 기술과 브랜드, 노하우, 실물 자산을 이전함으로써 축의 이동을 가속화하고 있다. 일부 기업들은 자신들의 힘든 상황이 값싼 노동력과 통화 조작, 보호주의 같은 것들의 탓이라 여긴다. 이런 것들이 문제이기는 하지만, 축의 이동을 몰아가는 더 큰 힘이 존재한다. 그리고 북반구 지도자들은 지금 존재할 뿐만 아니라 부상하고 있는 모습 그대로의 세계를 아직 받아들이지 못했다. 그러면 이들은 과연 어떻게 냉철한 대응을 생각해낼 수 있을까? 전 지구적 경쟁과 경제행위의 새로운 역학을 이해하는 것은 북반구와 남반구의 기업 지도자들에게는 무조건적으로 필요한 일이다. 이것은 소기업들이나 스스로 내수 전문이라 생각하는 기업의 지도자들에게도 예외가 아니다. 변화의 영향을 받지 않는 기업은 거의 없다.

복잡성과 변동성을 꿰뚫고 들어가면, 몇 가지 명백한 현실이 뚜렷이 드러난다.

세계는 기회와 부의 좀 더 균등한 분포를 향해 필연적으로 이동하고 있다. 이런 이동을 부채질하는 것은 인간의 억제할 수 없는 근본적인 충동이다. 즉 더 나은 삶을 위한 사람들의 욕구다. 앞길에 예상치 못한 구불구불한 여정이 놓여 있을지라도 방향은 명확하고 우리는 빠른 속도로 움직이고 있다.

매일 매 순간 모든 국가의 경제를 연계하는 지구 금융 시스템은 매우 불안정하다. 이 시스템이 어떻게 작동하는지에 대해서는 어느 누구도 제대로 이해하고 있지 못하다. 그 증거는 이 시스템의 주요 행위자들의 행동에 관해 끝없이 나타나는 불쾌한 발견들이다. 금융 시스템의 기능 장애는 경제 전반에 피해와 침체를 일으킬 수 있다. 이것은 1997년 '아시아 전염병Asian Contagion'이라 일컬어지는 경제 위기에서 그랬고, 2007~2012년에는 훨씬 더 광범위한 경제성장 손실을 불러일으켰다. 향후 일정 기간 동안 불확실성이 시대적 경향으로 지속될 것이다.

우리는 일자리 전쟁 상태에 빠져 있다. 전 세계적으로 총고용은 계속 증가하겠지만, 각국은 중산층을 창출 혹은 강화하고, 생활수준을 높이며, 재정 준비금을 증가시키고, 정치적 안정을 도모하기 위해 일자리 파이의 더 큰 몫을 차지하려 애쓰고 있다. 게임의 규칙에 대한 명확한 합의가 없는 상황에서 각국이 경쟁함에 따라 민족주의는 계속 건재할 것이다.

북위 31도 이남의 많은 나라는 자국민들을 위한 일자리와 자원을 획득하기 위해 자신들만의 통행 규칙을 만들고, 자신들만의 성장 계획을 실행에 옮기고 있다. 이 나라들은 북반구의 자유 시장 원칙을 엄수하지 않으면서 지구 경제에 참여하고 있다. 중국과 싱가포르, 타이완은 명시적인 국가 경제 전략을 가지고 있으며, 브라질이나 인도 같은 나라들도 자신의 국가 경제계획을 만들기 시작하고 있다. 보호주의 정책도 만연해 있다. 즉 각국 정부는 자국의 이익을 위해 주저 없이 개입한다. 종합적인 경제계획은 없지만 미국도 몇몇 선별적 영역에서 일정한 보호주의를 실행하고 있다.

기업들은 단지 다른 기업들 뿐만 아니라 다른 국가들을 상대로도 경쟁하고 있다. 어떤 정부가 자국 기업의 본거지를 보호하기 위해서 또는 세계시장 지배를 돕기 위해서 그 기업을 지원하기로 결정하면, 경쟁의 등식은 급격히 변할 수 있다. 국가의 지원을 받는 기업들은 규모를 신속히 키울 수 있고, 종종 경쟁 관계인 상장 기업들과 똑같은 수익 요건을 갖추지 않을 때도 있다. 따라서 이 기업들은 가격을 낮추고 이로써 산업 전체의 수익을 줄일 수 있다. 더욱이 전 지구적 확장의 불문율은, 성장 시장에 뿌리를 내리는 기업은 그 기술과 경영 노하우를 현지 파트너들에게 이전시킬 것이라는 점이다. 그 기술이전은 놀라울 정도로 신속히 일어날 수 있다.

북반구 기업들은 시장에 대한 접근성을 대가로 자신들에 맞설 미래의 경쟁자들을 키우고 있는 것인지도 모른다. 예를 들면 2007년 중국은 전 지구적으로 경쟁할 항공기 산업을 육성할 것을 목표로 세웠다. 중국은 미국과 유럽 항공기 제조업체들이 중국에 공장을 세우도록 허용했지만, 모든 외국인 직접투자FDI(Foreign Direct Investment)는 자국 내 기업과의 합작을 통해 이루어져야 한다고 규정했다. 이러한 공급자 관계는 공개적인 정보 교환을 수반하는데, 이를 통해 오랜 기간 동안 납세자들의 돈과 '위험 기금'의 재정 지원을 받으며 축적된 북반구의 지적재산이 중국으로 흘러 나갈 수 있다. 중국항공기유한공사COMAC는 2016년에 출시될 예정으로 중국 국내에서 개발된 좁은 동체 비행기로 보잉 및 에어버스와 정면으로 경쟁할 준비를 하고 있다.

인도도 소유권 제한을 통해 똑같은 종류의 보호 조치를 취하고 있다. 몇몇 산업에서 비인도계 기업들은 인도 기업들에 소유권 지분을 줄 경우에만 산업을 확장할 수 있다. 핵을 포함한 방위 관련 사업에서는 요건이 더욱 엄격하다. 비인도계 기업들은 인도인들에게 다수 지분 소유를 허용하는 한에서만 환영을 받는다.

그러면 북반구 기업들은 해당 국가가 규정하는 조건을 왜 기꺼이 수용하는가? 이는 그 수용국들이 북반구 기업들의 성장과 가치 창출 능력에 중요한 요소로 부각되고 있기 때문이다. 게다가 그 기업들은 자신이 하지 않으면 경쟁 기업들이 그렇게 할 것이라는 점을 인식하고 있다. 개별 경영자들은 이런 결정을 자율적으로 하지만, 이런 행위들이 모여서 자신들의 본국에 영향을 미칠 수 있다. 많은 기업들이 짧은 기간 동안 소떼 효과를 보이며 한 나라로 자원과 관심을 이전시키면, 본국이 손해를 입는다 한다. 즉 본국의 실업이 증가하고 세원이 줄어들며, 신용도가 하락하고 예산과 무역에서 적자가 늘어난다. 따라서 게임의 규칙을 따르지 않는 남반구의 한두 나라에 집중할 경우, 이것은 의도하지 않게 본국의 국가적 번영을 침식한다. 이런 점을 확인하려면 최근 수십 년 동안 미국에서의 제조업 쇠퇴에 관해 생각해보기만 해도 된다.

남반구의 많은 기업들은 자본과 노하우, 기술의 전 지구적 공급망을 이용하고 있다. 이 기업들은 공세적이다. 즉 그들은 어디서든, 그리고 주로 북반구에서 아주 많은 금액을 지불하고 최고의 인재를 영입할 수 있다. IBM과 맥킨지, 액센츄어 같은 기업들은 전 세계 곳곳에서 지역에 상관없이 잠재 고객들을 지원해준다. 헤드헌터들도 마찬가지다. 즉 포춘 500대 기업의 전직 임원들은 성장하고 있는 기업들에 자신들의 전문성을 기꺼이 제공하려 하고, 미국의 보수 규모와 맞먹는 보상을 받고 있다. 인도의 아웃소싱 기업인 위프로Wipro는 사업을 강화하기 위해 전직 GE 임원을 미국 수준의 보수를 주면서 부회장(사실상 그 창업자를 위한 최고 운영 책임자)에 고용했다. 그 결과 위프로는 작은 회사에서 인도에 본사를 둔 세계 세 번째 회사로 성장했다. 끊임없이 확대되는 주식시장과 사모펀드, 국부펀드sovereign wealth fund(정부가 보유한 투자 기금), 글로벌 은행들이 어느 곳이든 발견되는 기회들에 돈을 쏟아붓고 있다. 물론 기회란 성장에 의해 정의된다.

컨설턴트들과 마찬가지로, 특수한 기술적 전문성을 지닌 기업들도 고객을 찾아낼 수 있는 모든 곳에서 고객들의 환심을 사려고 할 것이다. 1973년 OPEC의 형성과 그에 이은 협상력의 점진적인 변화 이후에도 북반구의 메이저 석유 회사들은 그 규모와 독점적 노하우 때문에 상당한 영향력이 있었다. 그러나 이와는 달리 세계의 주도적인 독립적 석유 시추 전문 기업인 슐럼버거Schlumberger 같은 회사들은 사우디아라비아와 리비아, 멕시코 등의 나라에 서비스와 다량의 지식 기반을 판매한다.

경제적 힘이 이동함에 따라 정치적 힘도 이동한다. 두 측면 모두에서 남반구에 대한 미국의 영향력은 쇠퇴하고 있다. 이 때문에 그간 미국이 보기에 당연히 자신을 지지할 것 같았던 몇몇 나라가 독자적인 길을 갈 수 있게 됐다. 예를 들면 미국의 희망에 반해 브라질은 이란의 핵 야망을 단념시키기 위한 제재를 지지하길 거부했다. 이것은 5년 전에는 상상할 수도 없었을 놀라운 정치적 입장이다. 아프리카의 몇 나라는 미국 대신에 중국과의 거래를 선호하는 모습을 보여주었는데, 이는 미국이 민주주의 이데올로기를 강요하는 반면, 중국은 그렇지 않기 때문이다. 돈을 가진 자가 힘을 갖는다. 거대한 경제성장 기회를 가진 쪽이 더욱 큰 힘을 갖게 된다. 경제적 힘이 정치적 힘을 창출하는 것이지 그 반대는 아니다.

축의 이동은 전진과 후퇴를 반복하면서 진행될 것이다. 운세는 부침을 거듭할 것이다. 한 나라에 영향을 미치는 사건들은 다른 나라들로 파문처럼 번질 것이다. 예를 들면 유럽의 성장률을 제로 가까이 끌어내렸던 위기 후 유럽 금융 시스템의 불안은 미국과 중국의 수출도 둔화시켰다. 그 결과는 미국 경제에 더 큰 하강 압력으로 작용했고 중국의 성장률을 상당히 둔화시켰다. 인플레율 같은 경제적 요인들은 중국을 비롯한 많은 남반구 국가들이 임금과 통화 면에서 북반구에 대해 상대적으로 누리고 있는 비교 우위를 약화시킬 가능성이 있다. 이것은 몇몇 산업 분야에서 이미 시작됐다.

그럼에도 불구하고 축 이동의 전반적 방향에는 변함이 없다. 임금 격차가 축소된 이후에도 남반구는 여전히 비용 우위를 갖게 될 것이다. 시간이 흐르면서 그 축 이동은 경제적 풍경을 끊임없이 필연적으로 변화시킬 것이고, 전 지구적 차원에서 산업구조와 경쟁의 역학에 새로운 모습을 부여할 것이다.

좋든 싫든 그런 변화들을 고려해 자신의 사업 위치를 어떻게 정할지를 이해하는 수밖에 없다. 고양이가 발견하지 못하리라 희망하며 눈을 감은 채 있는 저 유명한 비둘기처럼 앉아 있는 것은 좋은 방책이 아니다. 정부가 보호해주리라 기다리는 것도 좋은 생각이 아니다. 민주주의 기구들은 다른 곳에서 성공적으로 사용된 중앙집권적 계획화보다 천천히 작동한다. 예를 들면 몇몇 업계 지도자와 학계 인사들이 하고 있듯이, 중국과 인도를 이전 시대 일본의 상승과 비교하며, 백미러를 안내자로 사용해 전진하는 것도 현명치 못한 일이다. 그런 비교는 심각한 결함이 있다. 오늘날의 경쟁자들은 북반구의 모델을 따르지 않으며, 기존 국제 사업계의 용인을 구하려 하지도 않는다. 지금은 새로운 세기이고 평평하지 않은 경기장에서 새로운 게임이 진행되고 있다.

북반구 기업들, 이제 행동해야 할 때

만약 당신이 북반구 기업의 지도자라면, 당신에게는 기업 운영에 대한 접근 방법을 과감하게 변경할 시간적 여유가 별로 없다. 경쟁력 분석과 전략, 실행에 대한 전통적 접근법에 의존할 수는 없다. 당신의 지도력은 전 지구적 상황에 대한 명확한 파악과 더불어 시작되어야 한다. 북반구는 저성장 혹은 성장의 정체를 겪고 있는 반면, 남반구는 세계 경제가 식어 있는 시점에도 활발히 전진하고 있다. 시계視界를 충분히 넓혀, 10년이나 20년 후를 바라보며 예측해보면, 남반구의 가파른 성장곡선과 거대한 기회가 시야에 들어올 것이다. 하지만 이 기회의 창을 보지 못한 기업들은 남반구에서 발판을 마련할 기회를 영원히 놓치고, 동시에 향후 언젠가 있을 자신의 본거지에 대한 공격에 취약해질 것이다.

남반구 기업들이 그들의 정부로부터 도움을 받는 것에 대해 '불공정'하다고 생각해봐야 소용없다. 삶이란 (원래) 불공정한 것이다.

하지만 일단 방어 심리를 내려놓고 경제적 무게중심의 이동을 파악하면, 아이디어가 번쩍 떠오를 것이다. 그러면 우리는 어떻게 국내시장을 시야에서 놓치지 않으면서도 충분히 빨리 이런 기회들을 추구할 것인가? 국내시장은 어쨌든 절대 규모가 여전히 거대하고 남반구 경쟁자들에게도 매력적인 시장이다. 그 해답은 전략에 대해 사고하는 방식뿐만 아니라 힘의 변화와 자원 배분, 의사 결정, 더 나아가 지도자로서 당신의 개인적 발전을 바라보는 방식의 근본적 변화에 있다.

북반구에서 기회가 없어지지 않겠지만, 북반구에만 남아 있는 기업들은 성장의 기회를 찾기가 점점 더 힘들어질 것이다. 단지 사정을 알아보기 위해 해외시장에 진출하는 것은 남반구에 근거지를 둔 경쟁자들의 역동성에 대응하기에는 충분하지 않다. 시장과 기회가 적절할 경우 당신은 남반구의 강타자들이 하듯이 큰 전략적 도박을 할 것인지, 혹은 거대한 규모로 기업가 정신을 발휘할 것인지에 관한 결정에 점점 더 직면하게 될 것이다. 어느 경우든 북반구의 많은 CEO들이나 팀원들이 익숙해져 있는 것보다 더 큰 위험 선호를 필요로 할 것이고, 신속히 규모를 키우기 위해서는 새로운 종류의 파트너십을 고려해야 할 것이다.

많은 나라의 경제가 동시에 성장함에 따라 '대규모'라는 것은 그 어느 때보다 더욱 커지고 있고, 남반구는 이것을 놀라울 정도로 빨리 달성하고 있다. 북반구의 대기업들이 창출했던 진입 장벽은 지금 많은 경우에 무너졌다. 미국과 일본, 중국 전문가들의 도움을 받은 남반구의 신생 기업들은 이제 북반구 거인들과 정면으로 경쟁할 수 있다. 싱가포르는 동남아시아의 금융 중심지가 되었고, 타이완은 반도체 분야의 지배적 참가자가 되었으며, 브라질은 지역 제트기 분야에서 성공적으로 경쟁하고 있다. 브라질의 발레Vale는 세계 최대의 철광석 생산자가 되기 위해 중국의 치솟는 수요에 편승했다. 중국 정부는, 과거 희토류 분야에서 그랬고 지금 자동차 분야에서 그렇게 하고 있듯이, 정확히 규모의 경제를 달성하기 위해 자국 내 경쟁자들 간의 통합을 강요했던 것으로 알려져 있다.

아울러 남반구에 기반을 둔 경쟁자들은 빠른 성장을 위해 필요한 모든 자본을 가지고 있다. 일부 경쟁자들은 저비용 대부의 형태로 정부 기금을 확보하고 있고, 다른 일부는 자국의 국부기금을 활용하고 있다. 사모펀드들도 기회를 잡으려 하고 있고, 남반구의 팽창하는 주식시장 투자자들을 포함한 전통적인 투자자들도 기회를 찾고 있다. 자신이 성장 궤도에 올라 있다는 것을 보여주는 남반구 기업은 북반구 기업들보다 훨씬 더 높은 주가수익률PER(price-earning ratio)로 보상을 받는다. 인도에서 강하게 두각을 보이는 북반구 기업인 콜게이트가 북반구에서는 17의 주가수익률을 기록하지만, 인도 증권거래소에 독자적으로 상장되어 있는 인도 사업 부분은 25의 주가수익률을 기록하고 있다.

남반구에서 경쟁할 경우에는 당신들이 오랫동안 누려온 금융적 프리미엄이 위험에 처할 수 있다는 현실을 고려해야 한다. 남반구의 많은 신생 기업들은 적은 이윤 폭으로 잘해내가고 있는데, 이는 산업 전체의 수익성을 낮추고, 비즈니스 모델과 재무적 기대치는 문제 삼지 않기 때문이다. 당신은 남반구에서 승리하기 위해 예전에 누렸던 수익을 포기할 의사가 있는가? 그리고 더 긴 시계를 수용하라고 자본시장을 설득할 수 있는가?

폭발적인 성장은 당신의 사업에 결정적으로 중요할 수도 있을 투입물을 포함한 자원에 압박을 가할 것이다. 남반구의 몇몇 대기업들은 자국 정부의 도움을 받아 그 자원을 확보하기 위해 장기 계약을 하고 있다. 당신은 대안적인 원료 공급자와 투입물, 대안적 에너지원을 계획하거나, 심지어 수직적 통합의 가능성까지 고려해야 할지도 모른다.

만약 당신이 남반구에서 공격적으로 성장하기로 결정한다면, 당신에게는 전혀 다른 환경에서도 길을 찾아갈 수 있는 지도자들이 필요할 뿐만 아니라, 북반구가 의욕을 잃지 않도록 하고 이른바 성숙 시장에서 성장을 재개시킬 수 있는 지도자도 필요할 것이다. 중요한 것은 단지 뉴욕이라는 유리한 고지에서만이 아니라, 베이징과 뭄바이 또는 부에노스아이레스의 관점에서도 세계를 볼 수 있는 지도자가 필요할 것이라는 점이다. 흔히 저지르는 한 가지 잘못은 5일간의 일정으로 각국에 특사를 보낸 다음 그 시장을 이해하게 되었다고 생각하는 관행이다. 이것은 자신을 속이는 짓이다. 또 다른 잘못은 현지 MI*로 하여금 남반구에는 주의를 별로 기울이지 않는 관료적 위계의 필터를 통과하도록 강요하는 것이다. 왜냐하면 남반구는 현재 수익의 적은 부분만을 차지하기 때문이다. 하지만 의사 결정은

● MI(Market Intelligence)는 해당 산업의 특성과 환경에 맞는 정보들 중에 개별 기업에 적합한 정보만을 선별해 수집하고, 이것을 기업의 비전과 목표에 맞게 가공·분석하여 전략에 반영하는 맞춤형 지식 정보를 가리킨다.

시장과 가까워야 하고, 또 그 시장은 세분화되어야 한다.

우선 당신은 남반구가 그 자체의 경제적 생태계를 갖고 있다는 점을 이해해야 한다. 이 생태계는 북반구와의 관계에 의해서는 부분적으로밖에 규정되지 않는다. 중국의 야망이 주변국에 불안감을 안겨주기는 하지만 남반구의 나머지 국가들에 대한 중국의 수출은 계속 증가하고 있고, 또 중국은 지역 내에서 자원을 확보하기 위해 계속 노력하고 있다. 인도는 방글라데시와 베트남, 미얀마 – 이 나라들은 불교라는 오래된 뿌리 때문에 자연적 친화성이 있다 – 와 함께 아프리카 국가들로 공격적으로 진출하고 있다. 인도는 빈약한 인프라와 지배 구조에 익숙하다는 점에서 이 국가들과의 거래에서 유리한 점이 있다. 그리고 물론 라틴아메리카는 역내 무역의 오랜 역사를 갖고 있다. 남반구의 모든 나라를 '신흥 시장'이라는 이름의 한 덩어리로 뭉뚱그리면, 현지의 경쟁자들은 물론, 이미 핵심적 공간을 차지하고 있는 영리한 전 지구적 경쟁자들의 교묘한 책략에 넘어가기 쉽다. 이런 역학을 이해하려면 현장에 있어야 한다. 진정한 의사 결정 권한은 자금과 더불어 남반구로 이동되어야 한다. 당신이 현지에서 고용하거나 파견하는 어떤 지도자도 고위급이어야 하고, 그래야 당신은 그들에게 중요한 의사 결정과 풍족한 예산을 마음 놓고 맡길 수 있다.

확장하려면 돈과 사람을 투입해야 한다. 실제적인 면에서 이것은 남반구에서 성장을 이루기 위해서는 북반구로부터 돈과 인력의 일부를 빼내야 한다는 것을 뜻한다. 바로 이 지점에서 많은 지도자들이 가던 길을 멈춘다. 즉 그들은 당연히 영향력이나 심지어 일자리

마저 잃을까 걱정하는 사람들을 상대하기 싫은 것이다. 하지만 점진적인 이동이 성장을 방해할 것이라는 점은 거의 틀림없을 것이다. 축 이동이 낳는 성장 기회를 활용하기 위해서는 당신의 안락한 구역을 떠날 필요가 있고, 그러한 조직적 이동의 시점과 방향을 올바로 설정할 필요가 있다.

축의 이동과
관점의 변화

자신들의 산업과 직접적 경쟁자들에 대한 구체적 세부 사항을 이해
함으로써 성공했던 지도자들은 이제 새로운 기술을 익혀야 한다. 즉
사업의 전 지구적 맥락을 이해하고 예측하는 기술을 익혀야 하는
것이다. 당신은 다양한 산업과 국가들 전반에서 나타나는 추세들을
탐지하기 위한 자신만의 시각을 발전시킬 필요가 있다. 이 과정에서
당신은 때때로 친숙한 경제 원리나 사업적 원칙에 의문을 제기해야
할 때도 있을 것이다. 또 기업들과 국가들이 서로 작용하고 반작용
함에 따라 그 추세들이 어떻게 확장되고 변화되는지도 볼 수 있어야
할 것이다. 이런 일을 더 잘할수록 당신은 더 큰 경쟁 우위를 갖게
될 것이다.

　당신은 또한 결정적일 수도 있을 개별 사건들에도 주의를 기울여
야 한다. 한 개별 주체가 자원을 집적하거나 어떤 정부가 경기장의
규칙을 바꿀 수 있는 속도를 감안해 당신은 2차·3차적 귀결들을 상

상할 능력을 계발해야 한다. 바로 이 지점에서 통찰력 있는 지도자는 다른 사람들이 못 보는 추세의 변곡점을 앞서서 간파할 수 있다.

남반구 지도자들은 그동안 겪어야 했던 빠르고 다면적인 변화들 때문에 이 점에서 우위를 지니고 있을 수 있지만, 북반구 지도자들도 이 능력을 배울 수 있다. 그것은 세계를 보는 당신의 렌즈를 확장하는 문제이자, 동시에 당신의 지성과 직관력을 모두 기울여 본질을 꿰뚫어 보는 문제이기도 하다. 그렇지만 당신은 그들 나름의 관점을 가진 컨설턴트나 기타 전문가들에게 그 일을 맡길 수 없다. 이 전문가들의 의견이 유용하고 때로는 필요할 수도 있겠지만, 당신이 직접 그 일을 하면서 당신 자신의 능력을 키워야 한다. 왜냐하면 당신의 행동과 결정에 영감을 주는 것은 바로 당신 자신의 세계관이기 때문이다.

지경학적geo-economic 혹은 지정학적 무지에 대해서는 변명의 여지가 없다. 언제 어디서나 정보를 접할 수 있기 때문이다. 반성의 시간은 보통 충분히 주어지지 않는다. 그리고 당신은 자신이 속한 산업과 지리적 영역의 경계를 넘어선 추세를 파악하기 위해 노력해야 한다. 무역 패턴을 예로 들어보자. 중국이 무역 흑자를 계속 강화할지의 여부는 몇 가지 요인에 달려 있다. 즉 그것은 통화 평가currency valuation와 노동비용의 이점을 유지하고 국내 소비를 증가시킬 중국의 능력에 달려 있고, 또 다른 국가들이 보호주의적 방어 조치를 취하기를 계속 꺼릴지의 여부에 달려 있다. 당신의 결론은 이런 요인들에 대한 당신 자신의 평가에 달려 있을 것이다.

경제활동에서 차지하는 정부 역할의 변화도 주시해야 할 추세다.

미국은 자국의 경제적 이해를 더욱 효과적으로 확장하게 되고 중국은 그렇지 못하게 될 것인가? 각국은 금융 개혁 같은 공통의 이슈들과 관련해 협력을 할 것인가? 무역 분쟁을 해결할 새로운 메커니즘이 떠오를 것인가?

전 지구적 금융 시스템도 무시할 수 없다. 그것을 이해하기가 아무리 어려울지라도, 당신은 약한 지점과 균열이 시작된다는 위험 신호를 혼자 힘으로 파악할 수 있어야 한다(우리가 시스템 리스크의 어두운 숲을 벗어났다고는 아무도 믿지 않는다). 당신이 연방준비제도이사회의 의장이 될 필요는 없지만, 기초적인 것은 완벽히 익혀야 한다.

그렇게 한다면 당신은 자신의 세계관을 통해 정보원을 어떻게 여과할지, 사업을 어떻게 집중시키고 자원을 어떻게 할당할지, 사람들을 어떻게 선발하고 그들의 노력을 어떻게 조직할지를 더 잘 이해하게 될 것이다. 또 그런 당신의 세계관은 자신의 시간과 정신적 에너지를 할당하는 방식도 변화시킬 것이다.

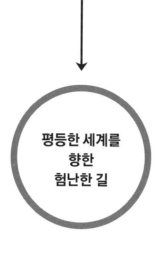

**평등한 세계를
향한
험난한 길**

세계는 수많은 사람들에게 부와 기회가 확장되는 방향으로 나아가고 있고, 이 사람들은 빈곤에서 벗어나 급증하는 중산계급의 일원이 되고 있다. 부유한 나라와 가난한 나라들 사이의 간극도 여러 기준에서 명확히 좁혀지고 있다. 그 한 가지 기준은 주민들 각자가 자국 내에서 살 수 있는 물건의 양이다(경제학자들은 이것을 '구매력 평가purchasing power parity'라 부른다). 또 하나는 교육이다. 기술 관련 학위를 취득한 졸업자 수의 증가를 생각해보라. 또 여기에 지난 10년 동안 GE와 하니웰, 지멘스 같은 북반구 기업들이 설립해온 기술 센터들이 보완적 역할을 해준다. 남반구의 내부 인프라와 유통망, 의료, 자본시장이 북반구와 동등한 수준에 도달하려면 더 오랜 시간이 걸리겠지만, 급속히 따라잡고 있다.

동등성parity이라는 개념은 인간적인 면에서 보편적인 호소력이 있지만, 그것에 도달하는 과정은 쉽지 않을 것이다. 이미 다양한 보호주의를 수반하는 자기식의 자유무역과 자본주의를 실행하려는 각국의 의지를 통해, 자원과 일자리를 둘러싼 주도권 다툼이 일어나고 있다. 더불어 무역 불균형은 그 수와 규모가 증가하고 있다. 남반구 국가들은 아직 부상 중이었을 때, 일반적으로 북반구 선진국들과 마찬가지로 적자 상태에 있었다.

오늘날 흑자와 적자가 어떤 비율을 이루고 있는지는 정확히 선을 긋기 어렵다. 공산품과 서비스 두 가지 모두를 고려할 경우, 2011년에 독일과 중국은 매우 큰 무역 흑자를 누렸다(2010년 6월 현재 각각 1,008억 달러와 1,826억 달러). 미국과 영국, 인도는 상당한 적자를 냈다(각각 6,000억 달러, 610억 달러, 1,450억 달러).[1]

그러한 거시 데이터가 경제학자들 말고 모든 사람에게 왜 문제가되는 것일까? 이는 그 데이터가 남반구에서 당신의 사업에 영향을미칠 수 있기 때문이다. 예를 들면 중국에 대한 인도의 증대하는 적자는 루피화가 계속 하락함에 따라 장기적인 피해를 입힐 수도 있을지경이 됐다. 최근 몇 년간 경화硬貨•로 차입을 한 인도의 많은 기업은 부채를 상환할 때 곤란을 겪을 것이다. 따라서 인도에서 사업을하는 북반구 기업들은 고객들이 위험에 빠지지 않도록 할 필요가있을 것이다.

그러한 지각변동적 규모의 경제적 변화는 인류 역사에서 가끔씩밖에 일어나지 않는다. 지난번의 변화는 중국과 인도, 일본이 세계에서 가장 강력한 경제였던 유럽의 르네상스 시기에 시작되어 수세

• 언제든지 금이나 다른 화폐로 바꿀 수 있는 화폐.

기에 걸쳐 일어났다. 이번에 일어난 변화는 시작된지 몇십 년밖에 안 됐다. 그것은 약 30년 전 덩샤오핑이 중국에서 권력을 잡았을 때 시작되었지만, 그것에 본격적인 가속도가 붙은 것은 1990년대 중반, 즉 덩샤오핑이 중국을 이른바 사회주의적 시장경제로 전환시키는 개혁을 수행했을 때였다. 그 10년이 시작되었을 때, 미국은 세계에서 가장 유력한 경제적, 기술적, 정치적 강국이었다. 10년 후 미국은 비틀거리는 거인이 됐다. 금융 혁신과 홍수처럼 쏟아져 들어온 현금이 높은 소비를 자극하고 있었다. 중국을 비롯한 남반구 국가들이 상품을 공급했고, 미국은 거대한 무역 적자를 쌓았다. 1990년대 초 중국에 대한 미국의 부채액은 약 100억 달러였다. 2010년에 그 수치는 약 2,730억 달러로 부풀어 올랐다. 다른 경제들, 특히 타이완과 홍콩, 싱가포르, 한국이 중국과 인도, 태국의 발전에 도움을 주며 번영을 구가했다.

비관주의자들은 무역과 투자 흐름을 둘러싼 격렬한 경쟁적 투쟁을, 세계가 제로섬 게임에 들어갔다는 증거로 간주한다. 하지만 이것은 전혀 사실이 아니다. 이는 파이 전체가 놀라운 속도로 커지고 있다는 단순한 사실 때문이다. 이 시기는 남반구 사람들에게 엄청난 기회를 가져다준다. 또 이런 기회를 추구할 기술과 진취성을 가진 북반구 기업들에도 기회가 없지는 않을 것이다.

이 책은 여러분이 각자 회사를 변화시키는 데 도움을 줄 안내서이자 도구함이다. 이 책의 목적은 세계를 북반구에서 남반구 쪽으로 기울어지게 하고 있는 역학에 대해 여러분이 눈뜨도록 하는 것이다. 또 할 수 있다면, 이 책을 통해 여러분이 중국의 '불공정한' 우위에 관한 불만 같은 일반적인 이야기나 수사학을 넘어서기를 바라며, 또한 시야 밖에 놓여 있는 거대한 기회를 종종 보지 못하게 하는 희망 섞인 생각과 낡은 가정들에 도전하기를 바란다. 이 책의 궁극적인 목적은 경영의 역사에서 가장 크다고 할 수 있을 변화에 의해 창출된 엄청난 기회를 어떻게 나눌지를 보여주는 것이다.

분명히 해두자면, 대다수 사업가들에게 축의 이동은 그들의 이력에서 가장 큰 도전이 될 것이다. 다음 장에서는 축의 이동을 몰고 가는 불가항력적 변화를 설명하고, 이 힘들이 여러분의 사업에 왜 중요한지를 이해하도록 도와줄 것이다. 이 책을 읽으면서 여러분은 이런 추세를 활용해 자신들의 기업을 전 지구적 무대에 올려놓고 있는 남반구 지도자들의 대담한 정신과 기술을 직접 보게 될 것이다.

그리고 이 책의 제2부에서는 축의 이동과 관련하여 성공하기 위해 필요한 실제적인 조언들을 제공한다. 여러분은 이런 환경에서 전략에 관한 낡은 사고방식이 왜 부적절한지를 배우게 될 것이다. 또 여러분은 왜 핵심 역량에 관한 예전의 믿음을 버리고, 더욱 대담하게 움직이거나 심지어 큰 전략적 도박까지 고려할 수 있어야 하는지를 배우게 될 것이다(제4장). 또한 여러분은 다른 종류의 리더십 기술, 즉 내가 조직의 사회적 시스템이라고 부르는 것을 관리하는 데 결정적으로 중요한 '부드러운' 리더십 기술을 연마할 필요가 있을 것이다(제5장). 이와 함께 여러분은 구조가 변하기 이전이라도 당신 조직 안에 권력과 자원, 행동의 변화가 왜 도입되어야 하는지를 발견할 것이다(제6장). 마지막으로 제7장에서는 축 이동의 도전에 대처하고 있는 북반구 여러 기업들로부터 조언과 아이디어를 얻게 될 것이다.

　나는 여러분이 축의 이동과 이것의 힘, 영향, 속도에 관해 배우는 일에 에너지와 시간을 투자할 것을 촉구한다. 변화하는 외부 경관에 대한 통합된 그림을 그려보라. 그러면 여러분은 더욱 명확한 길을 발견할 것이고, 더 나은 결정을 할 것이며, 지도자로서 훌륭한 준비를 갖출 것이다.

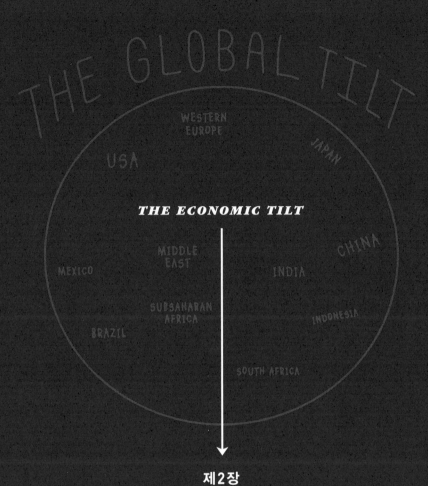

THE GLOBAL TILT

WESTERN
EUROPE

USA

JAPAN

THE ECONOMIC TILT

MIDDLE
EAST

CHINA

MEXICO

INDIA

SUBSAHARAN
AFRICA

INDONESIA

BRAZIL

SOUTH AFRICA

제 2 장

축의 이동에 대한
분석

오늘날 여러분의 회사는 강력하고도 예측할 수 없는 힘에 직면하고 있다. 그 힘들이란 전 지구적 금융 시스템의 불안정성에서부터 기술적 격변과 정부 정책의 급작스러운 변경에까지 걸쳐 있다. 동시에 남반구의 급속한 성장이 큰 기회를 제공한다.

이 장은 이런 힘들을 설명하고 이 힘들이 여러분에게 무엇을 의미하는지를 보여줄 것이다. 고려해야 할 요소들이 많기 때문에 이 장은 길 수밖에 없지만, 반드시 읽어야 하는 장이다. 내가 북반구와 남반구에서 관찰한 성공적인 지도자들은 자기 나라의 경계 밖에서 일어나고 있는 일에 대해 폭넓고 날카로운 관점을 가지고 있다. 이 지도자들은 전 지구적 외부 환경을 완벽히 꿰고 있다. 또 이들은 다양한 나라의 경제적 힘의 변화는 물론, 시장과 사회 및 GDP 구성을 규정하고 변화시키는 다양한 추세, 그리고 자원에 부담을 주는 인구통계의 변화에 대해서도 잘 알고 있다.

이러한 깊은 이해는 이 책의 후반부에서 여러분이 읽게 될 성공 사례를 위한 기초이자, 여러분이 어떤 전략적, 조직적 변화를 이루어야 할지를 결정하기 위한 전제 조건이다. 만약 당신이 너무 오만하거나 무관심하며 무서워하거나 참을성이 없어서 이런 역량을 기르지 않는다면, 당신의 리더십은 시대에 뒤떨어진 것이 될 위험이 있다. 이것은 아무리 강조해도 지나치지 않다. 당신이 CEO든 아니면 최전방에서 고객을 직접 상대하든, 전 지구적인 외적 환경에서 떠오르며 축의 이동을 일으키고 있는 규칙과 역학을 확실히 파악하지 않으면 사업을 계획할 수도, 운영할 수도 없다. 이런 역학과 규칙들은 당신이 사업을 영위하는 세계의 모든 측면을 변화시키고 있다. 당신은 자기 회사와 산업의 협소하고 세부적인 것에서 한 발 물러나 세상을 넓게 보아야 하고, 자신에게 익숙한 세상을 뒤엎고 일생일대의 기회를 창출할 수 있을 핵심적인 추세나 사건들을 분간해내야 한다.

내가 보기에 변화를 추동하는 가장 중요한 힘들은 다음과 같은 것들이다. 전 지구적 금융 시스템과 서로 다른 규칙에 따라 행동하는 국가들 간의 경쟁, 영역이 더욱 확장되고 있는 디지털화와 모바일 통신, 그리고 이것이 불러일으키는 혁신의 파도들, 변화하는 인구통계, 자원과 이 자원의 가격에 미치는 압박 등이 그런 것들이다. 이들 각각만으로도 당신의 미래를 혼란에 빠뜨리기에 충분하지만, 이런 것들을 단지 분리된 개별적인 현상으로만 볼 수는 없다. 이 모든 것들이 서로에게 영향을 미치기 때문이다. 이런 것들의 상호 관련을 이해하지 못하면 그것들이 당신의 계획을 방해할 수 있다.

당신의 목표는 더 높은 고지에 오르는 것이다. 이는 자동차에서가 아니라 비행기에서 조망하는 것과 같다. 이 관점에서 당신은 외적인 변화의 진정한 성격을 볼 수 있다. 그리고 당신은 다른 산업과 조직들의 비슷한 부류 사람들을 포함해 믿을 수 있는 인적 네트워크를 창출하고, 이를 통해 빠르게 변화하는 환경을 집단적으로 관찰·분석하고 의견을 공유해야 한다. 당신에게는 사고방식과 배경, 위험 선호도가 다양한 사람들이 필요하게 될 것이다. 또한 당신은 시나리오를 만들 수 있고, 어느 것이 가능성이 가장 높을지를 판단할 수 있으며, 이것에 대한 당신의 판단이 옳았는지 면밀히 관찰할 수 있다.

당신이 외부 환경을 더욱 깊이 이해함에 따라, 멈출 수 없는 추세뿐 아니라 일견 작아 보이는 '중심점 사건'을 더 잘 탐지해낼 수 있게 될 것이다. 중심점 사건이란 예를 들면 비전통적 경쟁자에 의한 혁신적 제품의 도입이나 새로운 입법 같은 것으로서, 당신의 가정을 뒤엎고 게임 자체를 뒤바꿀 수 있다. 그리고 이런 복합적인 변화를 볼 당신의 능력도 향상될 것이다. 즉 다른 사람들보다 더 일찍 보거나 더 정확히 볼 수 있게 될 것이다. 또한 당신은 경쟁자들이나 국가들의 행동과 반응을 더 잘 예측할 수 있게 될 것이다. 이뿐만 아니라 당신의 심리도 압도당하는 기분이나 불안감에서, 지도자로서 자기 확신과 자신감을 갖는 쪽으로 변화할 것이다.

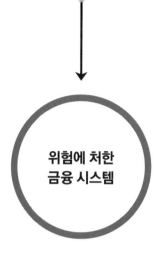

**위험에 처한
금융 시스템**

세계 금융 시스템에서 이야기를 시작해보자. 다른 어떤 것도 세계의 모든 나라를 그토록 복잡하게 연관시키는 것은 없고, 세계 경제를 추동하는 데 그토록 큰 역할을 하는 것도 없다. 그러나 세계 금융 시스템은 또한 실물경제(재화와 서비스로 이루어진 경제)의 불확실성과 변동성의 가장 큰 원인이기도 하다. 이는 시스템에 중앙 통제 장치나 구속력 있는 규범이 없기 때문이다.

명심해야 할 네 가지 본질적인 사실이 있다. 전 지구적 금융 시스템은 거대하고, 숨 가쁠 정도의 속도로 성장해왔다. 또 그 시스템은 상호 연관되어 있고 복잡하며 투명성이 없어서 숙련된 전문가들조차 잘 이해하기 어렵다. 사실상 이 세계의 어느 누구도 그 시스템을 이해하지 못한다고 해도 과언이 아니다. 그리고 그 시스템은 그 어느 때보다 더욱 놀라울 정도로 불안정하다.

먼저 전 지구적 금융 시스템이 2000년 이후 얼마나 많이 성장했

느지 살펴보자. 맥킨지글로벌연구소에서 나온 연구에 따르면, 증권시장 시가총액 및 미지급 채권과 대부를 포함한 세계 금융자산 스톡financial stock 총액은 2007년에 196조 달러로 두 배 이상 증가했다. 2008년 금융 위기로 그 수치가 175조 달러로 떨어졌지만, 2010년 말에 그 총액은 다시 212조 달러로 상승했다. 국경 간 자본 흐름은 그간 잃어버린 지반을 아직 회복하지 않았다. 이 자본 흐름은 2000년 5조 8,000억 달러에서 2007년 11조 2,000억 달러로 증가했다. 반면 2010년에 이 수치는 고작 4조 4,000억 달러에 불과했다.[1]

많은 금융 시스템 참가자들이 그러한 돈의 흐름에 영향을 미친다. 은행과 전통적 투자자들 외에도 미국과 런던, 유럽의 사모투자 전문 회사들도 남반구 쪽으로 초점을 이동시켰다. 이 참가자들은 과반수 지분에 대한 빈번한 제한에도 불구하고 중국과 인도 같은 곳들에서 투자에 초점을 맞춘 특수 사업부를 설립해왔고, 남반구 기업들의 성장을 위한 종잣돈을 제공했다. 국부펀드도 화력을 더했는데, 사모투자 전문 회사들이나 헤지펀드들과 공조하는 경우에 특히 그러했다. 그러한 모든 돈의 4분의 3은 중동과 아시아에 있고, 이것들 중 상당 부분은 석유 같은 국가 천연자원의 판매를 통해 축적된 것이거나, 중국의 경우에는 막대한 무역 흑자-대부분은 미국과의 교역에서 발생한-의 결과물이다. 국부펀드연구소Wealth Fund Institute 의 보고서에 따르면, 바레인, 쿠웨이트, 오만, 카타르, 사우디아라비아와 UAE가 2010년 3월 현재 약 1조 4,000억 달러의 자산을 관리하고 있었다. 가장 큰 국부펀드는 아부다비투자청ADIA(Abu Dhabi Investment Authority)인데, 이 기관은 2011년 가을 약 6,500억 달러의 자산을 가지고 있었다. 싱가포르와 노르웨이, 베네수엘라, 중국도 상당한 규모의 기금을 보유하고 있다. 이들 중 다수가 전 세계에서 투자 기회를 찾는 블랙록 같은 세계 최고의 금융 자문 회사들에 의해 관리되고 있다.

이러한 자금원들은 가령 파트너십을 통해 결합되면서 돈의 흐름을 더욱 크게 만들어 유례없는 규모의 투자 자금이 될 수 있고, 작은 경쟁자를 말 그대로 하룻밤 사이에 전 지구적 규모의 강자로 만들 수도 있다. 또한 그 자금원들은 일제히 움직임으로써 환율과 주식시장, 한 나라의 수출입 수지에 재앙을 일으킬 수 있다. 예를 들어 펀드매니저들이 한 나라에 대해 신뢰를 잃기 시작하면 이들은 그 나라에서 하루 만에-역사상 그 어느 때보다 더 신속히-자금을 빼내 유동성에 파국적인 손실을 입히고 공황을 유발할 수 있다. 신용 흐름이 정지되고, 이것은 실물경제의 하강을 촉발한다. 이 글을 쓰는 시점의 그리스와 스페인의 상황이 바로 이런 경우다.

이동 자본Mobile capital은 전 세계적으로 성장을 추동해왔다. 특히 남반구 전역에서 국가들의 경제를 확대시키며 축의 이동을 부채질했다. 중국이 그 전시장이다. 1990년대 초 홍콩과 미국, 타이완, 유럽, 일본의 다국적 기업들이 중국에 상당한 규모의 투자를 하기 시작했다. 그 당시만 하더라도 중국은 경제 규모가 작았고, 무역 흑자도 미미한 수준이었다. 그 시점에 중국의 수출 중 절반 이상이 비중국계 기업들에 의한 것이었다. 이 기업들은 노동비용과 통화에서의 차이를 이용하려고 했는데, 경제학자들은 그런 차이로부터 이익을 얻으려는 행위를 '차익 거래arbitrage'라 부른다. 노동비용과 중국 통화인 위안의 가치가 점차 상승하기 시작한 이후에도 중국의 거대한 시장과 빠르게 발전하는 제조업 숙련이 자본을 계속 끌어들였다.

돈이 전 세계적으로 이동하는 속도와 효율성은 정말로 놀랍다. 그러나 변동성이라는 어두운 측면도 있다. 소수점 이하 퍼센트 정도의 이자율 차이도 한 지리적 영역이나 자산군으로부터 다른 곳으로 더 높은 수익을 추구하는 외국 자본의 거대한 유입을 초래한다. 디지털화된 세계에서 자본을 통제하는 자들은 똑같은 정보에 동시에 접근할 수 있다. 컴퓨터화된 알고리즘이 많은 거래를 조종하고, 따라서 거래자들은 종종 일제히 움직이며 자산 거품과 붕괴 또는 현지 통화나 상품 가격의 갑작스러운 변동을 일으킨다.

이에 각 나라들은 투기자본의 흐름을 통제함으로써 그러한 변동의 파괴적 영향으로부터 자국 경제를 보호하려고 한다. 중국은 자본의 모든 유입과 유출을 포함하는 막대한 규모의 통제를 실행한다. 게다가 중국은 대략 3조 달러에 이르는 외환을 보유하고 있는데, 이것을 강력한 협상력과 국내 경제의 혼란에 대한 완충장치로 이용하고 있다. 인도 정부도 외국인 기관투자FII(Foreign Institutional Investment)와 외국인 직접투자를 신중하게 통제한다. 1997년 '아시아 전염병' 때 화상을 입은 나라들도 마찬가지다. 당시 타이는 고정환율을 지탱할 만큼 충분한 외환 보유고가 없었기 때문에 바트화를 달러로부터 분리하지 않을 수 없었다. 바트화의 붕괴는 동남아시아와 일본에 평가절하와 금융적 손실의 연쇄반응을 격발시켰다. 피해를 입은 경제들이 회복되기 시작하는 데는 2년이라는 시간과 400억 달러의 국제통화기금IMF 통화 안정화 프로그램이 필요했다.

그러나 자본의 흐름을 제한하거나 그 영향을 전적으로 고립시키기란 사실상 불가능하다. 예를 들면 연방준비제도이사회가 2010년에 '양적 완화 조치(간단히 줄여서 'QE2', 통화량을 늘리기 위해 국채를 매입하는 정책)'를 통해 금융 시스템에 6,000억 달러를 투입했을 때, 이 돈의 일부는 더 높은 이자율을 찾아 홍콩으로 흘러들어갔고, 그 결과 홍콩에서 항생지수Hang Seng Index가 치솟고 자산 가치가 부풀어 올랐다. 브라질에도 너무나 많은 돈이 유입되어 브라질 재무장관은 자국이 '통화 전쟁'의 피해자라고 선언했다. 가격이 지나치게 상승하고 산업 생산이 둔화되기 시작함에 따라, 브라질은 채권 유입에 대해 6퍼센트의 세금을 부과했다. 타이도 자금의 유입을 억제하기 위해 공기업과 지방정부 소유의 기업 채권에서 나오는 이자와 자본이득에 대해 15퍼센트의 세금을 부과하기로 했다.

2012년 10월 IMF 총재인 크리스틴 라가르드Christine Lagarde는 미국과 기타 개발도상국 중앙은행들의 금융 완화 정책이 신흥국들에서 '자산 가격 거품'의 위험을 일으키고 있다고 경고했다.[2]

몇몇 형태의 통제, 예를 들면 수출을 촉진하기 위해 통화를 인위적으로 낮게 유지하는 조작은 일반적으로 불공정 무역 관행으로 간주된다. 그러나 오랫동안 자본의 자유로운 흐름을 촉구했던 IMF도 2011년에 새로운 현실을 인정하며 한 나라가 공격으로부터 자국을 지키기 위한 통화정책이나 재정정책을 사용할 수 없을 경우에 쓸 수 있는 통제를 정당화하는 가이드라인을 설정했다. "우리의 정책적 조언이 전 범위의 경제정책들을 배제할 수 있는 것은 명확히 아니다. 일을 바로잡는 것의 편익이 상당하고, 일이 잘못되도록 놓아두는 것의 경제적 및 금융적 위험이 크며, 다각적인 고려 사항을 내부화하는 것의 잠재적인 전 지구적 이득이 상당할 경우에는 더욱 배제할 수 없다"고 지금은 전임이 된 IMF 총재 도미니크 스트로스칸 Dominique Strauss-Kahn이 말했다.[3]

돈이 남쪽으로
이동하는 이유

한편 경성 자산hard assets*에 대한 자본 투자도 계속 흐른다. 이 투자
는 대개 남쪽으로 흐르는데, 이는 북반구 기업들이 공장과 창고, 물
류 체인, 소매점에 대한 투자를 남쪽으로 이전시키기 때문이다. 지
난 10년간 상당 부분의 돈이 브라질과 러시아, 인도, 중국, 즉 이른
바 브릭스BRICs 국가들로 흘러갔다. 좀 더 최근에는 발전 도상 후보
국들이 계속 증가하는 현실을 반영해 콜롬비아, 인도네시아, 베트남,
이집트, 터키, 남아프리카공화국을 일컫는 시베츠CIVETS가 뜨거운
관심 대상으로 새로 포함됐다. 전 지구적 붕괴가 없을 경우, 다가올
10년 동안 새로운 나라들이 파티에 계속 참여할 것이다.

　비록 북에서 남으로의 이동이 전반적인 추세이긴 하지만, 그림은

---

* 경성 자산이란 석유와 천연가스, 금과 은, 상업용 부동산 등과 같은 내재 가치를 지닌 투자
자산을 가리킨다. 일반적으로 경성 자산은 훌륭한 인플레이션 헤지 수단이다.

그렇게 단순하지 않다. 일부 자본은 조류를 거슬러 흐르기도 한다. 남반구 기업들이 북반구의 거대한 시장과 노하우에 접근하려 하기 때문이다. 남반구 기업들이 축 이동의 힘에 의해 불구화된 저렴한 기업들을 찾아 나섬에 따라 남에서 북으로의 흐름이 증가할 가능성이 있다. 심지어 자본은 똑같은 산업 안에서 양방향으로 흐를 수도 있다. 서로 다른 전략을 추구하는 두 주체가 상대편의 떡이 더 커 보인다고 생각하는 경우에 말이다. 예를 들면 2011년 말 갭Gap은 미국 내 매장의 5분의 1을 폐쇄하고 중국 내 매장을 세 배로 늘리겠다는 발표를 했다. 갭이 미국 내에서 가지를 쳐내고 있을 때에도 일본 경쟁사인 유니클로Uniqlo는 미국에서 매장을 짓고 있었다. 상대적으로 느린 성장에도 불구하고 미국 경제는 여전히 거대하기 때문이다.

남반구 기업들은 성장을 위한 자본을 구할 때 종종 국내와 국외의 복수 원천에서 나오는 자금을 이용한다. 예를 들면 2011년 말에 인도의 릴라이언스 파워Reliance Power Ltd.는 발전소 프로젝트에 대한 부분적 자금 조달을 위해 미국과 중국 은행들로부터 22억 달러를 차입하려는 계획에 대해 정부의 승인을 받았다. 또 오늘날 전 지구적으로 연계된 자본 공급자들이 파트너십을 형성해 남반구에서 투자를 위한 거대한 기회를 탐색한다. 바로 이런 이유에서 바르티 에어텔이 107억 달러의 기업 가치 평가를 받은 자인을 매입할 수 있었던 것이다. 그 성장 잠재력을 간파했던 은행가들은 바르티 에어텔의 전 지구적 확장에 기꺼이 자금을 댔다.

금융자산에 대한 국경 간 투자―외국인 기관투자―는 외국인 직접투자(경성 자산에 대한 기업들의 투자)와 더불어 남반구 쪽으로 기울어지고 있다. 주식 거래가 꽃을 피웠고, 전 세계 투자자들은 여느 때와 같은 이유로 거기에 이끌렸다. 그 이유란 성장을 위한 거대한 기회였다. 최근 수년간 거대한 자금 유입으로 주가수익률이 높이 치솟았는데, 몇몇 북반구 기업들은 그 차이로부터 이득을 얻기 위해 남반구에서 자회사들을 상장시킬 정도였다.

이런 자본의 이동은 어떤 지리적 장소와 경제 부분이 성장하고 발전할 것인지, 어떤 곳이 굶어 죽을 것인지에 대해 막대한 영향을 미친다. 하지만 성장에 대한 열망이 과도한 위험 부담이나 과잉 생산능력을 창출한다면 돈의 흐름이 언제나 축복인 것만은 아니다. 과잉자본은 진입 장벽을 허물어뜨림으로써 미국과 유럽, 인도의 항공 산업에서 그랬듯이 산업 전체의 투자수익률을 망가뜨릴 수 있다. 외국인 기관투자도 통화 평가와 국제수지, 지정학적 관계에 영향을 미친다. 미국 국채에 대한 중국의 막대한 국부 투자는 서방의 소비 욕구를 지속시키는 데 기여했고, 중국 위안화의 가치를 억제했다. 중동에서 온 국부펀드는 2008년 대붕괴 이후 미국과 영국의 금융회사들을 구원해주었다. 그러한 관계는 관련국들의 운명을 뒤얽히게 만들고 힘의 역학을 변화시킨다.

중국의 무역 흑자는 북반구와 경쟁하는 기업들 쪽으로 자금을 흘려보냄으로써 축의 이동을 더욱 급격하게 만들었다. 중국 정부는 중국의 몇몇 대기업들에 대한 과반수 지분을 소유하고 있다. 이 국유 기업들SOEs(State-Owned Enterprises)은 중국 내 모든 산업 자산의 약 30퍼센트를 대표하고, 중앙정부의 목표 및 정책과 동조하는 관리자들에 의해 운영된다. 다른 나라들도 자신들의 해외 수입을 똑같은 목적에 사용했는데, 사우디아라비아 정부는 1976년 사빅SABIC을 설립해 70퍼센트의 지분을 소유했다. 현재 세계 최대의 석유제품 제조업체로서 사빅은 전 세계로 공격적인 확장을 해나가고 있다. 이 회사는 2007년 GE 플라스틱을 인수하는 등 기술을 취득하고 성장 시장으로 이동하고 있다. 예를 들면 중국의 시노펙과 합작 기업을 설립해 중국으로도 진출했다.

남반구가 투자 자본에 더 쉽게 접근할 또 한 가지 방법이 있다. 남반구 기업들과 그 소유주들은 북반구 기업주들보다 수익에 대한 인내심이 더 크다. 단기적 결과에 과도한 초점을 맞추는 '단기주의'는 모든 미국 주식 지분을 압도적으로 보유한 미국 기관투자자들의 추동력이다. 분기별 수익에 집착하는 월스트리트는 사업과 국내 경제의 장기적 건강성을 희생시키면서까지 자신의 미래를 포기하는 기업에게 호의를 보인다. 판단은 많은 역할을 하지 않는다. 계량 경제 모형('블랙박스•')이 한 부문이나 산업 또는 특정 기업 쪽으로 자금을 향하게 하기도 하고 그것들로부터 자금을 유출시키기도 한다. 대다수 회사에서 CEO 장려금은 주로 단기 실적 목표를 달성하는 경영자들에게 보상으로 제공되고, 이른바 자본시장의 '춤 선생dancing masters'의 신호에 따라 행동하지 않는 경영자들은 종종 비난을 받거나 그 자리에서 쫓겨난다. 금융 서비스산업이 북반구의 실물경제에 대한 지배력을 유지하는 한, 남반구 회사들은 미래를 위해 준비

• 실적 지표는 알려져 있거나 특정하지만, 그 구성 요소와 작동 수단은 알려져 있지 않거나 불특정한 장치 혹은 이론적 구조물.

할 수 있음에도 불구하고 북반구 회사들은 비슷한 기회를 포기하지

않을 수 없게 된다.

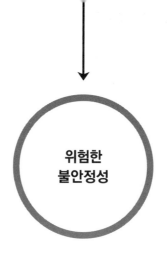

**위험한
불안정성**

전 지구적 금융 시스템이 복잡하게 상호 연관되어 있고 이것이 세계 경제의 건강성에 매우 강력한 영향을 미친다는 점을 알게 되면, 그 시스템의 불안정성이 왜 무서운 일인지 이해할 수 있다. 그것은 단지 금융가들만의 문제가 아니라, 일반 비금융권 기업과 개인에게도 문제다. 이 문제는 불확실성을 야기하는 힘에 맞설 다양한 정부 관계자들의 정치적 의지의 결핍 때문에 더욱 악화됐다.

2007년에 시작되어 2008년 9월에 정점에 달한 금융 위기는 그 시스템의 불안정성과 관리 불가능성을 적나라하게 드러냈다. 더 나쁜 것은, 그것이 정부 부채를 방대하게 증가시키고 실업률을 높이며 소비를 억제하고 투자를 위축시킴으로써 북반구 경제를 약화시켰고, 이를 통해 축의 이동을 가속화시켰다는 점이다. 그것은 또 사업계의 신뢰도(자신감)에 타격을 가했고, 그 결과 사업계는 보유 현금을 투자하는 일에 소심한 태도를 갖게 됐다. 또한 그것은 북반구에서의 정치적 혼란을 악화시켰고, 남반구의 증대하는 힘에 관심을 기울이지 못하게 했다. 특히 미국의 무역 적자가 대체로 중국 한 나라와의 관계에서 발생했다는 사실도 간과됐다. 나는 이것이 시대를 변화시키는 사건이라 생각하기 때문에, 이 사건의 효과는 다가올 수년 동안 업계와 정치 지도자들에게 지속적인 도전을 제기할 것이라 여겨진다.

그 위기 이후 워싱턴에서 후속 대응 조치가 부산하게 나타났다. 일례로 도드-프랭크Dodd-Frank 금융 개혁 법안을 들 수 있다. 이 법안은 규제 기관들의 조사 기능을 강화하고 있는데, 더 중요하게는 무슨 일이 일어났고, 무슨 문제가 남아 있는지에 관한 지속적인 분석과 정보 공개를 강화하려는 노력이다(위기의 원인에 대한 나의 분석에 대해서는 115쪽 '덧붙이는 글'을 보라). 그러나 현실적인 해결책은 보이지 않는다. 그러므로 이후에 발생하는 문제에 대해 여러분 스스로 대비해야 한다.

위기의 씨앗은 자기들 기업의 주주 가치를 극대화하고 최신의 증권화 기법을 통해 허용된 최대의 레버리지leverage•를 얻으려는 월스트리트 기업들의 만족할 줄 모르는 충동에 있었다. 핵심적인 주체는 본질적으로 규제받지 않는 이른바 섀도 뱅킹 시스템shadow banking system••이다. 이 시스템에는 2조 6,000억 달러의 미국 단기금융money market 산업이 포함된다. 개별 행위자들의 제한받지 않는 행

• 차입금을 활용해 자기자본의 이익률을 상승시키는 효과. 차입금에 대한 확정 지불 이자보다 자본의 운용에 의해 발생하는 이익이 크다면, 자기자본 이익률이 상승한다.

위가 결합되어 어떻게 전체 시스템에 영향을 미칠 수 있는지에 관해 어느 누구도 생각하지 않았다. 본질적으로 시스템적 사고가 철저히 결여되었고, 이는 지금도 여전하다. 따라서 예를 들면 위험한 악성 금융 상품의 약 80퍼센트가 한 기관, 즉 AIG로 흘러 들어가고 있었다는 사실을 아무도 생각하지 않았다. 그것은 마치 여러 지류에서 새어 나오는 침전물이 한 개의 좁은 강으로 흘러 들어가 결국 흐름을 막는 것과 같았다. 문제를 더욱 가중시킨 것은, 시장이 스스로 교정할 것이라고 믿은 당시 연방준비제도이사회 의장 앨런 그린스펀 Alan Greenspan의 철학이었다. 이런 관점을 당시 대통령이었던 조지 W. 부시도 공유하고 있었다.

전 세계 무수한 사람들의 삶에 영향을 미치는 시스템을 감독하는 일은 완전히 따로 노는 감독 기관들에게 계속 맡겨질 것이다. 전 지구적 금융 시스템에 대한 거버넌스는 대체로 미국 규제 기관들과 대통령 휘하의 행정부, 그리고 의회의 책임이다. 이 거버넌스의 유효성과 관련해서는 몇 가지 문제점이 있다. 즉 감독 책임이 여러 기관들 사이에 분할되어 있다. 이 기관들은 서로 조정이 전혀 안 될 뿐만 아니라, 그들이 규제해야 할 기업들의 훨씬 더 많은 보수를 받는 인재들에게 압도당한다. 더욱이 금융 서비스산업과 규제 기관들 사이에 사람들의 자리바꿈이 끊임없이 일어난다. 골드만삭스Goldman Sachs

---

●● 은행과 비슷한 신용 중개 기능을 하지만 은행처럼 엄격한 규제를 받지 않는 금융기관과 금융 상품을 일컫는 말. 특히 증권사와 여신 전문 금융회사 등 비통화 금융기관에 의한 '고위험 고수익' 채권 매매 과정에서 새로운 유동성이 창출되는 시스템을 가리킨다. 은행과는 달리 손익을 파악하기 힘든 복잡한 구조로 이루어진다는 점에서 새도(shadow)란 말이 붙는다.

의 경우만 하더라도 지난 세 행정부 기간 동안 이 회사 출신의 많은 경영자가 언론과 재무부, 기타 기관의 관직을 차지했고, 이 기관 출신의 사람들이 골드만삭스에 고용됐다. 가장 두드러진 두 가지 사례가 클린턴 대통령 시절 재무장관 로버트 루빈Robert Rubin과 부시 행정부의 재무장관 행크 폴슨Hank Paulson이다. 폴슨은 2008년 구제금융 프로그램을 주도했고, 전직 골드만삭스 부사장 닐 캐시캐리 Neel Kashkari를 7,000억 달러짜리 부실자산구제프로그램TARF 기금을 감독하는 자리에 임명했다. 규제 기관들이 금융 시스템에 대해 전문성과 정통한 지식을 갖는 것은 중요하지만, 은행과 규제 기관들 사이의 회전문 인사는 가장 객관적이고 효율적이어야 할 거버넌스에 도움이 되지 않는다. 입법은 전문성이 부족하고 특수한 이해관계에 구속된 여러 위원회를 통해 걸러지기 때문이다.

옳은 일을 하려고 애쓰는 규제 기관들, 특히 연방준비제도이사회조차 사적인 행위자들에 의해 무력화될 수 있다. 그들은 훨씬 더 강력한 시장 행위자들에게 고양이 앞에 쥐 같은 존재로 농락당한다. 그들은 무언가 결정을 내릴 때 이 시장 행위자들을 고려해야 한다. 이 시장 행위자들은 규제자들, 특히 중앙은행이 무엇을 할지를 예상해 자신들의 다음 행동을 계획하려 하기 때문이다. 이들의 다음 움직임은 중앙은행의 노력을 무력화시킬 수도 있다.

시스템 밖에 있는 국외자로서 아무런 법적 권한도 없는 여러 이해관계자들-가장 두드러진 예로는 무디스와 스탠더드앤드푸어스, 피치 같은 신용 평가 기관들-이 시스템에 거대한 영향을 미친다. 다시 말해 재무 상태에 대한 이 기관들의 평가는 국가와 산업, 기업의 자본 이용 가능성과 비용에 큰 영향을 미친다. 신용 등급 강등은 한 회사의 주가를 급락시키거나 차입 비용을 급등시킬 수 있다. 그러나 이 신용 평가 기관들은 틀린 판단을 내릴 때에도 아무런 책임을 지지 않는다. 금융 위기 이전에 정크junk급 증권들에 최우량AAA 등급을 매겼을 때 바로 그랬다. 더 나아가 전 지구적 금융 시스템은 위험할 정도로 불투명하다. 거대한 규모의 거래가 프로그램 매매와 이른바 익명 거래 시장dark pool을 통해 대중의 시야 밖에서 이루어진다. 익명 거래 시장이란 증권거래소 밖에서 대개 알고리즘에 의해 구동되며 컴퓨터에 의해 이루어지는 대량 거래block trade로서 대중이나 규제 기관에 포착되지 않는다. 따라서 이런 거래는 위험이 레이더에 포착되지 않은 채 한곳에 집중적으로 누적되도록 한다. 이것이 바로 시장이 스스로 교정할 수 없는 주된 이유들 중 하나다. 즉 모든 행위자가 똑같은 게임 규칙에 따라 행동하고 있는 것은 아니기 때문이다. 규제 기관들의 일반 사무back-office 시스템과 기술은 나노초 단위로 거래하는 최신 처리 프로그램들에 상대가 안 된다.

마지막으로 금융시장에 대한 통제는 소수의 극히 강력한 기업들에 집중되어 있다. 찰스 H. 퍼거슨Charles H. Ferguson은 『약탈자 국가Predator Nation』에서 금융 위기를 설명하며 이렇게 말했다. "거품이 시작되었을 때, 미국의 금융 서비스는 다섯 개의 독립적 투자은행과 네 개의 거대한 금융 복합 기업, 세 개의 보험회사와 세 개의 신용 평가 회사에 의해 지배되고 있었다."[4] 이 각 숫자 하나하나가 너무 커서 어느 하나라도 붕괴하면 이것은 전체 금융 시스템을 위험에 빠뜨릴 수 있었다. 더욱이 "많은 개별 시장은 산업 전체보다 훨씬 더 집중되어 있었고, 이것은 지금도 마찬가지다"라고 퍼거슨은 덧붙인다. "5개 기관이 전 세계의 모든 파생 상품 거래의 95퍼센트 이상을 통제하고, 두 개-골드만삭스와 JP 모건 체이스-가 거의 절반을 통제한다. 약 10여 개로 이루어진 은행 집단이 리보LIBOR-거의 모든 단기 이자율을 정하는 데 사용되는 기준 금리-를 통제한다. …… 최상위 5개 투자은행이 기업공개시장을 지배하고, 그렇게 공개되는 주식의 일부를 서로 자주 나누며, 정확히 똑같은 수수료를 부과한다."[5]

사정에 정통한 누군가가 나에게, 전 지구적 금융 시스템에서 핵심적 결정은 이러한 회사들의 50명도 채 안 되는 은밀한 집단에 의해 이루어진다고 말해주었다. 이들은 한 회사에서 다른 회사로 자주 자리를 옮긴다. 종종 한 회사는 다른 회사의 한 개 팀 전체를 스카우트해간다. 시간이 흐르면서 이들은 단지 서로 간에뿐만 아니라 규제자들과도 비공식적인 사회적 네트워크를 구축했다. 이런 규제자들 중 대다수는 그런 회사들의 전직 직원이었거나 정부 내 짧은 재임 기간이 끝나면 그런 회사들로 돌아갈 사람들이다.

애매모호한
정보들

전 지구적 금융 시스템이 어떻게 작동하는지를 이해하면, 당신 자신의 좋은 판단으로 복잡하고 불확실한 현실을 헤쳐 나가는 데 도움이 될 것이다. 당신은 자본 조달 가능성의 추세나 자본 흐름의 전반적인 방향을 따라갈 수도 있고, 그 시스템에 고장을 일으킬 수 있는 몇몇 과도함을 경계할 수도 있을 것이다. 이런 일은 전문가들에게 맡기는 게 가장 좋다고 생각할 수도 있겠지만, 이는 틀린 생각이다. 다음 세 가지 기본적인 이유에서 당신도 이런 일을 하기에 전문가들과 마찬가지로 좋은 식견을 갖추고 있다.

첫 번째로, 가장 존경받는 권위자와 심지어 자신의 연구 결과에 대한 견해가 업계 신문에 발표되는 사람들조차 특정 분야의 전문가들이다. 이들은 훈련받은 좁은 지식 분야의 렌즈로 금융 시스템을 본다. 이들은 때로 대단하고 심오한 통찰을 보여주지만, 그들의 해석은 시스템 전체가 아니라 그들의 좁은 전문 분야의 관점에 기반을 둔 것이다. 두 번째로, 이런 전문가들 거의 모두가 특정한 이데올로기를 고수한다. 그 한 가지는 시장은 스스로를 교정할 수 있고, 따라서 정부는 개입하지 말아야 한다는 것이다. 이와 반대되는 이데올로기는 규제만이 문제를 방지하고 교정할 수 있다는 것이다. 두 진영의 전문가들 모두 그들의 수학적 모형에 내장된 신념에 근거한 가정을 한다. 그 가정은 투명하게 이해되지 않고, 모형들은 금융 시스템의 좁은 측면에 초점을 맞춘다. 세 번째로 정부와 사적인 정보원에서 흘러나오는 많은 정보들은 정성적이고 애매모호하다. 겉으로 정확해 보이는 것도 실상은 종종 가짜일 때가 많다. 예를 들면 미국의 실업통계는 변동이 심한 것으로 유명하다. 또한 중국에서 나오는 거의 모든 정보는 신뢰하기 어렵다.

　전문가들이 제공하는 정보와 통찰력을 활용해 전체 시스템에 대한 당신 자신의 관점을 형성하고, 가장 높은 수준의 패턴을 보며, 정말로 무엇이 문제인지를 명확히 하는 게 당신에게 더 좋은 것이다. 그리고 이곳이 당신에게 익숙한 환경이 아니라는 점을 명심하라. 즉 당신이 기존의 친숙한 규범을 가지고 일하며, 중요한 정보를 캐널 직감을 발달시켜온 그런 오래된 환경이 아니라는 것이다. 당신은 핵심적인 몇 가지를 추려내기 위해 엄청난 양의 요인들을 샅샅이 뒤져보아야 할 것이다. 무수히 많은 경우의 수를 조사하고 이것들 사이의 연관성을 검토해 통찰을 얻어야 한다. 또한 많은 사람들이 자신들의 가설을 검증하기 위해 서로 브레인스토밍을 하는데, 열쇠는 누가 가장 믿을 만한 사람인지에 관한 판단을 하는 것이다. 연습을 통해 당신은 당신 자신의 기술을 연마하고 당신 자신의 의미를 도출해야 할 것이다.

예를 들어 당신이 브라질에서 자동차를 만든다고 생각해보자. 큰 액수의 돈이 브라질로 흘러 들어온다면, 그것은 당신에게 무엇을 의미하는가? 통화가 평가절상될 것이기 때문에 당신이 만든 자동차들은 수입품에 비해 더 비싸질 것이다. 이것은 오랫동안 지속될 수 있고, 당신의 산업을 황폐화시킬 수 있을 것이다. 그러면 당신은 손실을 면하기 위해 무엇을 하겠는가? 비용 절감만으로는 충분하지 않을 것이다. 어쩌면 정부가 도움을 줄 수도 있을 것이다. 물론 구제금융을 통해서가 아니라 수입품에 관세를 부과하는 등의 정책 변화를 통해서 말이다. 하지만 무엇 때문에 정부가 그런 일을 하겠는가? 그래서 당신은 아무런 조치가 취해지지 않으면 그 나라에 어떤 결과가 초래될지를 보여줄 수 있는 업계 대표단을 조직할 필요가 있다.

다른 한편, 기회의 측면은 어떤가? 만약 당신이 수입의 절반을 달러로 얻고 부채는 없으며, 똑같은 힘에 직면한 인도의 어느 회사 CEO라고 해보자. 그리고 당신이 전 지구적 금융 시스템을 추적하고 있다면, 당신은 전진하기 위한 탁월한 전략적 선택지를 갖고 있다는 것을 알 수도 있다. 이자율이 거의 항상 낮은 상태에 있는 상황에서 당신은 미국 달러의 장기 차입을 통해 자금을 조성하여, 이것을 당신 회사를 새로운 차원으로 끌어올려 줄 일생일대의 기회가 될 전략적 인수에 사용할 수도 있을 것이다.

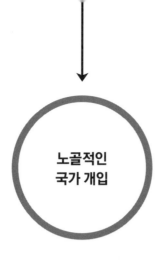

노골적인
국가 개입

정치학자 이언 브레머Ian Bremmer는 자신의 책 『국가는 무엇을 해야 하는가』의 첫 부분에서 시사적인 이야기를 하고 있다.[6] 이야기의 장면은 2009년 뉴욕에서 한 무리의 경제 전문가와 학자, 그리고 중국의 허야페이何亞非 외교부 부부장 사이에 열린 회의다. 브레머는 이렇게 쓰고 있다. "외교부 부부장은 얼굴에 미소를 지으며 한 가지 질문으로 회의를 시작했다. '자유 시장이 실패한 지금, 경제에서 국가의 올바른 역할이 무엇이라고 생각하는가'라고 그가 질문했다."

마크 트웨인이 자신의 죽음에 관한 소문에 대해 말했던 것과 똑같이, 그 선언은 너무 때 이른 것이다. 대다수 나라는 계속 시장의 힘이 자국 경제를 이끌어가도록 허용하고 있다. 그리고 그 힘들은 언제나 어느 정도는 규제받고 관리된다. 즉 경제적 몽상가들이 상상하는 순수하고 완전히 자유로운 시장은 현실 어디에도 존재하지 않는다. 세계에서 자유 시장을 가장 옹호하는 미국조차 농업 보조금 같은 일정한 형태의 보호주의를 가지고 있다.

그러나 이제 노골적인 보호주의가 다반사이고, 주식 지분 제한, 부품 현지 조달 요건, 현지 기업들에 유리한 인증 승인, 수출 제한, 통화 조작, 그리고 가장 암암리에 이루어지는 특정 사업체와 산업들에 대한 정부의 막대한 지원을 포함하면, 수입관세와 쿼터제 같은 경제학자들의 고전적 사례들은 아무것도 아니다. 이에 비하면 이전의 노력들은 하찮은 것들이었다. 세계무역기구WTO와 같은 메커니즘들은 때때로 일어나는 불공정 보조금과 그 비슷한 것들에 대한 불만들을 누그러뜨렸고, 무역협정들은 상품과 서비스의 자유로운 흐름을 수월하게 해주었다.

이런 통제의 정도는 미국 정부의 최소주의 역할로부터 소비에트 시대 공산주의를 모델로 한 쿠바와 북한의 철통같은 권위주의에 이르기까지 한 나라의 정치 구조를 반영한다. 일반적으로 말해 민주적 구조는 더 적은 통제를 의미하지만, 항상 그런 것은 아니다. 예를 들면 싱가포르는 민주주의지만, 그 유권자들은 사업 활동을 규정하고 관리할 상당한 힘을 가진 정부를 지지한다.

국가들이 우위를 차지하기 위해 서로 다툴 때, 사업체들은 협공에 빠지게 된다. 예를 들면 2011년 브라질 정부는 경영진 교체와 국가 경제 발전 목표의 촉진을 위해 광산 회사인 발레에 대한 국가 지분을 활용했다. 발레의 CEO 로저 아넬리Roger Agnelli는 10년간의 성공적인 재임과 투자자들의 지지에도 불구하고 철강과 조선, 비료 같은 국내 일자리 창출 산업에 투자하기보다는 중국에 집중하고 있었다는 이유로 자리에서 밀려났다. 민족주의가 건전한 사업 행위로 보였던 것을 누르고 이긴 것이다.

경제를 매우 직접적으로 관리하는 것에 대해 브레머가 붙인 이름은 '국가자본주의'다. 국가자본주의를 채택한 정부들이 실행력을 갖는다면, 이들은 전 지구적 시장에서 두드러진 장점, 즉 결단력을 가질 수 있다. 어떤 나라는 다른 나라보다 실행력이 더 좋을 수 있다. 반면, 충돌하는 관점과 요구들 사이에서 균형을 맞출 필요가 있는 민주주의 국가들은 국내의 분열상에 직면해 천천히 움직일 것이다. 실제로 이 국가들은 자국의 정치 구조 때문에 일본과 이탈리아의 경우처럼 거의 마비될 정도로 우유부단해질 수 있다. 최근에 미국도 매우 양극화된 정치 때문에 비슷한 교착상태에 빠졌다. 민주주의 국가들은 까다로운 유권자들을 단결시킬 만한 실제적인 국가 비상사태에 직면할 때에만 비로소 신속하고도 결단력 있게 행동하는 것 같다.

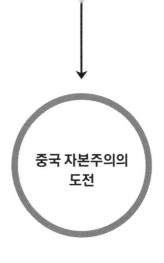

중국 자본주의의
도전

중국은 다른 어떤 나라보다 더 능숙하고 공격적으로 국가자본주의를 실천한다. 중국이 그리 머지않은 장래에 GDP 면에서 미국을 앞지를 것이기 때문에, 이 나라가 어떻게 작동하는지 이해할 필요가 있다. 중국의 접근 방식은, 한 국가가 중요한 무역 파트너라는 경제적 영향력을 가지면서도 여전히 신흥국의 경쟁 전술에 의존하는 현대 역사상 최초의 사례다. 중국식 국가자본주의가 특히 효과적인 것은, 그것이 여러 요소를 결합시키고 있기 때문이다. 북반구의 컨설턴트들을 포함한 세계적 수준의 전문가들에 의한 현명하고 실용적인 계획화, 정부 기관들을 조율하고 책임성 있게 만드는 정치 구조, 중앙정부 차원에서 지방 수준에 이르기까지 보상과 처벌권을 가진 실행 기구, 정부와 기업체를 융합하는 하이브리드형 기업 구조가 그런 요소들이다.

중국은 기업 형성에 있어서 정부의 강력한 개입의 필요성을 호소하며 그 개입을 옹호한다. 중국 정부가 내세우는 목표는 놀라울 정도로 야심적이다. 즉 현재 거의 14억 명에 이르는 인구를 지닌 나라를 빈곤에서 번영으로 계속 변화시키면서도 통제되고 점진적인 방식으로 개인적 자유를 확대한다는 것이다. 하지만 중국 지도부는 현대적 경제로의 점진적인 이행을 무산시킬 수도 있을 사회적 불안을 심각하게 우려한다. 그리고 이런 우려가 꼭 비현실적인 것은 아니다. 따라서 그들은 일자리를 계속 늘리기 위해 할 수 있는 모든 일을 한다. 예를 들면 요즘 도시 인구와 농촌 인구 사이의 소득 격차 증대로 인해 제조업을 축으로 한, 새롭고 좀 더 작은 규모의 도시 거점들을 창출하는 프로그램이 추진되고 있다.

그러나 중국의 이러한 조치들 배후에는 더 넓은 전 지구적 차원의 의도도 깔려 있다. 즉 위안을 준비 통화reserve currency로 만들고, 특별 외환 보유고를 축적하며, 전 세계에서 천연자원을 확보하고, 종국에는 세계의 지도자가 되는 것이 배후에 깔린 중국의 목표다. 중국이 당장 초점을 맞추고 있는 것은 경제력이다. 예를 들면 중국은 도로와 항구 파이프라인을 건설함으로써 남반구와의 무역 흐름을 중국의 심장부 쪽으로 돌려놓으려는 의도를 보여주었다. 경제력과 더불어 정치적 힘이 따라온다.

싱가포르는 중국의 중요한 모델이었다. 중국은 싱가포르의 초대 총리였던 리콴유李光耀로부터 수출 기반 경제를 건설하는 전략을 배웠다. 즉 임금 격차와 통화 격차를 활용해 제조업을 끌어들인 다음 가치 사슬의 위로 이동하는 것이었다. 이때 인센티브 급여를 경제적 성과와 연계시키며 유능한 사람들을 책임자로 앉혔다. 그러나

중국은 국가자본주의를 국가이익에 맞게 인도하는 것과 관련해 그
스승을 훨씬 더 능가했고, 유용한 충고를 한 가지 더 실천에 옮겼다.
즉 외환 보유고를 축적해 민주적 자본주의 사회의 방종한 동요와 예
측 불가능성으로부터 자신을 보호하는 것이었다.

국가 단위의
경제 계획

중국은 5개년 계획에서 경제적 우선순위를 명시하고, 발전시킬 구체적 산업들을 목표로 제시하고 있다. 5개년 계획이란 다가오는 기간 동안 국가가 달성하고자 하는 모든 것을 상세하게 개괄해놓는 포괄적인 문서이다. 이제 중국은 12번째 5개년 계획을 수행하고 있는데, 거기에 적시된 목표들 중 하나는 7개의 '전략적 신흥 산업'을 발전시키는 것이다. 대체에너지, 생명공학 기술, 신세대 정보 기술, 고급 장비 제조, 첨단 소재, 대체 연료 자동차, 에너지 절약 및 환경보호가 그런 산업들이다(중국은 이미 세계 최대의 풍력 터빈 및 태양 전지판 제조국이 됐다). '5개년 계획'은 구소련의 되풀이된 중앙집권적 계획화 실패의 기억을 떠올리게 하지만, 중국의 계획은 그런 공상적인 것과는 아무런 공통점이 없다. 대신에 중국의 계획은 사실적 정보에 기반을 두고, 고도로 훈련된 엄밀한 분석 도구와 방법론을 가지고 일하는 전문가들에 의해 종합되고 집행되는 실용적 사업이다. 엄밀한 분석 도구와 방법론을 가지고 일하는 이 전문가들은 작업 성과에 대해서도 책임을 진다.

브루킹스연구소의 케네스 G. 리버설Kenneth G. Lieberthal이 2010년에 펴낸『중국의 도전을 어떻게 관리할 것인가Managing the China Challenge』에서 설명하고 있듯이, 하향식 임명 시스템은 모든 정치 지도자와 당 지도자들이 직속상관들의 목표와 관심사에 충성하도록 한다. 하급 지도자들은 자기 관할 구역의 관료 기구들과 법원, 은행 지점들을 통제한다. 그들은 자신들에게 정말로 중요한 합법적 결정들의 성과를 판단하고, 어느 은행 지점이 어느 사업에 신용을 제공할지를 명령할 수 있다. 그들은 사업 면허 발급(과 갱신), 가용 토지 조성, 시장가격보다 낮은 금리의 신용 등과 같은 수단을 통해 관할권 내 선호 기업의 성장을 촉진할 수 있다.[7] 이 체제는 중국의 시장市長들에게 현지 기업들과 경쟁하는 다국적 기업들에 대한 상당한 권력을 부여한다.

중국에서 지방 수준의 통제는 중앙 수준의 계획과 밀접하게 연결되어 있다. 중국 정부 관리들은 직속상관의 목표에 얼마나 잘 기여하는지의 여부에 따라 직위를 유지하거나 잃는다. 그들은 매년 서면으로 평가받는데, 바로 여기에 매우 시사적인 것이 있다. 리버설에 따르면, 성과를 측정하는 데 사용된 지표들 중 약 60퍼센트가 전년도 동안의 GDP 성장을 직간접적으로 반영한 것이었다. 그 시스템이 완벽하지는 않지만 효과적이기는 했다.

중국의 국유 기업들에서는 사업체와 정부 사이의 경계선이 사라진다. 이익을 낼 필요성에 구속받지 않는 이 기업들은 가령 해외로부터 원료를 조달하는 등의 일을 통해 주로 국가적 이익을 증진시킨다. 중국의 국유 기업들은 지난 5년 동안 광산과 에너지 회사들을 매입하는 데 1,000억 달러 이상을 썼고,[8] 아프가니스탄과 잠비아 같은 곳으로부터 구리를 확보하는 데 50억 달러 이상을 지불했다. 2011년 5개국 국유 기업 컨소시엄이 세계 최대의 니오븀niobium 생산 기업 지분 15퍼센트를 매입했다. 니오븀은 제트엔진 부품과 초전도체 원료 같은 것들을 위한 고강도 강재를 생산하는 데 사용되는 구하기 어려운 금속이다. 2012년 중국해양석유총공사CNOOC는 캐나다 최대의 에너지 기업 중 하나인 넥센을 매입하는 데 151억 달러를 제시했다. 넥센은 멕시코만에서의 심해 시추와 셰일암에서의 천연가스 시추를 포함해 에너지 추출 분야에서 선진적 능력을 지닌 회사다.

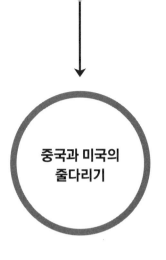

**중국과 미국의
줄다리기**

중국판 국가자본주의는 지속 가능한 새 모델일까? 아마도 아닐 것
이다.

중국의 막대한 무역 흑자의 일부는 저임금과 낮은 통화 평가 때문
인데, 이 두 가지 모두 지속 가능하지 않다. 임금은 이제 산업 중심지
에서 상승 경로에 올라섰고, 베트남과 방글라데시 같은 저비용 국
가들이 예전이라면 중국으로 갔을 사업체들을 끌어들이고 있다. 이
추세는 불가피하게 계속될 것이다. 몇몇 경우에 생산은 북반구 나라
들로 점점 역류하고 있다. 경쟁의 기초는 기술적 우위와 경영 기술
같은 전통적 수단들로 점점 더 옮겨갈 것이다. 중국의 몇몇 사기업
들-예를 들면 하이얼과 화웨이-은 전 지구적 경쟁자로서 힘을 키
웠지만, 국유 기업들은 의사 결정, 실행, 자원 할당, 혁신 등의 면에
서 북반구 기반 기업들에 대해 우위를 가지고 있다는 것을 아직 입
증하지 못했다.

핵심적 문제는 정부가 투자 정책을 좌우하는 경우에 발생하는 경제의 고전적 결함에 있다. 정치는 자본의 효율적 배치를 존중하지 않는 경향이 있기 때문이다. 기업들에 공돈을 퍼부어주는 것은 보통 낭비적이다(정부가 보조금을 주기 위해 특정 '미래형 산업'을 선별할 때 북반구도 저지르는 실수). 국유 기업들에 자본을 할당하는 중국의 시스템은 확실히 일정한 승자들을 낳기는 했지만, 동시에 극적인 실패자들도 창출했다. 예를 들면 빌 파월Bill Powell이 《포춘》지에 썼듯이 중국의 태양에너지 산업은 자본 파괴 기구에 불과한 것이 됐다. 그리하여 가장 두드러진 기업들 중 일부가 지금 구명줄을 얻기 위해 필사적으로 몸부림치고 있다. 이 이야기는 중국의 저가품에 의해 궁지에 내몰린 대다수 북반구 태양에너지 기업들에게도 공히 해당된다. 파월은 샌퍼드 번스타인Sanford Bernstein 증권사의 연구를 인용해 이렇게 제시한다. "태양에너지는 디램DRAM 산업으로 전환되고 있다. 디램은 수십 년 동안 자본 집약적이면서도 수익은 낮은, 갱단들 간의 전쟁과 다름없는 사업이었다. 이 전쟁은 일본 경쟁사들 사이에서 벌어졌고, 나중에는 삼성을 필두로 한 한국 기업들 사이에서 벌어졌다. 삼성이 결국 확실한 업계 선두 주자로 부상했다."[9]

물론 이것은 비교적 신속한 성과와 '인내 자본patient capital'의 장기적 보상 사이의 불일치를 보여주는 또 하나의 사례일 수도 있다. 예를 들면 일본은 이제 독일과 같이 핵에너지 폐기 정책을 채택했고, 이로 인해 불가피하게 태양에너지 수요가 증가할 것이다. 이처럼 많은 불확실성을 지닌 에너지 시장에서 그것은 결국에는 성과를 낼 도박일 수 있다. 하지만 그 도박이 키워드가 되고 있는 것 같다.

중국의 내적 긴장-예를 들면 증대하는 소득 불평등과 민주주의 확대 요구-은 정교한 톱니바퀴를 파괴하고, 12차 5개년 계획의 실행 능력을 손상시킬 수 있다. 중국 국무원 발전연구센터와 재정부의 협력으로 준비되어 2012년 6월에 발표된 세계은행 보고서 「중국 2030」은 시장 기반 경제를 창출하기 위한 구조 개혁이 중국의 성공에 결정적이라는 점을 강조했다. 그런 개혁 조치들 중에는 투자와 수출 의존 탈피 및 국내 소비 지향적 성장 사이의 균형, 다시 말해 가장 두드러지게는 국유 기업 축소와 민간 기업에 대한 더 많은 지원 사이의 균형을 조정하는 일이 포함된다. 그러나 중국의 국내 경제가 자국 공장들에서 나오는 엄청난 제품들을 흡수할 수 있기 전까지는 중국의 정책이 많이 바뀔 것 같지 않다. 사회적 불안을 잠재우려면 정당 간 민주주의를 확대할 필요가 있을 것이다. 하지만 이것은 국민의 정치적 목소리를 별로 허용하지 않는 시스템에서는 미묘한 변화다. 후진타오 주석은 중국이 다양한 목소리에 열려 있어야 한다고 주장해왔지만, 지금까지 실험은 지방 수준에 엄격히 한정되어왔다.

중국의 지도자들이 이런 문제들을 어떻게 처리할지는 북에서 남으로 축의 이동 속도와 방향에 영향을 미칠 수 있다. 지난 약 30년간 연평균 약 10퍼센트의 GDP 성장을 이룬 중국의 성장 속도는 일반적으로 향후 수년간 평균 8퍼센트 안쪽을 기록할 것으로 예상된다.

추측할 수 있는 자유 시장의 실패에 관해 말하자면, 미국은 2세기 이상 동안 성공한 경제로서의 실적을 가지고 있고, 세계 대다수의 성공한 경제를 위한 모델이 되어왔다. 미국은 다음과 같은 전제 위에서 움직인다. 즉 선택의 자유와 안전한 재산권을 통해 개인들은 경제성장을 창출하고, 기업 지도자들은 주도성을 발휘하여 혁신과 생산성 증대, 그리고 시장에 대한 민첩한 대응과 새로운 사업 모델을 통해 자기 회사들을 번영시킬 수 있다는 것이다. 위험한 사업에 자금을 공급—동시에 독자적으로 생존할 수 없는 사업들에 대한 자금 지원을 철회—할 의지와 전문성을 지닌 매우 정교한 기관들 덕택에 새로운 시도와 새로운 기술이 번창할 수 있다.

기술들을 구매하거나 복제할 수는 있지만, 이 기술들의 깊숙하고 제도화된 원천을 똑같이 복제하기는 어렵다. 예를 들면 실리콘밸리는 그 자체로 하나의 제도이자 탁월한 인재들이 서로 협력하는 지적 공동체다. 게다가 그 이점은 세계에서 가장 선진적인 교육제도와 비교적 이동이 자유로운 노동력, 다른 나라들에서 오는 다양한 사람들의 효과적인 융합에 의해 뒷받침된다. 똑같이 중요한 점으로서 위험한 사업에 자금을 대는 바로 그 기관들이 자본에 대한 적절한 수익을 올리지 못하는 사업들에는 신속히 자금 지원을 철회한다는 것이다. 이와는 대조적으로 정부의 지원을 받는 회사들은 이미 그들의 야망에 대한 이런 견제 수단이 없다. 그들은 생산성과 혁신, 경쟁력이라는 체력을 기를 필요성이 없다. 그리고 유능한 지도력을 발전시킬 필연성도 없다.

마지막으로 "태도란 큰 차이를 만들어낼 수 있는 작은 것이다"라는 윈스턴 처칠의 유명한 말을 명심하기 바란다. 미국인들은 별 볼 일 없는 사람도 훌륭한 사람이 될 수 있는 곳에서 살고 있다는 점을 언제나 이해해왔다.

지금 미국이 직면한 난제는 무역 적자와 재정 적자를 해결하고 인 프라와 교육, 기초연구 같은 필수적인 것들에 대한 장기 투자를 통 해 경제력을 높이기 위한 일관된 계획이 없다는 것이다. 미국의 정 치 시스템에 내재된 권력의 분할은 오랜 세월에 걸쳐 민주주의가 실 현되도록 했다. 그러나 심한 당파 싸움으로 인해 미국은 중국의 관 리받는 자본주의의 유효성과 집중력에 비해 상당히 불리해졌다. 하 지만 일단 미국이 그 정치적 교착상태를 극복하고 국가적인 경제 의 제에 대한 합의에 도달한다면, 미국의 사업체들은 훨씬 더 좋은 지 원을 받을 것이고, 무역 불균형도 개선될 것이다. 그리고 미국이 셰 일 가스와 '타이트 오일tight oil'[•] 개발을 통해 에너지 독립을 향해 움 직인다면, 미국은 거대한 수입을 거두고 방대한 수의 일자리를 창출 하게 될 것이다. 또 미국은 세계에서 더 큰 전략적 영향력을 갖게 될 것이다.

혁신과 생산성 향상, 신사업 창출, 개인 및 주州의 주도성은 여전 히 건재한 상태이고, 마찬가지로 민주주의 사회의 필수 요건인 아 래로부터의 지도력도 살아 있다. 많은 미국의 주는 일자리를 창출 하는 외국인 직접투자를 유치하는 집중된 프로그램으로 주 경제 를 자극한다. 이러한 주의 주민들은 사업체 건설을 통해 고용 상황 과 세원, 미래에 대한 전반적인 전망을 개선하는 데 유리한 환경을 창출하도록 현지 법률과 주 지출을 조정하는 정치가들을 선출해왔

• 모래와 진흙이 굳어진 퇴적암인 셰일층에 형성되어 있는 셰일 가스 속에 함께 매장된 새로 운 형태의 원유.

다. 방향을 바꾸기 위해서는 국가정책 수준의 간격을 메울 입법부와 행정부 출신의 소수 핵심 지도자들만이 필요할 것이다. 세금, 인프라, 혁신, 교육, 이민, 규제 등의 영역에서 이루어지는 실행 가능한 합의－금융 위기 동안 TARP(부실자산구제프로그램)의 통과와 더불어 이루어진 합의 같은－는 미국이 속도를 따라잡고 세계가 보는 가운데 경제적, 기술적 주도력을 되찾을 기회를 창출할 것이다.

물론 사업체들은 그 스스로는 물론 정부 및 학계와 공동으로 수행해야 할 큰 역할이 있다. 하버드 비즈니스 스쿨의 경쟁력 프로젝트에서 이에 대한 유용한 지침을 얻을 수 있다. 이 프로젝트는 생산성에 대한 지속적인 헌신에서부터 기능 향상, 지원 산업의 개선, 전체적으로 경제적 성과를 훼손할 이기적 행동의 억제에 이르기까지 기업들이 추구해야 할 다면적 계획을 수립했다.[10]

줄다리기는 계속될 것인데, 저성장의 시대에는 특히 그럴 것이다. 우위는 생겨났다가 사라질 것이다. 그러나 세계는 여전히 성장할 것이다. 그 성장이 북반구 나라들과 기업들에게 야기하는 모든 문제와 불안에도 불구하고, 중국의 성공은 거대한 기회를 창출하고 남반구의 경제들을 서로 더욱 밀접하게 결합시키고 있다. 기업의 지도자로서 당신이 축의 이동 속에서 장기적 성공을 거두려면, 각국이 자국 경제를 강화하기 위해 사용하는 책략을 계속 경계하면서 현재와 미래의 고객들을 얻기에 충분히 강력한 사업을 구축해야 한다.

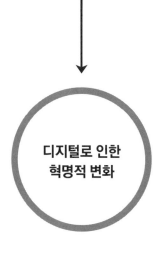

**디지털로 인한
혁명적 변화**

디지털화로부터 불어오는 변화의 바람은 너무나 빠르고 지속적이어서 그 전반적인 영향을 파악하려는 것은 폭풍 속에서 날씨 패턴을 관측하려고 하는 것과 같다. 하지만 다음과 같은 세부적인 많은 것은 친숙하다. 디지털 기술은 비용을 낮추고 주기 시간cycle time을 단축시키며, 기업들로 하여금 많은 자본 없이 큰 용량에 도달하게 하고 신속히 현금을 창출할 수 있게 해준다. 그리고 디지털 기술은 세분 시장과 개별 고객들을 정확히 알려준다. 또한 그 기술은 전통적인 마케팅과 유통망을 전복시키고, 기업과 고객의 관계를 급격히 변화시키는 등 목록을 열거하자면 끝이 없다. 그러나 여기에 큰 그림이 있다. 디지털화는 기회를 모든 곳으로 확산시키고 새로운 가치 형태의 창출을 가능하게 하며, 지구 경제의 구성을 변화시키고 있다. 디지털화는 가치 사슬을 점점 더 변화시키고 중간고리들을 제거하며, 규모의 경제에 관한 낡은 관점을 뒤집어엎는다.

이미 기존의 많은 가정들이 공격받고 있다. 거의 모든 기업을 따라다니는 공포인 범용화를 예로 들어보자. 디지털 기술은 그 위협을 확대하고 가속화시켰다. 그러나 지금 부상하고 있는 것은 정반대의 것, 즉 제품라인의 비범용화를 예고해주는 신세대 디지털 기술이다. 컴퓨터로 구동되는 유연한 다목적 기계는 대량생산의 경우보다 더 크지 않은 비용으로 더 적은 규모의 제품 – 단 한 묶음에 이르기까지 – 을 생산할 수 있다. 예를 들면 이른바 3D 프린팅, 또는 '적층additive' 제조 기술을 사용하면 기계는 재료를 컴퓨터 코드가 지시하는 모든 형상으로 가공한다. 제작자들은 매번 장비를 다시 설치하는 대신 다른 품목을 생산하도록 컴퓨터 코드만 다시 맞추어주면 된다. 이것의 영향은 심대할 것으로 보인다. 사업체들은 수백 혹은 수천 킬로미터 떨어져 있는 거대한 공장 대신 점점 더 고객들과 가까운 곳에서 제품을 제조할 수 있게 될 것이다. 이것이 발전함에 따라 이 추세는 혁신 주기를 가속화시키고 공급 사슬과 유통망을 재정립하며, 비용을 더욱 낮추고 더욱 다양한 제품을 더 많은 사람들이 사용할 수 있도록 해줄 것이다. 그리고 이것은 남반구가 지닌 이점 중의 일부를 침식할 수도 있다. 두말할 필요도 없이 이로 인해 사업체들은 자신들의 사업 계획을 재고하지 않을 수 없을 것이다.

디지털화의 또 한 가지 거대한 결과는 단 몇 년 만에 전혀 새로운 전 지구적 사업을 창출할 수 있게 되었다는 것이다. 구글, 보나지 Vonage, 스카이프, 애플 등의 회사는 통신의 흐름 속으로 이동해 산업 간 경계를 붕괴시키고 있다. 이 회사들은 통신사들이 얻는 수입 증가분 중에서 음성 통신과 데이터 통신의 일부를 이미 점유하기 시작했고, 그 비율은 더욱 높아질 것이 분명하다. 그 비용 우위에 더해 그들은 어떤 고정관념에도 구속되어 있지 않다. 또 그들은 경쟁자들과는 달리 규제도 받지 않는다.

인터넷 기반 마케팅은 지금도 기존의 판매 규칙을 다시 쓰고 있다. 세계 최고의 인터넷 회사라고도 할 수 있을 아마존은 어느 누구도 따라올 수 없는 비용 구조와 배송 방법을 가지고 있을 뿐만 아니라, 고객들의 구매 습관을 추적하는 알고리즘을 통해 고객들을 이해하고 겨냥하는 탁월한 능력을 가지고 있다. 아마존은 오프라인 서점 사업 모델을 뒤흔들어놓은 후 의류에서 가전제품에 이르는 소비재 상품에서도 똑같은 일을 함으로써 베스트 바이Best Buy나 심지어 월마트 같은 소매업체에 도전을 제기하고 있다. 한때 소매 업계의 이단자였던 월마트는 갑자기 공격받는 전통적 회사가 됐다.

모바일 기술을 여기에 추가해보자. 소비자들은 어디서 구매할지에 대한 정보, 예를 들어 중심가 쪽으로 걸어가면 한 블록 떨어진 곳에 신발 가게가 있다는 정보를 얻게 된다. 그리고 동료 소비자들이 쓴 것을 포함해 다양한 구매 후기를 활용하고 가격을 비교한 다음, 더 싸고 무료 배송되는 온라인 매장에서 봐두었던 것을 살 수 있다. 이런 일들은 일부 사람들에게는 수익을 낳는 기회를 주지만, 다른 일부 사람들에게는 그런 기회를 파괴하며, 가치와 공급 사슬로부터 많은 자본 투자를 빼져나오게 한다.

소셜 네트워킹도 또 하나의 '게임 체인저game-changer'*다. 물론 그 게임의 귀추를 아직은 알 수 없지만 말이다. 우리는 그것이 순식간에 대규모로 새로운 생각을 퍼뜨리고 행동에 영향을 미칠 수 있다는 것을 안다. 그것은 소비재를 위한 새로운 즉석 시장을 창출하는 것에서부터 정부를 타도하는 일('아랍의 봄'을 생각해보라)에 이르기까지 모든 일을 할 수 있다. 2012년 페이스북의 실망스러운 기업공개는 소셜 네트워킹이 얼마나 강력한 마케팅 도구가 될 수 있을지에 관해 많은 의문이 아직 남아 있다는 것을 명확히 했다. 그러나 그것의 잠재력은 방대해 보인다. 사업체들은 소비자 욕구를 실시간으로 정확히 포착하여 만족시키기 위해 휴대전화 앱과 더불어 그것을 활용할 방법을 이제 막 탐구하기 시작하고 있을 뿐이다.

점점 더 큰 데이터 세트-이른바 '빅 데이터'-를 정리, 조작할 능력은 사업체들의 활동 양상을 극적으로 변화시킬 것 같다. 맥킨지글로벌연구소는 그것을 혁신과 경쟁, 생산성을 위한 새로운 개척지라 부른다. 그리고 "빅 데이터 사용은 생산성 증대와 소비자 잉여의 새로운 물결을 위한 기초가 될 것"이라고 덧붙인다. 예를 들면 맥킨지는 "빅 데이터를 충분히 활용하는 소매업체는 영업 마진을 60퍼센트 이상 증가시킬 잠재력을 가질 것으로 추정된다"고 말한다.[11]

빅 데이터 폭발의 원천은 멀티미디어와 소셜 미디어, 기업 자체의 사업 활동, 그리고 이른바 사물 인터넷IOT(Internet Of Things) 등에서 수집되는 정보량과 세부 항목의 증가다. 사물 인터넷이란 심박 조정기에서부터 일본의 전광판-이것은 통행인들을 스캔해 자신이 소비자 프로파일에 얼마나 적합한지를 평가하고, 이것에 기초해 디스플레이 메시지를 순간적으로 바꾼다-에 이르기까지 물리적 사물에

● 판을 뒤흔들어 시장의 흐름을 바꿔놓는 사람.

내장된 센서에서 나오는 정보를 가리킨다. 맥킨지는 이 홍수 같은 정보를 활용하는 것이 단지 데이터 지향적인 관리자들뿐만 아니라 모든 수준의 지도자들의 주의도 끌 것이라고 지적한다. "조직은 빅데이터의 활용을 최적화할 수 있도록 올바른 인재와 기술을 배치할 뿐만 아니라 작업 흐름과 인센티브를 구조화할 필요가 있다."[12]

무엇보다도 가장 극적인 변화는 국가 경제 구성의 구조적 변화를 창출한 디지털 기술의 힘일 것이다. 예를 들면 이동통신망은 인도나 아프리카의 먼 오지까지 유선망을 확장하는, 많은 시간이 걸리는 과정을 뛰어넘고 있다. 이렇게 하여 이동통신망은 정보뿐만 아니라 심지어 의료 서비스에까지 확산되고 있고, 더 나은 삶을 위한 사람들의 욕구를 증대시키고 있다.

그러나 그런 변화 역시 대규모 일자리 감소를 야기할 가능성은 없는가? 디지털 기반 산업 중 일부는 많은 일자리를 창출하지 않으면서 수입을 기하급수적으로 증가시킬 수 있다. 에릭 브리뇰프슨Erik Brynjolfsson과 앤드루 매카피Andrew MacAfee는 그들의 책『기계와의 경쟁Race Against the Machine』에서 "컴퓨터(하드웨어, 소프트웨어, 네트워크)는 미래에 더욱더 큰 힘과 능력을 갖게 될 것이고, 일자리와 기능, 경제에 유례없는 큰 영향을 미치게 될 것"이라고 주장한다.[13] 과거에는 기계가 할 수 없는 것으로 간주되었던 영역들에서 인적 투입을 대체할 정도로 컴퓨터의 기능이 향상되는 것에 대한 우려가 제기되고 있는 것이다. 패턴 인식을 예로 들어보자. 패턴 인식이란 본질적으로 실시간으로 학습해 변화하는 상황에 적응하는 인간 능력의 기계적 버전이다. 패턴 인식은 아마존을 비롯한 알려지지 않은 수많은 회사들이 정확히 표적화된 판매 촉진을 위해, 웹 활동으로부터 긁어모은 정보를 종합하여 소비자들의 삶 속으로 파고 들어가기 위해 활용하는 알고리즘의 기초다. 도요타나 제너럴모터스가 아니라 구글이 자동차를 인간의 조작 없이 수천 킬로미터 주행하도록 개조했다는 것은 주목할 만한 일이다. 인간을 닮은 컴퓨터의 또 다른 새로운 힘은 복잡한 의사소통이다. 이것은 복잡하고 정서적이거나 모호한 상황에서도 인간과 대화할 수 있는 컴퓨터의 능력을 말한다.

2012년 초에 시티 그룹은 IBM의 왓슨Watson을 활용할 것을 검토 중이라고 발표했다. 왓슨은 퀴즈 쇼 '제퍼디!'에서 두 명의 최고 참가자들을 이겨 대중의 눈길을 사로잡았던 슈퍼컴퓨터다. IBM은 의료 보험 공급업체인 웰포인트와 파트너십을 맺어, 의료 전문가들이 복잡한 증상에 대한 가능한 치료 방법을 진단하도록 돕는 일에 왓슨을 투입했다. 시티 그룹은 인간의 언어를 분석하고 방대한 양의 정보를 처리할 수 있는 왓슨의 능력을 거론하며, 고객 서비스에 왓슨을 투입할 수 있기를 기대하고 있었다.

물론 산업혁명의 초기부터 '자동화'의 비판자들은 줄곧 일자리 감소를 끊임없이 걱정했다. 이번에는 이들이 옳은 것 같다. 그러나 최근 '디지털화 영향의 극대화'라는 부즈 앨런Booz Allen의 연구 결과물을 생각해보라. 무엇보다도 저자들은 150개국에서 디지털화의 영향을 측정하고 몇 가지 놀라운 정보를 제시했다. 그들은 "디지털화의 10퍼센트 증가는 1인당 소득 0.50~0.62퍼센트 증가를 촉발했다"는 점을 발견했다. "발전된 국가일수록 디지털화의 영향은 더욱 클 것으로 보인다. 이것은 선순환적 피드백 사이클을 확립해준다. 즉 국가는 그 선순환적 사이클의 궤적을 따라 움직일 때 그 자체의 발전을 더욱 강화하고 가속화시키게 된다." 일자리 감소는 어떠한가? 실제로 그들은 디지털화가 일자리를 창출한다는 것을 발견했다. 디지털화가 10퍼센트 증가하면 해당국의 실업률을 0.84퍼센트 감소시킨다. 2007~2008년 사이에 약 1,800만 개의 일자리가 지구 경제에 추가되었다면, 2009~2010년 사이에는 약 1,900만 개가 추가됐다.[14]

오늘날 한 가지 확실한 것은 디지털화가 경제활동의 양상을 규정할 때 그 어느 때보다 더 큰 역할을 할 것이라는 점이다. 디지털화와 연관된 예전의 의제-자본을 감소시키는 포트폴리오(사업 구성) 조정, 제품 및 공정 생산성과 품질-는 폐기될 것이다. 거의 모든 회사가 디지털화의 영향과 혁신을 중심으로 하여 자신들의 전략을 세울 필요가 있을 것이다. 그것은 모든 생태계와 공급 사슬을 변화시킬 것이다.

고삐 풀린 혁신

새로운 세계 경제의 또 한 가지 특징은 예전에 결코 보지 못했던 유형과 규모의 발명일 것이다. 20세기 후반부에 일어난 주요한 혁신은 대개의 경우 제도권 내에서 이루어졌다. 즉 이것은 인텔, 모토롤라, 지멘스, 벨연구소 같은 대기업과 MIT, 스탠퍼드, 하버드 같은 대학교들에 고도로 집중되었고, 대개 한두 분야에 전문화된 비교적 소수의 사람들에 의해 창출됐다. 좀 더 최근에는 미국의 기술 기업가 tech entrepreneur들이 세계를 변화시켜왔다. 그중 두드러진 인물로는 스티브 잡스Steve Jobs, 마크 앤드리슨Marc Andreessen(웹 브라우저 발명가이자 지금은 실리콘밸리의 가장 영향력 있는 벤처 자본가), 제프 베저스 Jeff Bezos(아마존), 마크 저커버그Mark Zuckerberg(페이스북) 등이 있다.

이제 완전히 새로운 혁신가 집단이 시야에 들어온다. 방대한 수의 사람들, 특히 지식 노동자들 ─ 대학에도 가지 못한 일부 사람들도 포함되지만 ─ 이 세계 곳곳에서 혁신을 이루어가고 있다. 혼자서든 집단으로든 이것을 가능케 한 그들의 능력은 디지털화된 세계에서 점점 증대하는 지식의 실시간 개방성과 민주화, 창업 자금의 가용성에서 대체로 연원한다. 가장 최근 등장한 원군은 이동통신이다. 세계의 25억 이동전화 사용자들—이 사용자 수는 스마트폰 비중과 더불어 나날이 늘어나고 있다—은 예전에는 결코 접근할 수 없었던 정보를 공유할 수 있다. 이러한 혁신의 상당한 부분은 국지적 수준에서 국지적 시장을 위해 이루어지고, 일부는 한 국가에서 다른 국가로 전파될 것이다. 온라인 대회와 크라우드펀딩crowdfunding•은 소규모 기업가들이 아이디어 개발을 위해 필요한 자금을 얻는 데 도움이 된다.

이노사이트 아시아-퍼시픽의 상무이사이자 『혁신을 위한 소책자The Little Black Book of Innovation』의 저자인 스콧 D. 앤서니Scott D. Anthony에 따르면, 새로운 혁신가 집단은 대기업에서 일하는 많은 사람도 포함할 것이다.[15] 그는 《하버드 비즈니스 리뷰》에서 "수십 년 전에 벤처 자본가들이 시작한 혁명은 대기업들도 그 규모 덕택에 혁신의 족쇄를 풀고 그것을 촉발시킬 수 있을 조건을 창출했다"고 썼다.[16] 그는 또 신생 기업의 전략에서 한 쪽을 인용하며 이렇게 쓰고 있다. 즉 그들은 "개방형 혁신과 덜 위계적인 경영 구조를 받아들이고 있고, 기업가적 행위를 그들의 기존 역량과 통합시키고 있다. …… 아직 판단하기는 이르지만, 우리가 혁신의 새로운 시대로 진

• 대중으로부터 자금을 모은다는 뜻으로, 소셜 미디어나 인터넷 등의 매체를 활용해 자금을 모으는 방식.

입하고 있다는 부정할 수 없는 증거가 있다. 이 시대에는 대기업 내부의 기업가적 개인들이나 '촉매자들'이 그 회사의 자원과 규모, 증대하는 민첩성을 활용해 어느 누구도 하기 어려운 방식으로 지구적 도전에 대한 해결책을 발전시켜나가고 있다."

축의 이동이 전 세계 사람들의 욕구와 능력을 확대시킴에 따라, 무한한 기회를 탐색하는 기업들은 폭발적으로 증가하는 중산층, 그중에서도 수백만 명의 새로운 소비자들에 특히 주목한다. 그러나 중산층에 대해 생각할 때, 그 단어의 미묘한 의미를 이해할 필요가 있다. 중산층이란 많은 다양한 세분 계층으로 이루어져 있고, 이 세분 계층들은 빠르게 변화한다. 이처럼 다양하고 항구적으로 진화하는 시장에서 성공하기를 바란다면, 이 세분 계층들을 확인해 더욱 빈번한 전략 변화에 대비하고 있어야 한다.

'중산층'을 정의하는 것도 매우 까다로운 일이다. 브루킹스연구소의 호미 카라스Homi Kharas와 제프리 거츠Geoffrey Gertz가 2011년 보고서에서 한 가지 훌륭한 정의를 제시하고 있다.[17] 이들은 전 세계 중산층을 구매력 평가 기준으로 1인당 10~100달러의 하루 지출액을 갖는 가구로 정의한다. 그러나 기준을 10달러로 정하면 어떤 나라에서는 중산층이 전혀 존재하지 않게 된다. 인도의《이코노믹 타임스》가 지적했듯이 "그렇게 큰 액수를 지출하는 사람은 여기서는 최상위 5퍼센트에 속한다." 워싱턴 D.C.에서 세계개발센터를 설립한 경제 전문가 낸시 버드살Nancy Birdsall은 제한선을 4달러 더 낮춰 이른바 '촉매 계급catalyzing class'을 포함시켜야 한다고 제안한다. 이 계급은 가난하지도 않지만 그렇다고 완전히 중산층도 아니며, 동시에 계층 상승의 잠재적 기회를 지닌 사람들이다.[18]

카라스와 거츠는 10달러 기준치를 사용해 세계 인구의 98퍼센트를 차지하는 145개국에 대한 가용 데이터로부터 놀라울 정도로 낙관적인 결론에 도달한다. "우리의 시나리오는 다음과 같은 점을 보여준다. 향후 20년에 걸쳐 세계는 대체로 빈곤한 계급에서 중산계급으로 발전할 것이다. 2022년은 세계 인구 중에서 가난한 사람들보다 중산층이 더 많아지는 첫해가 될 것이다. 2030년에는 50억 명- 전 세계 인구의 거의 3분의 2-이 중산층이 될 수 있을 것이다."

이 중산층의 지출 분포는 오늘날과는 상당히 달라질 것이다. 아시아인들이 가장 많은 지출을 할 것이다. 카라스와 거츠는 이렇게 지적한다. "2015년에는 100년 역사상 처음으로 아시아 중산층 소비자들의 수가 유럽 및 북미의 그 수치와 같아질 것이다. 현재의 추세대로라면 2021년까지 아시아의 중산층 가구는 20억 이상에 달할 수 있다. 중국에서만 중산층 소비자들의 수가 오늘날 약 1억 5,000만 명에서 6억 7,000만 명 이상으로 늘어날 것이다."[19] 그러나, 원자료만으로는 전체 그림을 완성할 수 없다, 즉 중국이 인구는 인도보다 많지만, 인도의 중산층은 중국의 중산층보다 훨씬 더 젊기 때문에 2048년에는 세계 소비의 더 큰 부분을 차지하게 될 것이다. 카라스와 거츠는 2030년에 인도가 세계 중산층 소비의 약 23퍼센트를, 중국이 18퍼센트, 미국이 7퍼센트, 독일과 프랑스가 각각 2퍼센트를 차지하게 될 것이라고 추산한다.

코카콜라와 콜게이트, 유니레버 같은 북반구 소비재 회사들은 이미 오래전부터 전 세계에 진출해 있었다. 그러나 지금 모든 대륙의 쇼핑객들은 월마트나 유니클로, 갭 같은 소매점들로 흘러 들어간다. 아우디Audis는 중국과 인도에서 활발하게 판매하고 있고, KFC는 중국과 나이지리아 같은 멀리 떨어진 곳에서 대표적인 레스토랑으로 자리 잡고 있다. 규모가 크든 작든 남반구의 현지 업체들도 혜택을 입었다. 인도의 소비재 회사인 마리코는 아시아와 중동의 여러 나라로 진출해 5년 만에 최상위 제품들의 판매를 44퍼센트 신장시켰다. 이 회사들이 확장함에 따라 그들이 고용한 사람들의 수는 물론, 중산층 수도 늘어난다.

자원에 대한 수요가 엄청나게 늘어나면서 이 자원을 소유한 나라들의 발전도 가속화됐다. 이들 중에는 아프리카의 만성적 저개발국들도 포함된다. 많은 경우에 돈이 흘러 들어오고 정치 개혁이 일정하게 진행되면서 역사상 최초로 상당한 규모의 중산층이 출현할 수 있게 됐다. 또 하나의 수혜자는 인도네시아다. 일본의 노무라野村 은행은 석유와 석탄의 대규모 수출국인 인도네시아의 중산층 수가 5,000만 명이 될 것으로 추정한다. 인도의 중산층보다 큰 수치다.[20]

거대한 인구학적 변화는 성장을 추구하는 모든 기업이 남반구에 초점을 맞출, 부인할 수 없는 근거가 된다. 그러나 남반구 전체를 똑같은 색으로 칠해서는 안 된다. 예를 들면 인도는 하나의 경제가 아니라 여러 개의 경제다. 구자라트와 마하라슈트라, 카르나타카 같은 주들은 오리사나 우타르프라데시 주보다 경제적으로 훨씬 더 발전되었고 성장 가능성이 높다. 바르티 에어텔은 인도를 38개의 구별되는 지리적 시장으로 세분화하고, 아프리카를 이른바 구역들zones이라는 106개의 구별되는 극소 지리적 시장들로 세분했다. 중국도 상대적으로 잘사는 산업 중심지들과 방대한 시골 지역 사이에 큰 내적 차이가 있다.

전 지구적 중산층과 관련해 주목할 만한 다른 두 가지 중요한 것이 있다.

첫째로, 중산층은 점점 더 도시화될 것이다. 이전에 북반구에서 그랬듯이 남반구 전역에서 사람들은 농촌 마을들의 고갈된 농지와 극심한 빈곤을 피해 대규모로 도시로 이동해왔다. WHO에 따르면, 세계 인구의 53퍼센트가 지금 도시에 살고 있다. 2050년이 되면 그 수치는 75퍼센트로 상승할 것임에 틀림없다.

뭄바이에서부터 상하이와 상파울루에 이르기까지 그러한 도시의 거주자들은 유럽, 일본, 특히 미국을 상대로 한 수출과 연계된 일자리를 구해왔고, 기초적 욕구를 만족시키는 수준에서 광범위한 제품과 브랜드 상품을 구매하는 수준으로 상승하고 있다. 현지 경제의 확장은 더 많은 사람들을 도시로 끌어들이고 중산층을 확대시킨다. 공식 교육을 받을 만큼 운이 좋은 사람들은 국내 회사나 외국인 소유 회사에서 관리자나 마케팅 담당자, 분석가, 프로그래머, 엔지니어 등의 일자리를 구하기 시작했다.

이들의 소비는 모든 종류의 새로운 사업체들을 창출하고, 이 사업체들 중 다수는 그들 자체의 기회를 확장시킨다. 그리고 성공적인 기업가가 되기 위해서는 학위가 필요하지 않다. 다음과 같이 페루의 리마Lima발《월스트리트저널》보도는 이 기회의 사슬을 정확히 포착했다.

아퀼리노 플로레스는 수도의 한 구역에서 티셔츠를 판매하는 일을 시작했을 때, 남루해 보이는 13살짜리 아이였다. 오늘날 그의 회사 토피탑Topitop은 페루 최대의 의류 메이커로서 매장 체인을 전국적으로 확장하고 있다.

지난 10년에 걸쳐 페루가 세계에서 가장 빨리 성장하는 경제들 중 한 곳으로 변화함에 따라, 상향 이동하는 소비자들이 고품질 직물로 만들어지고 이국적인 느낌의 상표를 단 토피탑 폴로셔츠와 카고팬츠를 사들이기 시작했다.

오랫동안 주목받지 못한 도시 구역과 지방 도시들에 매장들을 전략적으로 위치시킨 결과, 토피탑의 매출은 2001년 이래 6배나 증가했고, 그 덕택에 이 회사는 '안데스의 자라'라는 별명을 얻게 됐다.

리마에서 작은 자동차 수리점을 운영하는 데이비드 카세러스는 최근 리마의 토피탑 매장에서 쇼핑을 하며, 이 회사의 '뉴욕' 상표에서 나온 멋진 풀오버와 좀 더 개성 있는 '호크Hawk' 제품군에서 나온, 별 무늬가 들어간 티셔츠를 샀다. "그러고도 영화표를 살 돈은 남겨두었다"고 그는 말한다.[21]

둘째로, 중산층은 상대적으로 젊어질 것이다. 남반구의 몇몇 큰 국가의 평균 연령은 북반구보다 상당히 더 젊다. 인도 인구의 절반은 20세 이하다. 사하라 이남 아프리카는 더 젊다. 중국의 인구는 상대적으로 성숙하며, 이것이 소비 욕구와 저축 욕구 사이의 긴장을 야기한다. 이런 차이는 문화적 차이와 결합해 많은 세분 시장과 하위 세분 시장을 창출한다. 그리고 이 세분 시장의 구성은 빠르게 변화할 수 있다(이러한 연령 차이에 대한 실시간 그래프 설명을 보려면 'populationpyramids.net'을 방문해보라).

이 젊은 사람들의 미래가 지속적인 번영에 달려 있다는 점에 유의해야 한다. 그들은 일자리가 필요하고 그 일자리를 얻으려면 교육과 훈련을 받아야 한다. 한 나라의 GDP는 노동연령에 도달하는 사람들을 흡수할 수 있는 속도로 성장해야 하고, 교육 시스템도 보조를 맞추어 발전해야 한다. 젊은 사람들의 높은 실업률은 사회적 불안의 주된 원천이다. '아랍의 봄' 시기에 중동과 북아프리카 전역에서 실업률이 20퍼센트가 넘었던 점을 고려해보라.[22] 맥킨지의 뭄바이 사무소에 있는 쉬리쉬 상케Shirish Sankhe는 이렇게 설명한다. "노동력 성장과 보조를 맞추려면 인도의 GDP가 연 10퍼센트 이상 성장해야 한다. 인도의 노동력은 다음 20년에 걸쳐 3분의 1만큼 증가할 것으로 예상된다."[23] 상케는 계속 이렇게 말한다. "2억 7,000만 명에 가까운 사람들이 노동인구에 진입할 것이다. 그러나 실제 일자리 창출은 1억 2,000만에서 1억 5,000만 개에 가까울 것이다. 이것은 나머지 사람들이 농업 부분에 계속 머물러 있어야 한다는 것을 뜻한다."

허약한 교육 시스템은 한 회사의 확장 계획에 부정적 영향을 미치거나 적어도 운영 비용을 높일 수 있다. 많은 고성장국에서 관리자와 마케팅 담당자, 엔지니어, 금융 분석가로 훈련을 받은 사람들의 공급이 따라오지 못해 인재 쟁탈전과 임금 상승이 일어났다. 브라질의 고급 관리자와 엔지니어 봉급은 종종 미국 수준과 맞먹거나 웃돈다. 몇몇 회사는 훈련을 제공함으로써 공백을 메워보려고 하지만 희소성도 고용 유지에 영향을 미친다. 인도의 엔지니어들은 더 높은 봉급을 찾아 빈번하게 이직하는 것으로 유명하다. 인도에서 어떤 일자리들은 연 15퍼센트의 임금 상승이 일반적이다.

빠르게 변화하는
세분 시장

전 세계에서 사업을 영위하는 기업들에게 젊은 중산층의 성장은 끊임없이 변화하고 변이를 일으키는 세분 시장과 더불어 현기증 날 정도로 다양한 시장을 창출한다. 예를 들면 지금 중국에서 1년에 3,000달러를 버는 사람들은 3~4년 후에는 6,000달러를 벌 수 있고, 캐나다와 미국으로 여행할 수 있을 것이다. 많은 지역에서 국경 간 이동이 세분 시장의 복잡성을 더욱 심화시킬 것이다. 기업들은 기존 제품들을 조금 바꾸면 되겠지 하는 생각을 버리고, 이러한 모든 세분 시장의 욕구를 파악하고 최종 목표에서부터 거꾸로 작업해 들어가야 할 것이다.

그리고 기업들은 의사소통 방식의 빠른 변화를 이해하고 고객들과의 소통 경로를 익혀야 할 것이다. 또 기업들은 특정한 세분 시장 내부의 하위 세분 시장을 정확히 포착해야 할 것이다. 이 하위 세분 시장에는 그 나름의 독특한 취향과 가치를 지닌 민족 집단과 종교 집단이 포함된다. 아울러 현지의 인구동태와 그 진화 과정을 파악하는 것이 성공의 열쇠가 될 것이다.

대다수의 시선이 중산층에 집중되겠지만, 중산층만이 지구상에서 유일하게 큰 표적은 아니다. 한편으로는 매우 부유한 사람들과 나머지 모든 사람들 사이의 소득 격차가 계속 커질 것이다. 이것은 제지될 수 없는 추세다. 절댓값 기준으로 거대 조직의 상층부에 속한 사람들에게 돌아가는 이윤 몫은 계속 증가할 수 있다. 이들은 의류에서 주택과 자동차, 요트와 비행기에 이르기까지 사치품 제조업체들에게 그 어느 때보다 더욱 큰 시장이 될 것이다.

이런 스펙트럼의 다른 한쪽 끝에서 기업들은 신흥 시장들을 위한 저가 제품들을 설계하고 있다. 이른바 절약형 혁신frugal innovation•은 중산층의 구매력을 증대시킴으로써 중산층을 효과적으로 확대시킬 가능성이 있다. 또 그것은 가난한 사람들 사이에도 새로운 시장을 열 것이다. 예를 들면 힌두스탄 유니레버와 프록터 앤드 갬블P&G은 인도의 빈곤한 농촌 지역들의 필요와 제약에 맞춤형으로 대응하는 저비용 세제 제품을 설계했다. 타타 케미컬의 스와치 정수기도 똑같은 시장을 겨냥한 것이었다. 이 정수기는 왕겨의 재로 물을 여과하는 장치인데, 한 달에 30루피(1달러가 채 안 되는)의 비용으로 5인 가족에게 안전한 물을 공급할 수 있다.

• 제품의 기능, 성능을 줄여 제품을 저가로 만드는 것.

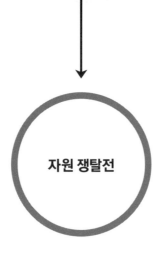

자원 쟁탈전

새로운 소비자 인구수의 급성장은 물과 식량, 연료, 광물을 포함한
세계의 자원에 부담을 준다. 인간의 창의력과 자본이 보통 수요와
공급의 불균형을 교정하지만, 그것들이 번영의 새롭고 큰 폭발을 언
제나 따라갈 수 있는 것은 아니다. 수요 증가의 규모와 속도는 생산
증대나 대체재 발견을 위한 시간적 지체와 결합해 과거에 의존할 만
한 공급원이었던 것에 새로운 불안정성을 초래한다. 이와 함께 자국
의 경제계획을 충족시키기 위해 수출을 제한하는 정부들이 문제를
악화시킨다. 마찬가지로 가격에 대해 더 큰 통제력을 갖는 점점 더
크고 강력해지는 공급자들도 문제를 악화시킨다. 그 결과 나타나는
불균형은 몇몇 곳의 멈출 수 없을 것 같은 경제적 확장을 둔화시키
고, 무역 상대자들 사이에 긴장을 조성할 잠재력을 지니고 있다. 또
그 불균형이 단기적으로는 물론, 장기적으로도 전략적 계획을 최소
한 방해할 수도 있다. 여기서 다시 기업 지도자들은 특히 자연적 시

장의 힘을 교란시키는 정부 개입이나 통제를 분석하는 사고력을 연마해야 한다.

중국은 지금까지 자원의 구매자로서는 물론, 공급자로서도 가장 큰 교란자였다. 중국이 계획 기간을 길게 잡고 있고 그 자원 욕구가 충족되지 않고 있다는 점에 비추어보면, 중국의 자원 탐닉이 비록 최근 경제성장의 둔화로 인해 어느 정도 억제될지라도 계속될 수밖에 없을 것이라는 점이 명확해진다. 중국은 석유를 단지 공급자와의 구매 계약을 통해서만이 아니라 원천 자체를 매입해 조달한다. 또 중국은 식량을 필요로 하고, 따라서 중국 밖에서 농지를 확보하고 그것을 경작할 비료를 얻으려 한다. 또한 중국은 아프리카에 중국인 노동자들을 파견해 철도와 항구를 건설해주고 그 대가로 코발트 같은 것들의 미래 공급원을 확보한다. 풍부한 자금원과 장기적 관점 때문에 중국은 독자적으로 자원을 차지하려고 경쟁하는 초거대 기업들에 대해서도 골리앗 같은 존재가 된다.

중국이 공급자로서의 힘을 행사할 경우 산업 전체를 뒤흔들 수 있다. 수출 쿼터제를 명시적으로 금지하는 WTO 회원국임에도 불구하고 중국은 2010년에 전 세계 공급량의 95퍼센트를 차지하는 희토류 수출 제한을 더욱 강화했고, 그리하여 희토류에 의존하는 많은 비중국계 기업들 사이에 전 세계적 쟁탈전을 불러일으켰다. 공급선을 늘리고 대체재를 찾으려는 개별 기업들의 노력으로 사태가 완화되기는 했지만, 중국의 통제에 대한 우려가 불식되지는 않았다. 2012년 3월 세계 경제의 성장과 더불어 희토류 가격이 하락했을 때도 미국과 유럽, 일본은 이른바 불공정한 쿼터와 관세에 대해 WTO

에 제소했는데, 그 소송은 아직까지도 계류 중이다. 어느 누구도 반박하지 못하는 것은 한 주체-중국 정부-가 모든 패를 쥐고 있다는 것이다. 무역 장벽이 제거되고 광산 회사들이 다른 나라들의 알려진 매장지에 대한 생산을 앞다투어 개시했음에도 불구하고, 똑같은 일이 다시 일어날 가능성을 배제할 수 없었다.

규모와 힘이 점점 더 커지고 있는 민간 부분 공급자들 또한 문제를 악화시킨다. 2000년대 내내 발레와 리오 틴토, BHP 빌리톤 같은 광산 회사들은 경쟁자들을 흡수하며 앞다투어 역량과 규모를 확대했다. 관련 기업들의 수가 줄어들면서 가격 결정력은 더욱 커졌다. 2008년 수요가 공급을 앞지르면서 거대 철광석 회사들은 분기별에서 월별로 계약 기간을 더욱 단축하는 쪽으로 정책을 바꾸기 시작했다. 이로 인한 불확실성이 구매자들의 계획에 혼란을 초래했다. 2010년 3월에 철광석 생산자들이 가격을 80퍼센트나 올리며 새로 생긴 근육을 과시하자 유럽의 자동차업체들이 타격을 받았다. 산업집단들은 3대 철광석 생산자들(수송되는 원광석의 70퍼센트를 생산하는 발레와 리오 틴토, BHP 빌리톤)이 '상당한 과점적 가격 결정력'[24]을 가지고 있다고 주장하며 브뤼셀의 EU 집행위원회에 도움을 구했다. 유럽 자동차공업협회는 이렇게 주장했다. "그런 과도하고 예측할 수 없는 가격 정책은 자동차 산업을 포함해 유럽 제조업의 경쟁력에 영향을 미칠 것이다."[25]

변동이 심한 자원에 매우 의존하는 기업들에게 사태를 더욱 복잡하게 만든 것은, 공급 부족기의 가격 상승이 반드시 산업 전반에서 일어나지는 않는다는 점이다. 협상과 상대적 힘에 따라 경기장이 기울어져 있다. 그리고 그 자원을 확보하려는 노력이 자원 부국들로 부의 거대한 이전을 초래하고 그들의 경제적 발전을 가속화하며 이것이 다시 수요를 증가시키기 때문에, 변동이 큰 폭으로 일어나고 두 방향 모두로 광범위한 영향을 미친다.

핵심 투입물에 대해 또 다른 위험을 초래하는 것은 비용을 낮추려는 노력이다. 즉 공급 사슬에서의 빠듯한 재고는 핵심 구성 요소에서 문제가 생길 경우 엄청난 혼란을 초래할 수 있다. "사람들은 만약의 경우를 위한 유휴 용량을 보유하는 데 비용을 지불하려고 하지 않는다"고 컨설팅 회사인 앨릭스 파트너스의 전무인 존 호페커 John Hoffecker는 말한다.[26] 이것이 2012년 봄 자동차 산업에 치명적 영향을 미쳤다. 자동차 연료와 브레이크 시스템에 핵심적인 화학제품의 주요 공급자에게 문제가 생긴 것이다. 2012년 초 독일 마를에 있는 그 회사 공장이 폭발해 화학제품의 전 세계적 생산의 상당 부분이 파괴됐다. 공급 사슬의 모든 고리에 재고가 얼마나 빠듯한지 알았던 그 회사 임원들은 재고 부족이 생산 라인의 중단을 야기할 것이라고 우려했다. 이것은 마진이 빠듯한 산업에는 치명적인 재난이다. 디트로이트에서 서둘러 소집된 회의에서 자동차 제조업체들과 공급업체들은 어떤 대안이 있는지 논의했다. 그들은 부품 인증 과정을 신속히 처리해 합성수지를 다른 것으로 빠르게 대체할 수 있도록 함으로써 위기를 벗어났다. 그러나 이 사건은 핵심 투입물의 공급을 하나의 공급원에 심하게 의존하는 모든 사업체에 유용한 교훈을 준다.

인도에서 특이한 일련의 요인 때문에 심각한 석탄 공급 부족이 초래됐다. 인도에서 석탄은 전력 생산의 반 이상과 알루미늄 생산의 상당 부분에도 사용된다. 그 석탄의 약 12퍼센트가 수입되고, 이 중의 70퍼센트는 인도네시아에서 온다.[27] 인도네시아는 매장된 자원들의 경제적 이익을 극대화하기 위해 2009년에 새로운 규칙을 세웠다. 즉 금속 생산자들은 수출하기 전에 원광석을 인도네시아에서 제련해야 한다는 것과 국제 광산 회사들은 10년의 생산 기간 이후에는 광산 지분의 51퍼센트를 현지 기업들에 매각해야 한다는 것이었다.[28] 2012년 인도네시아는 석탄에 대해 25퍼센트의 수출관세를 부과했다.[29]

인도 정부는 석탄 조달 협상을 도와주려고 했지만, 교착상태에 빠져 있다. 또 유통과 관련해서도 만성적인 문제가 존재하는데, 이는 부분적으로 정치적으로 부패한 정부의 할당 제도 때문이다. 그 결과 나타난 공급 부족으로 인해 알루미늄과 철강 공장이 수일에서 수 주간 가동을 중단했다. 이런 일은 유망한 사업체들이 세계적 수준의 효율성을 달성하는 데 방해가 된다. 그리고 만약 그 사업체의 레버리지 수준이 높을 경우 기업 전체가 위험에 빠지거나 새로운 주식을 발행할 수밖에 없고, 따라서 주주 가치를 떨어뜨리게 될 것이다. 몇몇 민간 기업들은 자체적으로 석탄 공급원을 확보하려고 하지만 그럴 능력도 없고, 5년 전에 세워두었던 그들의 확장 계획서에는 그것이 고려되지도 않았다.

전 세계적으로 기업들은 핵심 자원의 생산을 취득함으로써 공급선을 확보하려고 해왔다. 최근 몇십 년간 수직적 통합은 유행에서 멀어졌는데, 이는 그것이 주력 사업을 고수하는 것보다 일반적으로 효율성이 떨어지기 때문이다. 그런데 이 수직적 통합이 방어 수단으로서 되살아나고 있다. 유럽의 90억 달러짜리 석유화학 회사인 보레알리스는 아부다비국영석유회사와 동맹을 맺어 아시아 태평양 지역에서 공동으로 성장하기로 하고, 이를 위해 필수적인 원료 석유의 공급선을 확보했다(이와 관련된 전체 이야기는 7장을 보라). 세계 최대의 철강 회사 아르셀로 미탈Arcelor Mittal(인도 태생의 락슈미 미탈Lakshmi Mittal에 의해 인도네시아에서 시작됐지만 지금은 룩셈부르크에 본사를 두고 있다)은 광산업으로 사업을 확장해 철광석에 대한 접근권을 확보했다. 철강 제조와 광산업 모두 규모 주도적이고 자본 집약적 산업이라는 점을 고려하면, 이 조치는 값비싼 도박이다. 내가 알고 있는 한 인도 전력 회사 CEO는 석탄 공급원을 확보할 수 없다는 이유로 발전소 건설 계획을 취소했다. 그러나 다른 한 회사는 발전소 건설에 공격적으로 나선 동시에 그 공급원으로서 오스트레일리아의 광산을 취득했다. 그 CEO는 잭 웰치의 말을 인용하며, "자신의 운명을 통제하라. 그렇지 않으면 다른 누군가가 당신을 통제할 것이다"고 말했다.

기술과 인재는 덜 유형적 자원이지만, 이것들은 회사들이 종종 확보하려고 큰 노력을 기울이는, 가치 창조와 경쟁 우위의 진정한 구성 요소들이다. 다시 인도가 명확한 사례를 보여준다. 인도의 공대들은 매년 약 40만 명의 졸업생을 배출한다. 이 중에서 최상위 5대 IT 기업—인포시스, 타타 컨설턴시 서비스, 위프로, 사티암, 코그니전트—이 가장 우수한 인재 12만 5,000명을 채간다. 이 회사들은 푸드코트 같은 특전과 사내 훈련 프로그램, 그리고 연봉 측면에서 판

돈을 높였다. 또 소프트웨어 부문의 좀 더 작은 회사들이 추가로 10만 명을 채용한다. 그러면 제조업을 비롯한 경제의 다른 부문들에는 쪼그라든 인력풀이 남는다. 모든 핵심적 투입물과 마찬가지로, 인재 부족은 숙련되고 전문화된 직종에 대해 연 10~15퍼센트의 임금 상승-인도 소프트웨어 엔지니어들의 경우-을 야기한다. 그리고 인재 탐색은 산업 간 경계와 지리적 경계를 넘어간다. 남아프리카공화국과 인도네시아, 오스트레일리아, 브라질의 광산 회사들은 인도 기업들보다 3배가 넘은 액수를 제시하며 인도 공대 졸업생들을 유혹하고 있다.[30] 회사들은 좋은 작업환경과 빠른 승진 같은 것들로 명성을 쌓음으로써 채용 후보에 대한 선택의 폭을 넓히려 하지만, 어려움은 여전히 계속되고 있다.

아시아와 중동, 북아프리카에서는 물 부족 문제가 심각해지고 있다. 많은 돈을 가진 사람들이 더 좋은 물을 마신다. 닭고기와 소고기 같은 단백질이 풍부한 식량은 비슷한 양의 곡물보다 생산하는 데 더 많은 물이 필요하다. 예를 들면 중국의 물 공급은 과잉 이용과 오염 때문에 점점 더 제한되고 있다. 더욱이 히말라야 빙하가 녹은 물이 브라마푸트라와 갠지스 강을 경유해 중국을 거쳐 네팔, 방글라데시, 인도로 흐른다. 이 물의 약 3분의 2는 북부 인도 농업에 사용되고, 이 농업은 인도의 상당 부분에 식량을 공급한다. 그러나 중국이 상류에 댐을 건설해왔고, 이것은 수량을 상당히 감소시킬 수 있다. 중국은 인도의 최대 무역 상대국이고, 인도는 무려 400억 달러에 이르는 대중국 무역 적자를 기록하고 있으며, 역전될 기미도 보이지 않는다. 중국의 경제력이 물을 둘러싼 협상에 어떤 영향을 미치고, 개인과 사업체들은 물론 인도 전체에 어떤 피해를 줄지는 충분히 상상할 수 있다. 비슷한 영향을 받는 좀 더 작은 나라들, 가령 베트남과 캄보디아를 비롯한 기타 동남아시아국가연합 소속국들이 영향력을 행사하기 위해 과연 단결할 것인가? 외부 환경을 볼 때 여러분은 이럴 가능성을 염두에 두어야 한다.

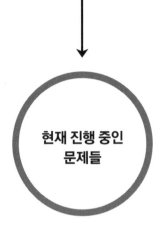

현재 진행 중인
문제들

나는 북반구로부터 남반구로의 축 이동의 양상을 규정하는 요인을
전 지구적 금융 시스템, 새로운 종류의 자본주의, 인구 동태, 디지털
화로 정의했다. 그러나 이 추세들은 어떻게 결합되는가? 그 추세들
의 공통점은 무엇이고, 어느 지점에서 반대 방향으로 기울어질 것인
가? 무엇이 이것들 중 하나를 변화시킬 것이고, 이것은 다른 것들에
어떤 영향을 미칠 것인가? 여러분은 스스로 질문하고 대답함으로써
여러분 자신의 통찰을 얻게 될 것이다.

　멈출 수 없는 추세는 무엇일지 자문함으로써 시작해보라. 다음은
역전될 가능성이 매우 낮아 보이는 주요한 추세들이다.

　◦ 국가들 간의 경제적 균등화를 향한 진전과 중산층의 성장
　◦ 일자리와 자원을 둘러싼 국가들 간 경쟁의 격화
　◦ 무역의 지속적인 불균형과 국가별 성장률의 불일치

○ 고성장국들에서 지도력 있는 인재와 기술의 부족
○ 전 지구적 금융 시스템의 지속적인 연계성과 불안정성

하지만 이 목록을 최종적인 것으로 간주하지는 말기 바란다. 당신의 상황에서 때로는 이런 추세가, 때로는 저런 추세가 중요할 수 있다. 당신 자신의 추세를 선택하고 당신 회사 인재들의 의견을 모아 그 추세들을 분석해보라. 이렇게 할 수 있는 한 가지 방법은 최고위 직원들의 사외 회의를 열어 집단 브레인스토밍을 통해 그들이 세계 속에서 관찰하고 있는 것을 논의하고, 이런 행사를 분기별로 반복하는 것이다(어떤 기업 지도자도 이런 일을 할 수 있고, CEO일 필요도 없다). 이 방법은 사실들을 수집할 수 있을 뿐만 아니라 상상력을 발휘하는 시간이 될 것이다. 그리고 그렇게 할 때는 대다수 회사의 계획 기간을 넘어 10년이나 20년의 시간대를 고려하기 바란다. 그러면 산업과 회사들의 현행 계획에서 나타나는 직선적 추정과 통상적인 가정에서 벗어날 수 있을 것이다.

또한 당신의 팀에게 세계의 다양한 나라와 해당 산업 및 다른 산업들에서 일어나고 있는 일을 관찰하게 하고, 그 관찰 결과를 집단이 동의하는 몇 개의 추세들로 좁힌 다음, 그것들에 어떤 내적인 일관성이나 논리가 존재하는지 확인하게끔 시켜보라. 달리 말해 세계가 어디로 가고 있고, 그 이유는 무엇인지에 관한 당신 팀의 관점은 어떠한가? 그런 다음 이렇게 해보라. 팀을 좀 더 작은 집단들로 나누고 각 집단에 당신이 확인했던 추세들 중 하나를 특정 국가와 지역의 관점에서 고려해보게 하라. 가령 중국보다 더 작은 아시아 국가

들이 저비용 제조업을 가져감에 따라 중국의 경제성장이 활기를 잃을 것이라는 점에 당신이 동의했다고 해보자. 그러면 한 팀은 중국의 관점을, 다른 한 팀은 미국의 관점을, 또 다른 한 팀은 베트남의 관점을 취할지도 모른다. 각 국가는 무슨 조치를 취할 것인가? 이것이 당신 회사에는 무슨 의미가 되겠는가? 경쟁에는 어떤 영향을 미치겠는가? 무엇이 그 추세를 가속화하거나 역전시킬 수 있겠는가? 아마도 어떤 사람들이 국제 정책의 이슈에 초점을 맞추며 거시적 관점에 이끌린다면, 다른 일부는 긴급한 현실에 초점을 맞출 가능성이 있다. 문제는 그런 것들을 접합시키는 것이다. 정책 이슈는 두 가지 기본적인 이유에서 기업들에 상관이 있다. 첫째로, 정책은 시설을 어디에 위치시키고, 어느 시장에 진출하며, 어디서 자본을 조달할지 등에 대한 회사 결정에 직접 영향을 미친다. 둘째로, 남반구의 몇몇 지도자들이 자신들의 사회적 네트워크를 통해 하듯 기업들이 정책에 영향을 미칠 수 있다. CEO들은 외적인 요인들을 받아들일지, 아니면 변화시켜야 할지의 선택에 직면한다.

다만 명백한 것에서 멈추지 말기 바란다. 더 깊이 파고 들어가 어떤 연쇄반응이 격발될 수 있고, 또 무엇이 그것들을 격발시킬 수 있을 것인지를 고려해보라. 외적인 요인들에 대한 폭넓고 장기적인 관점을 형성할 때, 몇몇 산업들-아마도 당신 자신의-에서 중력의 중심도 기울어지고 있다는 것을 알 수 있을 것이다. 몇십 년 전에 공작기계와 자동차가 일본으로 이전해갔던 것과 똑같다. 남반구는 향후 10~20년 안에 당연히 통신 부분을 지배할 수 있을 것이고(바르티 에어텔이 아프리카로 확장했고, 차이나 텔레콤이 AT&T와 파트너십을 맺은 점에 주목하라), 심지어 제약 같은 연구 개발R&D 집약 산업조차 지배할 수 있을 것이다. 인도의 란박시Ranbaxy는 이미 제약 업계에서 전 지구적 사업체가 됐다(일본의 다이이치산쿄第一三共는 자체의 연구 개발을 강화하기 위해 2009년에 란박시의 다수 지분을 매입했다). 많은 회사들, 심지어 지배적 회사들도 자신들의 지반이 흔들리고 있는 것을 느끼게 될 것이다. 그들은 자신들의 전략이 유통기한이 얼마 남지 않았다는 점과 핵심 시장이 그들이 계획했던 것보다 더 빠르게 이동할 수 있다는 점, 그리고 그들의 확장 계획이 제한된 자원이나 인력이라는 거친 현실에 직면해 있다는 점을 인식하게 될 것이다.

내가 확인했던 추세들을 받아들인다면, 그 추세들이 당신의 회사와 산업에서뿐만 아니라 정책 입안자들 — 이들의 조치가 당신의 계획에 점점 더 큰 영향을 미칠 것이다 — 에게도 무엇을 의미할지를 고려해보라. 예를 들면 전 지구적 금융 시스템의 연계성을 고려할 때, 그것을 조정할 어떤 메커니즘이 생겨날 것인가? 2011년 11월 말에 미국과 일본, 캐나다, 영국, 스위스의 중앙은행들이 유럽의 유동성 경색을 완화하기 위한 공동 조치를 취했다. 이것은 그들 모두 전 지구적 금융 시스템의 안정성에 이해관계가 있다는 암묵적 인정인 셈이다. 막후 외교가 그 시스템을 보호하기 위한 좀 더 공식적인 수단에 자리를 내줄 것인가? 만약 워싱턴이 월스트리트를 제어할 수 없다면 국외자들이 개혁을 위한 압력을 만들어낼 것인가? 아마도 미국의 채권자들이 외국 대사들이나 대표단을 통해 강한 요구를 제기할 것이다.

전 지구적 금융 시스템에 대한 가장 큰 위험은 가격 괴리(자산이 위험에 대해 충분히 할인되어 있지 않을 때처럼)와 유동성 부족, 집중 또는 이른바 군집 효과herd effect 등을 통해 나타난다. 비전문가들도 이런 것들을 적어도 잠시 동안은 간파할 수 있고, 이것은 전 지구적 금융 시스템의 위험과 실물경제 사이의 연관 때문에 중요하다. 예를 들면 미국 주택 거품의 폭발이 실제로는 놀라운 일이 아니었어야 했다. 금융 완화 정책과 느슨한 대부 기준, 감당 능력 없는 구매자들에게 모기지를 마구 기계적으로 공급할 대부 담당 직원의 인센티브, 이로 인한 불안정한 대부와 최우량AAA 증권들의 패키지화 등의 위험한 조합은 누가 봐도 알 수 있었다. 어느 누구든 이 조합을 꼼꼼히 살펴보았다면, 그 시나리오의 결과를 꽤 훌륭하고 명확히 그릴 수 있었을 것이다. 그러나 업계와 금융계의 대다수가 그 위험이 다가오는 것을 보지 못했다. 반면, 끝없는 성장에 대한 군중심리적 믿음으로부터 이성을 찾을 수 있었던 소수는 상처받지 않고 금융 위기에서 벗어나거나 상당히 더 부유해졌다.

당신의 사업에 영향을 미치는 추세를 보여줄 신호는 무엇일까? 어디에 틀린 가정이 있는가? 한계점은 무엇일까? 예를 들면 오늘날 채권국과 채무국 사이의 불균형-중국과 미국이 그 증거물 1호다-은 문제를 일으킬 비슷한 잠재적 원천이 될 것인가? 외국인 기관투자가들은 보통 게임을 주도하기 때문에 그 흐름의 집중은 장래 문제의 신호가 될 수 있다. 예를 들면 무언가의 가격이 더 빠른 속도로 상승하기 시작할 때, 가속화도 경고 신호가 될 수 있다.

추세들에 관한 다음과 같은 몇몇 질문은 거의 모든 전 지구적 사업에 영향을 미친다. 아프리카와 아시아, 라틴아메리카에서 성장이 빠른 속도로 계속된다면 자본 수요는 가용성을 능가할 것인가? 국부펀드는 민족주의적 성향을 더욱 강화해 국내 투자만을 허용하고 해당국들에 우위를 줄 것인가? 이것은 맥킨지글로벌연구소가 「값싼 자본의 종말Farewell to Cheap Capital?」이라는 보고서에서 제기한 질문이다.[31]

국가들이 성장에 박차를 가하기 위해 통화 공급을 완화할 경우 인플레이션이 불가피하다고 흔히 주장한다. 이것은 차입 비용에 어떤 영향을 미칠 것인가? 또 그것은 당신이 어떤 만기 조건으로 얼마만큼의 부채를 감당할 것인지에 관해 무엇을 말해주는가? 인도와 브라질의 많은 기업은 최근 자국 통화가 견실하게 오를 것이라고 확신하며 달러로 차입을 했다. 그런데 루피 가치가 오르지 않고 브라질의 레알 가치가 예상치 않게 하락했을 때 상당히 많은 주체가 곤경에 빠졌다. 그런 금융적 실책은 경쟁력 강화를 위한 움직임을 지연시키고 성숙한 기회의 과실을 따지 못하게 할 수 있다.

무역 불균형이 계속된다면 다양한 많은 국가들은 무엇을 할까? 베트남과 타이 같은 좀 더 작은 나라들은 중국의 비대칭적 힘에 맞서기 위해 동맹을 형성할 수 있을까? 민족주의는 강화될 것인가? 통화 전쟁은 진정될 것인가, 아니면 격화될 것인가? 기업들의 활동이 중국에서처럼 정치적 의제보다 우선될 것인가? 중국은 수년에 걸쳐 미국 기업들이 자국의 수백 개 작은 회사들을 매입하도록 허용해왔다. 그런 다음 2011년 중국 정부는 캐터필라에게 주요 광업 장비 제조업체를 매입할 수 있는 허가를 내주었다. 그렇다면 이것은 변화의 신호인가?

많은 지도자들은 변동성이 심한 추세와 이것이 사업에 미치는 직접적인 영향에 집착하는 경향이 있다. 하지만 어떤 지도자를 예외적인 존재로 만들어주는 것은 소용돌이를 관통해 큰 그림에 집중할 정신적, 심리적 능력이다.

모든 것이 깔끔한 결론을 가지고 있지는 않겠지만, 외적인 추세들과 이것들의 함의에 대해 충분히 깊게 생각한다면 당신은 자신이 무엇을 모르는지, 따라서 무엇을 추적해야 할지를 알게 될 것이다. 이것은 다시 당신의 자신감과 결단력을 높여줄 것이다. 시간이 흐르면서 당신은 자신의 정신적 능력을 강화하고 다른 사람들이 보지 못하는 것을 보게 될 가능성을 높이게 될 것이다. 그러나 당신은 모든 조각들이 서로 완벽히 맞아떨어질 때까지 기다릴 수는 없다. 당신은 큰 흐름을 볼 필요가 있음에도 불구하고, 장기적으로 중요한 자원과 전략적 입장을 명확히 할 수 있을 짧은 기회의 순간을 놓치지 말아야 할 것이다. 불완전한 지식에도 불구하고 당신은 행동해야 한다.

여러분은 다음 장으로 넘어가면서 현재의 그 간극을 메우기 시작할 수 있다. 나는 여러분에게 남반구의 몇몇 거친 경쟁자의 내부를 보여줄 것이다. 이들은 그들 산업에서 전 지구적 주도자로 자리를 잡아가고 있는 선구자들이다. 여러분은 그들을 추동하는 리더십 심리는 말할 것도 없고, 그들의 모범 사례와 경영 도구를 직접 보게 될 것이다.

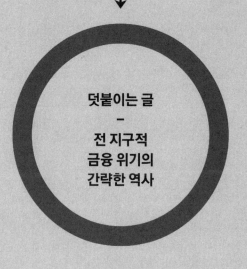

덧붙이는 글
–
전 지구적
금융 위기의
간략한 역사

나는 종종 위기의 원인에 대한 짧고 이해하기 쉬운 설명을 구해보려고 했지만, 완벽한 분석을 하고 있는 것은 아무것도 발견하지 못했다. 다음은 그 위기에 기여한 핵심 요인과 추세들을 적절한 순서로 간략하게 서술한 것이다. 나의 목적은 여러분이 시스템의 작동과 그 상호 연관성을 이해하도록 돕는 것이다.

넘쳐나는 돈

많은 위기의 경우와 마찬가지로 전 지구적 금융 위기는 금융 완화로 의한 돈의 홍수와 더불어 시작됐다. 2000년 닷컴 붕괴와 2001년 9·11 테러 이후 미국의 재정과 통화의 수도꼭지는 침체를 피하기 위해 활짝 열려 있었다. 정부는 세금을 인하하고 지출을 늘렸다. 이것은 미국이 전쟁을 벌이면서 더욱 증가했다. 연방준비제도이사회 의장 앨런 그린스펀은 이자율을 조금씩 꾸준히 내렸다. 그 결과

2003년 7월에는 이자율이 1퍼센트 수준으로 떨어졌는데, 이것은 반세기 만에 가장 낮은 수준이었다. 시장이 유동성으로 흘러넘쳤을 때, 의회와 클린턴 및 부시 두 정부 모두 패니메이Fannie Mae(미연 방저당권협회)와 프레디맥Freddie Mac(미연방주택대부저당공사)으로 하여금 신용 기준을 완화하도록 지시해 주택 소유를 확대하기 시작했다. 저금리와 손쉬운 대출의 결합이 주택 건설의 증가와 부동산 가격의 상승을 초래했다. 민간 대부업자들도 기꺼이 시류에 편승해 대출 기준을 거의 비현실적 수준으로 낮춘 이른바 서브프라임 모기지를 발행했다. 주택은 미국 경제의 주된 동력이 됐다. "2005년 가을 메릴 린치는 미국 경제성장의 절반이 주택-신축, 주택 판매, 가구, 가정용 기기를 포함한-과 관련되어 있다고 추산했다."[32]

차입의 상당 부분은 주택 소유자들이 한 것이었는데, 이들은 재융자를 통해 자동차에서부터 의류, 휴가에 이르기까지 모든 것에 돈을 썼고, 이것은 실질임금 하락에도 불구하고 소비를 유지하는 데 기여했다. 돈을 흥청망청 쓰려는 그들의 충동은 주식시장의 상승에 의해 더욱 탄력을 받았다. 주식시장의 상승으로 주택 소유자들 중 상당수는 서류상으로 더욱 부유해졌다. 실제로 주택 거품은 훨씬 더 큰 현상-이것을 소비자 신뢰 거품이라 부르자-의 한 측면이었다고도 할 수 있을 것이다. 사정은 좋았고 더 좋아지기만 할 것 같았다. 가계 부채는 2000년에서 2008년까지 두 배로 증가해 거의 14조 달러에 달했고,[33] 이로 인해 미국의 무역 적자는 2006년 7,633억 달러로 정점에 달했다. 이러한 소비의 주된 수혜자는 중국과 석유 수출국들이었다. 이 국가들은 막대한 외환 보유고를 쌓았다. 시스템 속으로 퍼 넣어진 방대한 양의 돈은 전 세계적 경제 호황을 추동하는 데 기여했다. 이 호황은 천연자원 가격을 밀어 올렸고 다른 국가들에서 주택 거품을 창출했다. 달러로 표시되는 석유 가격은 달러가 약화됨에 따라 상승했다. 2008년에는 역사상 최고 수준인 배럴당 거의 100달러까지 치솟았다. 연방준비제도이사회는 사실 2004년부터 2006년에 걸쳐 이자율을 올렸지만 효과가 별로 없었다. 베를린에서부터 베이징에 이르는 투자자들이 자신의 저축을 신용에 열광하는 미국인들에게 대부해줌에 따라 해외에서 돈이 쏟아져 들어왔던 것이다.

위기를 부른 탈규제

붕괴에 앞서 일어난 곡예를 가능하게 한 것은 수십 년 동안 금융시장을 통치해온 규제의 쇠퇴였다(절정은 상업은행과 투자은행 사이에 방화벽을 만들었던 1933년 글래스-스티걸 법Glass-Steagall Act의 철폐였다). 탈규제에 박차를 가한 것은 금융권의 요구에 대한 의회의 응답이었다. 그리고 이 탈규제를 그린스펀-자유 시장의 열렬한 옹호자-은 건강한 금융 혁신을 위한 원천이라고 찬양했다.

증권거래위원회가 내린 결정이 핵심이었다. 그 위원회는 골드만삭스와 모건 스탠리, 리먼 브러더스, 베어 스턴스, 메릴린치 같은 월스트리트의 주요 기업들로 하여금 12:1이라는 순자본 대비 부채 비율에 대한 오랜 제한을 초과하도록 허용해준 것이다. 이 결정 덕택에 그 회사들은 자신들의 레버리지를 40:1 수준으로까지 올릴 수 있었고, 은행과 MMF(Money Market Fund)로부터 단기로 막대한 고위험 자금을 차입했다(그 5개 회사 중 2개가 지금 역사의 뒤안길로 사라진 것도 결코 우연이 아니다). 이들은 이 자금의 상당 부분을 불안정한 모기지로 이루어진 부채담보부증권CDOs(Collateralized Debt Obligations)에 투자했다. 결국 위험은 그것을 만든 사람에게서 멀리 떨어져, 고수익을 좇지만 대개는 정보에 어두운 고객들 손에 떨어졌다. 이 회사들의 주가 상승과 연계된 임원 보상 시스템도 대부업자들로 하여금 주택 소유자들에게 차입을 더 권하도록 자극했다. 이는 종종 부정직한 방식으로 이루어졌고, 모기지를 감당할 능력이 없는 사람들을 상대로 행해졌다.

이상하고 복잡한 증권

무엇보다도 탈규제로 인해 신종 부채 상품의 창출이 가능해졌다. 가장 두드러진 것이 CDOs와 신용부도스와프CDS(Credit Default Swap)였는데, 이것들은 붕괴 과정에서 주된 역할을 하게 된다. CDOs는 매우 복잡한 증권이다. 너무나 복잡해서 그것을 만들어 판매하는 사람들조차 종종 이해하지 못했다. 이를 통해 대부업자들은 자신들의 대차대조표에서 대부를 제거해, 그것을 패키지 상품으로 투자자들에게 판매했다. CDS란 기관 구매자들을 부도로부터 보호하도록 설계된 일종의 보험이었다.

CDOs는 수학과 물리학에 전문성이 있는 소수의 박사들이 설계한 것으로, 거래를 위한 전용 수학적 모형에 기반을 두었다. 그 블랙박스의 내용물은 회사의 거의 모든 고위 지도층과 이사진들을 포함한 타인들에게는 전혀 알 수 없게 되어 있었다. 2008년을 앞둔 시기에 무슨 일이 일어나고 있는지 알고자 하는 사람이면 누구든 CEO 보다 여러 단계 아래에 있는, 전문가들과 거래자들을 감독하는 감독관들에게 의존해야 했다.

무지한 집단 중에는 S&P와 무디스, 피치 같은 주요 신용 평가 기관들도 있었다. 이들은 잠재적으로 위험한 많은 증권들을 계속 최우량 등급으로 분류했다. 당시 세계에서 12개 회사만 이 최우량 등급을 받고 있었지만, 6만 4,000개의 패키지 증권들이 그 등급을 받았다. 워런 버핏이 그런 상품들을 저 유명한—그리고 예지적으로—'금융적 대량 파괴 무기'라고 부른 것은 전혀 놀라운 일이 아니다. 시스템의 붕괴는 단지 시간 문제였다. 놀랍게도 레버리지 확대를 허용하는 결정이 내려진 것은, 빌 도널드슨Bill Donaldson이 SEC(미국 증권거래위원회) 위원장을 맡았을 때였다. 도널드슨은 DLJ(Donaldson, Lufkin & Jenrette)의 공동 창업자로서, 그의 전문성과 경력으로 볼 때 그런 조치가 어떤 영향을 미칠지 이해할 수 있어야 했다. 즉 어떤 금융기관이 줄타기를 하고 신뢰도가 하락할 때, 레버리지란 부정적 방향으로 더욱 빠르고 효과적으로 작동한다는 것이다. 연쇄반응은 시스템을 신속히 정지시킬 수 있었고, 실제로도 그랬다.

연쇄적인 붕괴

이것은 리먼 브러더스가 파산했을 때 일어난 일이다. 리먼은 서브프라임 모기지 증권에 엄청난 양의 차입 투자를 했고, 오랜 시간이 지난 다음 결국 투자자들은 자신이 얼마나 불안정한 상태에 있는지 깨닫기 시작했다. 2008년 내내 리먼의 보유 자산은 점점 더 빠른 속도로 가치가 하락했고, 회사는 막대한 적자를 쌓고 있었다. 리먼은 미친 듯이 매수자를 찾아보았지만 거래를 성사시키지 못했고, 미국 재무부는 구제금융을 거절했다.

9월 15일 리먼이 파산을 신청했을 때, 이전에 이미 타격을 받았던 다우존스는 약 500포인트 하락했는데, 이것은 9·11 테러 이후 하루 최대의 하락이었다. 2조 6,000억 달러 규모의 MMF 업종에서 가장 오래되고 가장 큰 회사 중의 하나인 리저브 프라이머리 펀드는 리먼의 부채 증권에 7억 8,500만 달러를 투자해둔 상태였다. 이 증권들은 리먼의 파산과 더불어 휴지조각이 됐다. 이로 인해 리저브 펀드의 순자산 가치가 MMF들이 관례상 유지했던 주당 1달러 이하로 떨어졌다. 이것이 '1달러 무너뜨리기breaking the buck'라고 불린 사건이었다. 리저브는 투자자들에 대한 상환을 유예하지 않을 수 없었는데, 이것은 그 상품들이 은행에 버금갈 만큼 안전하다고 여겨졌던 산업에 대한 신뢰의 극적인 붕괴였다.

다음으로 무너질 것은 지방채를 포함한 모든 종류의 채권에 대한 지급을 보증하는 이른바 채권 보증 전문 보험회사들이었다. 이 회사들은 수조 달러어치의 CDOs를 보증해주고 있었다(이 CDOs들이 결과적으로 보험회사들로부터 최우량 등급을 받은 것도 결코 우연이 아니다). 그들은 레버리지를 사용하고 있었음에도 불구하고, 그 증권들이 갑자기 상당한 액수의 가치를 상실하자 대다수가 상환을 제대로 하지 못했다. 이 사업의 약 80퍼센트가 CDS 시장을 지배했던 AIG 한 회사에 집중되어 있었다.

세계 경제의 붕괴 위기

간단하지만 자주 잊고 있는 사실은, 신뢰가 모든 금융 시스템의 기초라는 점이다. 신뢰 없이는 어떤 주체도 기능할 수 없다.

이어서 일어난 신뢰의 붕괴는 미국에서 시작되었지만, 고도로 상호 연관된 세계 금융 시스템을 통해 거의 즉각적으로 퍼져나갔다. 일부에서는 공황 상태에 빠졌고, 전 세계적으로 비상 회의가 열렸다. 전 세계적 금융 붕괴가 실제의 가능성이 된 것 같았다. 놀란 투자자들은 눈에 보이는 모든 것들로부터 자금을 회수했다. 주식시장이 추락했고 매수자들이 사라짐에 따라 마진콜margin call*이 유동성을 더욱 압박했다. 떨어지는 주가는 기업들의 부채 등급을 무너뜨리고 은퇴 기금을 황폐화시켰다. 사업에서 현금을 회수하지 않을 수 없었던 상황에서 사업체들은 움츠러들었고, 경제는 빠른 하강 소용돌이 속으로 빠져들었다. 고통은 메인스트리트로 신속히 전파되어, 수십만 개의 일자리가 사라졌고, 모기지를 더 이상 상환할 수 없는 사람들이 늘어났다. 지방채 시장이 말라붙어 정부들은 운영과 건설에 필요한 자금이 고갈됐다. 모기지 대부업자들은 자신들의 대출금을 건지려는 희망—결국 헛된 것으로 드러났지만—에서 대대적이고, 때로는 인정사정없는 담보권 행사를 시작했다.

미국 정책 입안자들이 저 유명한 구제금융과 TARP 구제기금을 포함한 대대적인 개입 조치를 총동원하지 않았더라면, 그것은 대공

● 선물거래에서 최초 계약 시 계약 이행을 보증하고 채권을 담보하기 위해 예치하고 있는 증거금이 선물가격의 하락으로 인해 거래 개시 수준 이하로 하락한 경우, 추가 자금을 유치해 당초 증거금 수준으로 회복시키도록 요구하는 것.

황의 재판再版이 되었을지도 모를 일이었다. 그런 프로그램으로 인해 유발된 격렬한 정치적 논쟁에 그 프로그램들이 이루어낸 막대한 성과가 가려져서는 안 된다. 그런 조치들이 없었더라면 무엇이 전 지구적 금융 붕괴를 방지할 수 있었을지 상상하기 어렵다. 사실 그동안 미국을 비롯한 다른 많은 나라가 높은 실업률과 부채에 짓눌려 왔으며, 현 상황에서는 오랫동안 충분히 회복될 것으로 예상되지도 않는다.

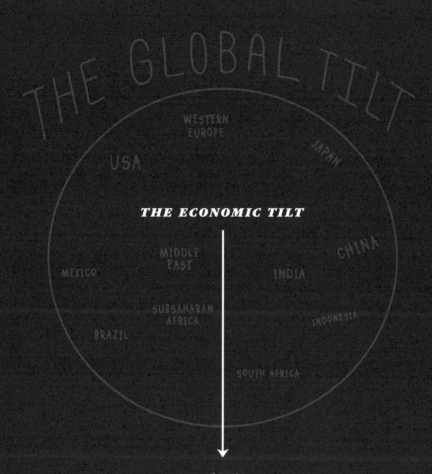

THE GLOBAL TILT

WESTERN
EUROPE

USA

JAPAN

THE ECONOMIC TILT

MIDDLE
EAST

CHINA

MEXICO

INDIA

SUBSAHARAN
AFRICA

INDONESIA

BRAZIL

SOUTH AFRICA

제 3 장

남반구의
새로운 힘

축의 이동에 의해 창출된 거대한 가능성은 북반구에서 경력을 쌓은 지도자들에게는 낯선 것이다. 그러나 남반구의 지도자들에게는 의심의 여지가 없는 것이다. 일생일대의 기회가 갑자기 그들 앞마당에 나타나, 그들의 열정에 불을 붙이고 사업 제국의 급속한 성장을 부채질하고 있는 것이다. 바로 이것이 북반구에는 수십 년 동안 그림자를 드리울 것이다. 19세기 미국을 생각해보라. 무한한 기회를 동반한 이 젊은 산업국의 활발한 성장이 코닐리어스 밴더빌트와 J. P. 모건, 앤드루 카네기, 존 D. 록펠러 같은 상징적 거인들을 낳았다. 그들의 우뚝 솟은 기업들은 수십 년 동안 세계 경제 무대를 지배했다. 하지만 오늘날 유혹적인 풍경이 펼쳐지는 곳은 남반구다. 오늘날의 제국 건설자들은 인도와 중국, 브라질, 남아프리카공화국, 말레이시아 같은 나라들에서 태어나고 자랐다. 이들은 거대한 기회를 붙잡을 준비가 되어 있다. 이는 단지 그들이 어디에 살고 있는지가 아니라, 그들이 누구인지라는 점 때문이기도 하다. 즉 그들은 야망과 끈기, 사업 수완을 함께 가지고 있고, 빈번한 고난과 결핍으로 단련된 사람들이다.

　나의 고국인 인도를 예로 들어보자. 인도에서는 가족들이 여러 세대에 걸쳐 사업을 해오고 있고, 가정과 학교에서 일찍부터 훈련이 시작된다. 어릴 때부터 어린이들은 속셈하는 법을 배우는데, 구구단에서 시작해 점점 더 크고 복잡한 계산으로 나아간다. 집에서는 식사하는 자리에서 현금과 마진, 매출, 부채, 자본－사업 감각의 기초 요소들－에 관한 토론에 몰두한다. 더 젊은 사람들은 귀를 기울이고 받아들인다. 나는 신발 가게를 운영했던 우리 가족이 장맛비 때문에 손님들로부터 들어오는 현금이 줄어들었을 때, 현금을 다루는 방법에 관해 토론하던 모습을 생생히 기억한다. 인도에서는 사업 활동이 대체로 우타르프라데시와 라자스탄, 구자라트, 마하라슈트라주에 있는 네 개의 문화 집단－마르와리족, 구자라트족, 파시교도*, 바니아**－의 주변에 밀집되어 있다. 이 문화가 낳은 인물들에는 제1장에서 우리가 만났던 바르티 에어텔의 수닐 미탈과 전 지구적 아르셀로 미탈 철강 제국의 락슈미와 아디티야 미탈, AV 비를라 그룹(인도에서 세 번째로 큰 산업 그룹)의 아디티야 비크람 비를라와 쿠마르 망갈람 비를라, 릴라이언스 인더스트리스의 드히루바이 암바니와 무케시 암바니, 타타 그룹의 J. R. D. 타타 같은 유명 인사들은 물론,

---

* 이슬람교도의 박해를 피해 인도로 건너온 페르시아 조로아스터교도의 후손들. 인도 뭄바이 일대에서 강력한 상업 공동체를 형성했다.
** 대금업자와 상인들로 구성된 인도의 카스트. 인도 북부와 서부 전역에 살고 있다.

덜 유명하지만 매우 큰 성공을 거둔 다른 수많은 사업 지도자들이 있다.

남반구의 다른 나라들에도 그들 나름대로 똑같은 종류의 야망과 끈기, 사업 감각을 갖춘 '대규모 기업가들'—나는 이렇게 부른다—이 있다. 이제까지 결코 꿈꾸어보지 못한 기회를 맞이한 이들의 에너지는 마치 새로 시추한 유정에서 나오는 석유처럼 분출하고 있다. 그들은 작은 사업체들을 거대 기업으로 성장시키고 소속 국가와 대륙을 넘어 확장시키며, 전혀 새로운 종류의 사업들로 진출하고 기존 사업체들을 인수하며, 앞서 단단하게 자리 잡은 경쟁자들을 추월하고 있다. 이 모든 일이 현기증 날 속도로 진행되고 있다. 미국의 기업이라면 4퍼센트의 매출 성장을 받아들일 만하다고 여기겠지만, 남반구 기업이라면 20퍼센트가 정상이라고 생각할 것이다.

남반구 기업들은 최상의 기회를 발견하기 위해 많은 경우 북반구 출신의 컨설턴트와 투자은행가들로부터 자문을 얻고, 시장이나 산업 속에서 위치를 확고히 하고 신속히 규모를 키우기 위해 파트너십과 합작, 라이선스 거래, 인수—비용이 얼마나 들지라도—를 활용한다. 그들 기업은 젊기 때문에 관료제의 병폐가 없고, 따라서 빠르게 움직인다. 종종 최상의 기회들은 틈새에 있거나 지리적으로 주변부에 위치한 시장에 있다. 그들은 더 큰 목표물—견고한 다국적 기업들을 앞지르고 전 지구적 경쟁에서 승리하는 것—을 겨냥할 때, 그런 승리들을 활용해 배우고 힘을 키운다. 그리고 남반구 기업가들은 자신이 찾아낼 수 있는 최고의 운영 간부들을 채용한다. 이런 사람들은 탁월한 실적이 있고 사업과 자신의 분야를 세계의 어느 누구보다 더 잘 알며, 그들이 결정을 내릴 때 권위를 더해줄 사람들이다. 남반구 기업가들은 매우 빠른 성장이 주는 자극과 매력적인 보수로 이 사람들을 꼬드긴다. 적임자들에 대한 높은 임금은 그들 회사 시가총액의 비약적 성장에 비하면 거의 끝자리 수 오차에 지나지 않는다.

타타 자동차가 포드 자동차 회사로부터 인수한 최고급 차 사업을 운영하기 위해 시행한 지도자 선발은 남반구의 많은 기업들 속에서 내가 이제까지 보아온 인재에 대한 접근법의 전형이다. 2008년 타타 자동차는 주로 트럭과 소형 승용차 중심으로 연 400만 대의 차를 생산하고 있었다. 그해 23억 달러를 주고 포드로부터 재규어 랜드로버JLR를 매입했을 때, 그 회사 지도자들은 최고급 차 세분 시장에 대한 경험이 없었다. 그래서 회사는 그 분야에 전문성이 있는 사람들을 채용함으로써 공백을 메웠다. 전 지구적 금융 위기 이후 성장이 재개되었을 때, 타타는 JLR을 운영하기 위해 BMW에서 거의 모든 경력을 보낸 랄프 스페스Ralf Speth를 고용했다. 최고급 차 시장에 대한 스페스의 깊은 지식 덕택에 학습 곡선이 상당히 단축됐다. 스페스는 JLR의 포지셔닝 방식을 신속히 분석했는데, 예를 들면 메르세데스와 BMW의 좀 더 풍부한 제품라인에 대응하도록 제품의 폭을 확대함으로써 경제 회복의 혜택을 얻으려 했다. 제품의 폭을 확대하는 것은 포드가 이전에 재정적 제약 때문에 하지 못했던 일이다. 스페스의 지도하에 JLR은 다른 무엇보다도 포드가 디자인한 새 레인지 로버 에보크Range Rover Evoque를 생산했다. 이 차는 2012년에 자동차 잡지 《모터 트렌드》에서 올해의 SUV로 선정됐다. 그리고 그해 봄 JLR은 기록적인 세전 이익을 거둘 것으로 예상되었고, 영국에서 생산 확대를 위한 공간을 찾고 있었다. 엔지니어링과 디자인 분야에서 JLR이 지닌 놀라운 기술과 노하우는 타타 자동차를 전 세계적으로 전혀 새로운 궤도에 올려놓았다.

또 남반구의 많은 지도자들은 놀라운 실행 능력도 지녔다. 그들은 일생 동안의 결핍과 빠듯한 마진을 통해 규율을 훈련받았다. 그들은 숫자들을 꿰뚫고 들어가 실적의 근본 원인을 탐지하고 진단하며, 그런 결과들을 사람들과 연관 지을 수 있다. 우연적 요소는 개인일 수도 있고, 가령 공동 결정을 내릴 때 어떤 집단의 우유부단함일 수도 있다. 또는 일을 그만두었지만 다른 사람으로 대체되지 못한 개인일 수도 있다. 남반구 지도자들은 실제로 무엇이 수치상의 결과를 만들어내고 있는지를 알기 전까지는 만족하지 않는다. 그들에게는 성장을 위한 자금 조달도 문제가 아니다. 남반구의 투자자들은 고성장 시장에서 승리할 의지가 있고, 승리해본 실적이 있는 회사들로 꼬여 든다. 또한 남반구 지도자들은 정부와 규제자들의 예측할 수 없는 행동과 전력 같은 보편재의 부족에도 익숙해져 있다.

이들은 북반구가 지금 시장뿐만 아니라 자본과 인재를 둘러싸고도 경쟁하고 있는 회사들이다. 이런 주체들을 무시하는 북반구 지도자들은 예전에는 중요하지 않았지만 지금은 맹렬히 타오르고 있는 많은 시장에서 자신들이 한참 뒤처져 있다는 것을 갑자기 발견할지도 모른다. 이 장에서는 세계에서 첫 번째 혹은 두 번째가 되어가고 있고, 또 몇몇 경우에는 상당한 시장점유율과 유명한 브랜드를 지닌 회사들을 집어삼킬 수 있는 남반구 회사들의 사례를 제시한다. 이렇게 하는 이유는 여러분에게 이 경쟁이 실제적이고 가차 없이 진행되고 있으며, 단순히 비용이나 통화에서의 일시적인 우위가 아니라 지도력과 전략, 실행력상의 탁월함에 기반해 이루어지고 있다는 점을 확신시켜주기 위해서다. 이것이 바로 여러분의 새로운 경쟁자들에 대해 알아야 할 점이다.

새로운 사업을
배우는 데
능숙하다 :
GMR 그룹

인도의 GMR 그룹은 내가 대규모 기업가라고 부르는 것의 전형이다. 오늘날 남반구―특히 인도와 인도네시아, 말레이시아, 싱가포르―는 이런 기업가들을 무더기로 배출하고 있다. 이 장래의 제국 건설자들은 자신들이 가진 핵심 역량이 아니라, 자신들이 보는 기회에 근거해 큰 전략적 도박을 하고 빠른 속도로 큰 사업체를 세운다. 비록 그들은 아무런 경험 없이 시작하고 있지만, 자신들이 진입하기를 원하는, 빠르게 성장하는 시장을 선택하고 그 시장에서 성공하는 데 필요한 능력을 기른다.

그들은 규모와 사업 범위, 브랜드 파워를 창출하기 위해 상당한 기간 동안 낮은 마진을 받아들이고 힘들게 현금을 확보한다. 그런 낮은 마진이 유동성 경색의 위험을 제기하지만, 경쟁자들보다 더 나은 비용 구조를 갖고 소비자들의 흥미를 계속 창출하는 한, 그들은 단기적인 타격을 견디고 장기적인 경제적 가치를 구축할 수 있다. 여러분들은 시장뿐만 아니라 인재들을 둘러싸고도 이 수완 좋은 경영자들을 상대로 경쟁할 것이다. 그들은 찾을 수 있는 한 어디서든 그런 인재를 찾고 있고, 느리게 성장하는 북반구 회사들에서 더디게 승진해온 좋은 경영 간부들에게 매력적인 고용주다.

이 지도자들은 독립적인 기업가들이 지닌 정력과 끈기, 낙관주의뿐만 아니라 탁월한 사업 감각도 가지고 있다. 그리고 그들은 정확히 돈이 어떻게 벌리는지, 어떤 조건에서 무엇을 통해 자금을 끌어들일 수 있는지에 관해서도 집착에 가까울 만큼 열심히 생각한다. 또 그들은 구체적인 전략 목표를 수행할 팀을 신속히 구축할 수 있는, 최고의 경영 기술을 지닌 사람들을 어떻게 뽑을지 알고 있다. 또한 그들은 빠듯한 마진에서 일하는 데에도 익숙하고 인내심이 있을 뿐 아니라, 장기적인 시야로 계획을 세운다. 이 모든 것을 떠받치는 것은 이전의 성공을 통해 얻어진 자신감과 무한한 야망이다. 반복되는 새로운 승리를 통해 그들은 다음번 큰 기회를 추구할 자신감을 쌓는다.

방갈로르에 기반을 둔 100억 달러짜리 전 지구적 기업이자 인도 최대의 인프라 회사인 GMR은 직접 혹은 지주회사를 통해 100개 이상의 사업체를 소유하고 있다. 이 회사들은 발전에서부터 고속도로, 부동산, 스포츠 프랜차이즈, 보안 서비스에까지 분포해 있다. 창업자인 G. M. 라오G. M. Rao와 그의 가족이 공개적으로 거래되는 그 회사의 지분 70퍼센트를 소유하고 있다. 라오는 그 회사를 계속 운영하고 있고, 그의 두 아들과 사위는 부문장을 맡아 10여 개의 인프라 프로젝트와 합작 사업으로 이루어진 주요 사업 부문들을 감독하고 있다. 이 사업들 중 많은 부분이 거대한 규모를 이루고 있고, 일부는 현재 터키와 싱가포르, 몰디브 같은 인도 밖에 위치해 있다.

GMR이 어떻게 하여 인도의 인프라 사업을 지배하게 되었는지에 관한 이야기는 대규모 기업가 정신의 실제 사례를 보여준다. 회사의 사업 중 상당 부분이 인도의 공공 부문과 공동으로 이루어지고 있기 때문에, 이 회사는 최근에 인도 중앙정부와 주 정부들의 변화가 심하고 종종 비합리적인 정책으로 말미암아 손해를 입어왔다. 그러나 GMR의 지도자들은 탄력성을 가지고 계속 전진하고 있으며 가족적 통제에 수반되는 장기적 시야도 가지고 있다. 그들은 미래 세대를 위해 힘을 기르는 일을 깊이 의식하고 있다.

나는 델리에서 58킬로미터쯤 떨어진 마을에서 자랐고, 거기서 다시 483킬로미터쯤 떨어진 바나라스 대학교에서 학부 학위를 받았다. 비교적 최근인 1980년대 초 가족을 방문하고 모교에서 있었던 행사에 참석하기 위해 인도에 갔을 때, 나의 집에서 바나라스까지 가는 데 기차로 약 40시간이 걸렸다. 언급할 만한 통합된 도로 시스템도 없었다. 델리에서 콜카타까지 약 1,610킬로미터를 트럭으로 가는 데 5일이 걸렸다. 인도의 고속도로 인프라는 국영 공항과 전력망, 항구, 통신 네트워크와 마찬가지로 발전이 지체되어 있었다.

비효율과 제한된 자원 때문에 수백만 명의 사람들이 전력망에서 벗어나 있고, 공항은 낡아빠졌고 혼잡하며, 도로 교통은 힘들거나 혹은 비가 올 때는 이용이 불가능하다. 1990년대 중반 인도가 이른바 '규제 왕License Raj' 시스템-모든 경제활동이 허가제였다-아래에서 경제활동을 통제하던 엄격한 규제들을 자유화하기 시작했을 때, 인도 정부는 인프라에 수십 억 달러를 투자하겠다고 약속했다. 그러나 이 투자액조차 공백을 메우기 어려울 것이었다. 이를 보완하기 위해 정치 지도자들은 현대 국가에 적합한 공항과 통신 시스템, 발전소, 고속도로, 항구를 건설하는 데 민간 투자자들이 투자할 수 있도록 문호를 개방했다. 인도의 인프라는 여전히 현저하게 불충분했지만, 1990년대 이래 상당한 발전을 이루었다. 이제 이동전화가 2억 6,900만 명의 손에 쥐어져 있고, 델리와 뭄바이, 첸나이, 콜카타 같은 도시들을 연계하는 인도의 '황금 사각Golden Quadrilateral' 프로젝트의 일환으로 약 5,800킬로미터의 고속도로가 건설되었으며, 4,000메가와트의 전력 용량이 전력망에 추가되었고, 뭄바이와 델리, 하이데라바드, 방갈로르의 국제공항들이 업그레이드되었던 것이다.

기회를 잡고 신속히 학습하며 잘 실행하려는 라오의 의지가 없었더라면, 그리고 이 모든 것을 회사가 성장함에 따라 회사 전체에 스며들게 할 그의 능력이 없었더라면, GMR은 그런 성장에 동참하지 못했을 것이다. 에너지 사업 분야에서는 싱가포르의 테마섹 인베스트먼츠와 오스트레일리아의 맥쿼리를 포함한 투자자들을 끌어들였다. 이 투자자들은 인프라가 요구하는 일반적으로 7~10년에 걸친 좀 더 긴 시계를 가지고 10퍼센트 중반대의 수익률을 얻으며 그 사업에 참여하고 있다. 안드라프라데시에서 기계공학 훈련을 받은 라오는 황마 공장으로 사업을 시작해 양조와 은행, 보험을 포함한 다른 사업 분야로 영역을 점차 확장했다. 자유화가 본격적으로 시작될 당시 40대였던 라오는 인프라 속에서 훨씬 더 큰 규모의 사회적 공익과 기회를 보았다. 그의 기업가적 본능이 그를 그 사업으로 이끌었다. 북반구에서는 새로운 사업 개시 전에 다량의 데이터 수집이 이루어지지만, 남반구의 기업들은 보통 그렇게 사업을 시작하지 않는다. 데이터가 존재하지 않거나 너무나 총량적이어서 유용하지 않고, 좀 더 깊이 파고 들어갈 시장조사 부서도 없다. 그래서 실제로 사업을 해나가면서 많은 학습이 이루어지며, 사업의 성공은 직관과 판단, 소수의 핵심 변수를 정확히 포착할 능력, 그리고 복수의 정부와 규제자들 및 잠재적 파트너들과의 관계 형성 능력에 달려 있다.

인프라에 뛰어들 라오의 첫 번째 기회는 1995년에 찾아왔다. 인도 정부가 타밀나두 주에 발전소를 건설하기 위해 민간 부분의 입찰을 허용했던 것이다. GMR은 발전소를 지어본 적이 없었지만, 그 프로젝트를 떠맡을 의지가 있었다. 일단 입찰에 참가해 일을 따낸 다음, 그 일을 수행할 전문 기술을 찾았다. 라오는 안드라 대학교 동창생인 K. V. V. 라오에게 의지했다. 이 사람은 대단한 기술적 지식이 있었고, 꼼꼼한 스타일의 사람이었다. 그런데 그가 발전소 설계와 건설을 감독할 수 있었을까? 그가 전혀 해보지 않았던 일이 아닌가 말이다. G. M. 라오는 적임자를 뽑는 자신의 능력을 믿으면서 자신의 동창생이 어려움을 잘 극복할 것이라고 정확히 확신했다.

발전소는 모든 인프라 프로젝트와 마찬가지로 계획에서 운영까지 일반적으로는 5년 혹은 어떤 경우에는 상당히 더 오랜 시간 동안 인간의 에너지와 자원을 투입해야 하는 일이다. 주도급 업체와 하도급 업체가 참여하고, 거의 모든 단계에서 여러 정부도 참여한다. 특히 발전소가 가동에 들어갈 때는 더욱 그렇다. 그 시점이 바로 GMR이 전기를 구매해 배급하는 주 전력 위원회와 세금 또는 가격을 통제하는 지방 자치체에 전기를 판매하기 시작할 때인 것이다. GMR은 프로젝트가 정부의 요건을 충족시키도록 하기 위해 공공 부문으로부터 몇 사람을 채용하면서 이 모든 것을 처리했다. 이 경험에서 힘을 얻은 GMR은 다음 몇 년에 걸쳐 인접 주들에서 발전소 두 개를 더 건설해 똑같은 성공을 거두었다.

고속도로 건설에서 기회가 나타나자 이번에도 GMR은 도로 건설 경험이 전혀 없었음에도 불구하고 그 사업에 뛰어들었다. 정부는 전천후 포장을 놓아줄 뿐만 아니라, 운영과 유지 보수도 해줄 건설업체를 찾고 있었다. GMR은 첫 번째 프로젝트를 위해서는 말레이시아의 도로 건설업체와, 두 번째 프로젝트를 위해서는 또 다른 경험 있는 회사와 파트너십을 맺었다. 발전소를 건설할 때와 마찬가지로 GMR은 사업을 빨리 배웠고 성공했다. 세 번째 도로 건설 프로젝트에서는 독자적으로 사업을 진행했다.

인프라에서의 성공에 보조를 맞추어 GMR의 사업 의욕도 성장했다. 단지 인도 안에서뿐만 아니라 전 세계적으로도 막대한 기회가 있다는 점을 고려해, 그 회사는 어느 분야를 추구할지를 선택하기 위한 더 나은 지침을 만들었다. 쿠마르 망갈람 비를라는 이렇게 말했다. "구체적으로 공항 사업으로 들어가면, 우리는 이 부문을 잘 모른다. 그러나 우리를 안심시켜주는 자료들이 있다. 우리는 항공 사업과 공항 사업에서 최고 회사들의 시가총액을 보여주는 한 연구를 발견했다. 시가총액이 높은 10대 기업 중 9개 기업이 공항 사업에서 높은 시가총액을 보였다. 오직 한 개 기업만이 항공 사업에서 높은 시가총액을 보였을 뿐이었다. 그 데이터로부터 우리는 기회가 크다는 것을 알았다. 그것은 우리가 비록 잘 모를지라도 우리가 공항 사업에 과감히 진출하도록 확신을 주기에 충분하다."[1] 장기적인 기회의 크기를 파악한 라오와 쿠마르는 그 일을 진전시키기 시작했다.

하이데라바드의 새로운 그린필드 국제공항 건설이 입찰 일정에 오르자 GMR은 이것을 기회라고 생각했다. 하지만 GMR은 입찰에 응할 자격 기준조차 충족시킬 수 없었기 때문에, 말레이시아에서 39개의 공항을 운영하고 유지 보수하는 상장 기업인 말레이시아 에어포츠 홀딩스 버해드에 의지했다. 이 회사는 GMR에 전문 지식을 무료로 빌려주었다. 인도 정부는 경험 있는 회사의 좀 더 확고한 참여를 원했고, 따라서 라오는 그 말레이시아 회사로 하여금 재정적 투자를 하도록 설득했다. 그것은 일시적 결합의 문제가 아니었다. 그 말레이시아인들은 현대화에 대한 인도의 의지를 의심의 눈초리로 바라보았고, 참여해야 할지 확신하지 못했다. 결국 라오는 GMR에 대한 그들의 신뢰를 끌어올렸고, 그들은 새로운 사업에 10퍼센트의 지분을 취득했다. 이를 바탕으로 GMR은 1,200만 명의 승객을 수용할 수 있는 6억 달러짜리 공항을 처음부터 건설하는 입찰서를 제출했다. 그 입찰서는 초기 설계에서부터 시운영을 거쳐 공항이 사업을 위해 개장하는 시점에 이르기까지 모든 것을 포괄해야 했다. GMR은 세부적인 것에 초점을 맞추었고, 입찰을 따냈다.

그 회사는 공항에 관한 학습을 계속하면서 동시에 프로젝트를 수행해야 했다. 일정상 실행에 앞서 학습할 수가 없었다. 지속적인 대화가 양자 모두를 완수하는 데 도움이 됐다. 쿠마르는 다른 회사와 조직, 국가에서 한데 모인 팀원들 사이의 조정을 위해 월요일마다 하루 종일 검토 회의를 열었다. 이것은 사고방식과 행동 방식, 심지어 느끼는 방식까지도 조정하기 위한 것이었다고 쿠마르는 덧붙여 말했다. 그의 아버지는 한 달에 한 번씩 비슷한 검토를 수행했다.

처음에 쿠마르가 검토하면서 한 일은 각 부서가 하고 있는 일에 대한 신속한 업데이트였다. 나중에는 부서 책임자들이 각자 무슨 새로운 조치나 계획을 취할 것인지를 발표했다. 강조점이 감독과 학습을 반반씩 균형 있게 하는 쪽으로 점차 이동했다. 무엇보다 약속을 지키는 것이 언제나 최우선이자 중심이었다. 이것은 인도에서 희소성과 빠듯한 마진이라는 상수를 반영한 것이었다. 학습은 다양한 형태를 띠었다. 예를 들면 어떤 팀은 소매 형태나 연료 공급 혹은 화물과 관련해 다른 팀들이 하고 있는 것에 대해서, 때로는 홍콩이나 싱가포르의 모범 사례들에 관한 추가 연구를 유도하는 토론을 했다. 의견 차이가 생겼을 때, 이 차이는 쿠마르에게 전가되기보다는 점점 더 팀원들 사이에서 해결되어나갔다.

하이데라바드 공항 프로젝트는 성공이었고, GMR은 곧 공항에 관해 새로 배운 지식을 적용할 기회가 있었다. 즉 2005년 델리와 뭄바이에 새로운 공항을 건설하는 입찰에 참여했던 것이다. 이번에는 위험 부담이 더 컸다. 그 프로젝트는 높은 관심의 대상이었고, 잠재 수익성도 높았다. 경험 있는 회사들과의 경쟁도 격심했다.

GMR은 두 운영 파트너를 채용했다. 말레이시아 에어포츠 홀딩스 버해드와 프랑크푸르트 에어포트 서비시즈 월드와이드가 그들이었다. 이 두 회사는 각자 공항 사업에 10퍼센트의 지분을 가졌다. 입찰서를 준비하는 데만 약 18개월의 시간과 75명의 전담 인원, 1,000만 달러에 가까운 비용이 들었다. GMR은 상대적으로 경험도 부족했고, 정부 고위 관리들과의 가까운 연줄도 없었다. 하지만 GMR은 자신들이 다른 회사들보다 무엇을 더 잘할 수 있는지에 초점을 맞춤으로써 이런 약점을 극복했다. 계획의 기술적 측면에 강력한 초점을 두었던 것이다. 입찰서 평가에서는 특정한 기준을 충족할 경우 '점수'가 주어졌는데, GMR은 이런 기준을 충족시키기 위해 열심히 일했고, 모든 입찰자들 중에서 유일하게 85점을 받았다. GMR은 입찰에서 이겼고, 두 공항 중 하나를 선택할 수 있었다. GMR은 델리를 선택했다.

델리의 인디라 간디 국제공항은 고작 37개월 만에 건설되어 2010년 7월 3일 개장하면서 극찬을 받았다. 약 50만 제곱미터에 걸쳐 뻗어 있는 번쩍이는 유리와 강철로 된 구조물인 새 터미널은 세계에서 여섯 번째로 크다. 이 터미널은 비행기와 터미널을 연결하는 78개의 탑승 브리지와 168개의 체크인 카운터, 여러 개의 라운지와 샤워 룸, 2만 평방미터의 상업 공간, 4,000대 이상이 주차할 수 있고 에어컨이 설치된 주차장을 갖추고 있다. 만모한 싱Manmohan Singh 총리는 이 공항이 '새로운 인도'의 출발을 알리는 신호탄이자 '대규모 인프라 프로젝트의 실행과 관련한 민관 파트너십의 성공을 입증하는' 것이라고 말했다. 민간항공부 프라풀 파텔Praful Patel 장관은 GMR이 기록적인 시간 안에 그 프로젝트를 완수한 것을 칭찬하며 GMR 그룹이 국제 프로젝트에서 크게 환영받고 있다는 점을 지적했다. 이것은 GMR이 무에서 이룩한 사업의 성공을 입증할 뿐만 아니라 지금 그 회사의 발 앞에 놓여 있는 기회들을 입증하는 증거다.

GMR은 모험을 무릅쓰고 진입하는 각각의 새로운 분야마다 사업의 지휘를 맡고, 빠른 속도로 학습하며 실행 또한 매우 잘해낸다. 공항 사업에서 그 회사의 팀은 학술회의와 광범위한 독서는 물론이고, 전 세계의 건축가와 자판기업체, 면세점 사업체, 화물 회사, (항공) 서비스 제공자(항공사와 공항공사, 관제 기관)에게서도 배운다. 새로운 분야를 학습할 능력은 회사의 DNA에 깊숙이 각인되어 있다. 쿠마르는 이렇게 역설한다. "나는 그것을 아버지에게서 배웠다. 아버지는 새로운 사람을 만날 때마다 그 사람에 관해 배우는 일로 시간의 반을 보낸다. 어린 시절부터 쭉 나는 이런 식으로 다른 사람들과 교제하는 아버지 모습을 보아왔다. 그는 하급 직원으로부터든 고위 임원으로부터든, 아니면 정부 지도자로부터든 끊임없이 정보를 수집했다." 쿠마르는 회사에 입사하는 고위직 직원들의 면접을 직접 봤는데, 이는 그들의 이전 회사가 어떻게 사업을 운영하는지를 배우기 위해서다.

이제 GMR은 자신의 전문 지식을 인도 밖의 공항으로 가져간다. 예를 들면 터키 이스탄불 국제공항을 개발하는 입찰을 따냈고, 몰디브의 이브라힘 나시르 국제공항 확장 프로젝트를 일정보다 4개월 앞당겨 완수했다(2012년 말 새 정권은 공항 운영도 담당하는 GMR과의 계약을 취소했다).

시도해보지 않았던 무언가를 하는 것은 계속 전사적인 열정이 되고 있고, GMR은 자신이 전혀 모르는 분야에서 더욱 큰 기회를 기다리고 있다. 또 이 회사는 기회를 찾을 때 '직감'이 작용할 여지를 여전히 남겨두고 있다. 쿠마르는 이렇게 설명한다. "당신이 많은 곳을 돌아다니고 정부와 업계의 다양한 사람들을 만나보면, 어떤 간극들이 존재하는지를 이해하게 될 것이다. 지위가 낮은 사람들과 소통하다보면 기회가 적절한 것인지의 여부를 알 수 있고, 그러면 그것을 더욱 자세히 들여다볼 수 있다. 오늘날 농촌에서 도시로 거대한 이주가 일어나고 있고 도시는 점점 더 혼잡해지고 있다. 따라서 우리는 도시 인프라 속에서 기회를 탐색하고 있다."

돈으로
빅 리그에 들어가다 :
힌달코 인더스트리

북반구 기업들은 제 몫을 다하지 못하는 사업부들을 처분해야 하는 압력을 받을 수 있다. 이 사업들은 경영이 잘못되었을 수도 있고, 주주들이 장기적으로 그 사업을 강화할 수 있을 투자 대신 단기 수익을 강요하고 있었을 수도 있다. 반면에 이런 사업들은 전 지구적으로 야심 있는 지도자들에게는 절호의 기회가 될 수 있다. 즉 그들은 그 사업들을 인수해 신속히 통합한 다음, 구조 조정을 통해 세계에서 첫 번째나 두 번째가 되려는 목표를 위한 수단으로 활용할 수 있다. 그리고 그들은 이런 사업들을 기반으로 북반구에서 발판을 마련할 수 있을 뿐만 아니라, 남반구의 다른 나라들에서 시장을 형성하여 북반구 경쟁자들이 그들의 영역으로 들어오지 못하게 막을 방패막이로 활용할 수도 있다. 그렇지만 그들은 본국에서 파견되는 많은 감독자들로 그 피인수 사업을 제압하지 않는다. 그 대신에 그들은 운영 문제를 해결할 능력을 기준으로 조심스럽게 선택한 고위직

인사 몇 명에게 일을 맡긴다.

적절한 사례가 힌달코다. 힌달코는 인도 최대 회사인 아디티야 비를라 그룹의 한 부문이다. 인도에 있는 본사로부터 힌달코는 알루미늄 산업을 지배하게 됐다. 이것을 가능하게 한 것은 2007년 인수 당시 힌달코보다 규모가 네 배나 더 컸던 캐나다 회사 알칸의 사업부였던 노벨리스Novelis를 힌달코가 능숙하게 처리했기 때문이다(내가 힌달코의 이사라는 점에 유의하라).

쿠마르 망갈람 비를라가 1995년 아디티야 비를라 그룹을 맡게 되었을 때, 그 회사는 20억 달러의 매출을 올리는 인도 최대의 그룹 중 하나였다. 그러나 그 사업 중 어느 것도 전 세계적으로 지배적인 것은 없었는데, 바로 이것이 창업자의 증손자에게는 기회였다. 인도와 런던 비즈니스 스쿨에서 교육받은 그는 자기 아버지의 때 이른 죽음 이후 28세의 나이에 갑자기 비를라의 가장 높은 자리에 밀어올려졌다. 많은 관측자들은 그가 알루미늄과 시멘트에서부터 비료와 직물, 의류에까지 다양하게 혼합된 사업을 가진 그룹을 성공적으로 이끌 수 있을지 의심했다. 결국 드러난 바와 같이 그는 이 일을 멋지게 잘해냈다.

이 회사는 19세기 면직물 거래에 뿌리를 두고 있고, 그 이후로 여러 세대를 거치며 가족들이 회사를 이끌었는데, 그 과정에서 무엇보다도 그라심Grasim(섬유와 시멘트, 화학 회사)과 힌달코가 이 가족 회사에 추가됐다. 쿠마르의 아버지인 아디티야 비크람 비를라는 1960년대 말에 MIT 공학 학위를 가지고 회사에 들어갔다. 그는 자신이 물려받은 가족 사업을 훨씬 뛰어넘는 기업가적 열정을 가지고 있었다.

그는 가족 회사를 성공적으로 운영하면서, 거의 제로 상태에서 신규 사업들을 시작했고, 비를라의 첫 해외 사업인 인도-타이 신세틱스와 같은 다른 회사들을 인수했다. 그리고 다른 것들도 있었다. 말레이시아의 식용유 회사와 타이의 카본블랙 회사가 그런 것들이다 (카본블랙은 타이어와 잉크, 플라스틱 같은 제품들에 사용된다).

가족적 전통에 따라 제4세대 쿠마르 망갈람 비를라는 새로운 사업들로 계속 확장했다. 그중에는 소매, 생명보험, 이동전화, 자산 관리 등이 포함됐다. 그러나 그가 재임 초기에 직면했던 주된 문제는 어느 사업이 성장 가능성이 있고, 이 성장을 위한 자금을 어떻게 조달하는지를 파악하는 것이었다. 해답은 운영의 효율성과 사업 포트폴리오 재설정에 있었다. 이를 통해 회사는 많은 현금을 창출하고, 이 현금을 알루미늄과 구리, 시멘트, 비료 같은 핵심 상품 사업들의 공격적 확장을 위해 사용하는 계획을 세울 수 있었다. 쿠마르는 전 지구적 상황을 개관한 후 전 세계적으로 이 상품들의 수요가 계속 증가하고 가격도 계속 오를 것이라고 확신했다. 이 시장들에서는 규모가 경쟁력의 주된 결정 요소라는 점을 알고 난 뒤, 쿠마르는 4년에 걸쳐 알루미늄에 집중해 40억 달러(2,000억 루피)를 투자함으로써 그 규모를 빠르게 달성하는 일에 착수했다.

힌달코는 인도에서는 알루미늄 분야의 지배적인 사업자이지만, 알코아나 알칸과 같은 전 지구적 거대 기업들과 경쟁하기에는 충분히 크지 않았다. 쿠마르는 2003년 힌달코를 책임진 전무이사인 데부 바타차르야Debu Bhattacharya에게 약진을 위한 청사진을 만들도록 권했다. 바타차르야는 새로운 공장을 건설하고 다른 회사들을 인수하기 위해 이전 20년에 걸쳐 그룹이 투자했던 것보다 단기간에 더 많이 투자하는 계획을 세웠다.

힌달코는 보크사이트를 채굴해 이것을 알루미늄으로 만드는 주로 '상류' 회사였다. 힌달코 CEO 바타차르야는 자신의 회사를 알코아와 알칸이 그랬던 것처럼 전 지구적으로 경쟁력 있는 통합된 회사로 만들 것을 목표로 삼았다. 이것은 그 회사가 알루미늄을 압연해 콜라 캔이나 자동차의 흙받기fender 같은 시장성 있는 제품으로 만드는 '하류' 활동에 참여한다는 것을 뜻했다. 이렇게 되면 상류 업계의 주기성과 수익성을 하류 업계의 그것과 균형을 맞추게 될 것이고, 그럴 경우 돈벌이도 상당히 달라질 것이었다. 즉 상류 활동은 변동성이 큰 대신 수익성이 높고, 하류 활동은 수익성이 낮지만 변동성도 낮다. 이 상류 활동과 하류 활동은 서로 다른 능력을 필요로 했다. 채굴과 생산의 성공은 저비용 생산과 규모에 크게 의존했다. 반면에 알루미늄 제품의 성공은 기술혁신 및 소비자들과의 긴밀한 관계를 필요로 했다.

힌달코가 세계 알루미늄 시장에 대한 자체 평가를 하고 있었을 때, 세계의 반대편에서는 캐나다에 기반을 둔 알칸에 문제가 일어나고 있었다. 2004년 알칸은 프랑스 회사를 매입하기 위한 협상을 하면서, 캐나다 규제 기관들과의 문제를 정리하기 위해 사업의 일부를 분할해야 했다. 즉 알칸은 78억 달러짜리 압연 알루미늄 사업과 거의 24억 달러에 이르는 부채를 노벨리스라는 새로운 사업체에 묶어넣고, 이것을 2005년에 독립된 회사로 분할했다. 불안정한 재정 상태에도 불구하고 노벨리스는 세계의 주도적인 압연 알루미늄 제품 생산자로서의 지위를 획득했다.

노벨리스는 힌달코에는 없던 바로 그 기술력과 거래선을 가지고 있었다. 그러나 노벨리스는 힌달코보다 네 배나 더 컸다. AV 비를라 그룹 역사상 최대의 표적이자 이제까지 인도 기업이 인수했던 해외 기업 중 두 번째로 큰 기업을 인수하기 위해서는 비전과 추진력-뻔뻔스러움은 말할 것도 없고-이 필요했다. 그 인수를 통해 약속된 것은, 힌달코가 전 지구적 알루미늄 사업에서 지위를 급격히 높이는 데 필요한 규모와 능력을 즉각 확보할 것이라는 점이었다. 위험은 그 인수가 재정적 재난으로 이어질 수 있다는 점이었다.

2006년 힌달코는 노벨리스에 접근했는데, 이를 계기로 그 캐나다 회사는 움직이기 시작했다. 하지만 다른 입찰자들이 관심을 보임에 따라 가격이 올라가자 힌달코는 뒤로 물러섰다. 그러는 사이 노벨리스는 그 엔진에서 털털거리는 소리를 내기 시작했고, 다른 구혼자들이 사라졌다. 힌달코는 60억 달러-35억 달러의 현금과 채무 인수 형태의 25억 달러-의 제안을 가지고 다시 나타났고, 2007년에 거래가 성사됐다. 이 과감한 조치는 적지 않은 사람들을 놀라게 했는데, 이는 단지 힌달코의 상대적 규모 때문만은 아니었다. 몇몇 비판자들은 가격표가 너무 높다고 생각했다. 특히 노벨리스의 취약한 가격 결정력을 고려하면 더욱 그렇다는 것이었다. 그 회사는 원자재 비용이 급격히 오르는 상황에서도 가격을 변함없이 유지한다는 계약에 매여 있었다. 다른 비판자들은 넌지시 힌달코의 수요 성장세 추정이 너무나 장밋빛이라고 말했다. 그러나 젊은 쿠마르 비를라는 동요하지 않았다. 대규모 기업가로서 그는 노벨리스의 고객 계약이 만기일에 도달하고 세계 경제가 회복해 도약할 좀 더 먼 시점에 초점을 맞추고 있었다. 그는 믿을 만한 전문가와 자문가로부터 그 회사를 매입하지 말라는 많은 조언을 들었지만, 그대로 밀고 나아갔다.

그 인수로 인해 세계 알루미늄 시장에서 비를라의 지위가 강력하게 신장되었지만, 그 모기업은 자신의 지위를 확보하고 높이는 데 열중하고 있었다. 즉 힌달코는 노벨리스를 조심스럽게 자기 회사 체제로 통합시키면서도 노벨리스의 기술적 전문성과 고객 관계를 존중했다. 그리고 힌달코 자체의 로지스틱스logistics(물적 흐름 관리) 전문성이 노벨리스의 그것보다 더 낮다는 점을 확인하고서야 비로소 회사는 인도에서 북미로 사람들을 파견했다. 사업을 전 지구적으로 효율적으로 배치할 필요성 때문에, 힌달코는 전 지구적 수요에 대한 최고 경영진의 관점을 반영해 어느 공장을 폐쇄하고 어느 공장을 확장할 것인지에 관한 결정을 서둘렀다. 이 결정에는 압연 알루미늄 제품의 일부를 인도에서 생산해 인도의 수요가 따라잡을 때까지 20퍼센트 정도를 수출한다는 내용도 들어 있었다.

모회사는 재정적 기대치도 세웠다. 즉 힌달코는 사업을 능숙하게 운영했고, 노벨리스도 똑같이 할 것으로 기대했다. 결과가 빠른 시일 안에 구체화되어 나타나지 않자 모회사는 사태를 그대로 놓아두지 않았다. 2009년 쿠마르 망갈람 비를라와 바타차르야는 필 마튼스Phil Martens를 사장 겸 최고 운영 책임자로 채용했다. 마튼스는 포드사와 자동차 부품 공급업체인 아빈메리터에서 좋은 실적을 올렸고, 일본에서는 마쓰다를 호전시킨 것으로 큰 박수를 받았다. 기업 운영을 장악하는 그의 솜씨와 속도가 비를라의 지도자들에게 깊은 인상을 심어주었다. 그래서 쿠마르 망갈람 비를라는 마튼스에게 최고위직을 맡아달라고 부탁하며 기자회견에서 이렇게 말했다. "마튼스 씨는 최전선에서 노벨리스 팀을 이끌어왔고, 그 팀에 에너지를 불어넣었으며, 모든 면에서 조직의 기대치를 높였다."

노벨리스는 마튼스의 지도 아래 좋은 실적을 냈고 지속적으로 성장할 태세를 갖추었다. 이 회사는 2012회계연도에 110억 달러의 매출과 6,300만 달러의 이익을 기록했고, 2012년 11월에는 중국 내 첫 알루미늄 공장 건설공사를 시작했다. 노벨리스는 지금 세계 최대의 압연 알루미늄 회사이자, 아시아 최대의 알루미늄 반제품 생산 회사이기도 하다. 노벨리스가 실적 기대치를 충족시키고 장기적으로 자리를 잡아가게끔 하면서도, 비를라는 물론 힌달코도 노벨리스를 인도 회사로 만들 필요성을 느끼지 못했다. 노벨리스는 미국인 CEO가 이끌고 본사를 북미에 두고 있으며, 연구 개발 시설도 애틀랜타에 두고 있지만, 비를라의 폭넓은 관점과 장기적 목표를 공유한다.

지배적 기업들을 포위하다 : 에이비 인베브*

안호이저-부시Anheuser-Busch는 20세기의 상당 기간 동안 미국의 맥주 산업을 지배했다. 부시 가족 4세대가 그것을 다른 어떤 산업에서도 찾아보기 힘들 정도의 강력한 유통과 마케팅, 브랜딩(브랜드명 부여 작업)을 가진 회사로, 정력적으로-때로는 무자비할 정도로-발전시켰다. 1990년대 중반 안호이저-부시는 미국 맥주 시장의 거의 절반을 차지했고, 미국 최대의 테마파크 소유주이자 운영자였다. 부시 일가는 제국 건설자였고, 미국 맥주 양조업의 왕가였다. 21세기가 도래하고 사업의 지구화 속도가 가속화되었을 때, 안호이저-부시는-전 세계적으로 알려진 브랜드와 거대한 금융 자원을 가지고-

---

• 에이비 인베브(AB InBev)는 여러 번의 합병을 거쳤다. 1999년 안타르티카(Antartica)와 브라마(Brahma)가 합병해 암베브(AmBev)가 되었고, 이후 벨기에의 인터브루(Interbrew)를 합병하면서 2004년 인베브로 탄생했다. 마지막으로 2008년 미국의 안호이저-부시를 매입하면서 현재의 에이비 인베브가 됐다.

세계적 지배를 추구하기에 완벽한 위치에 있었다.

2010년 이 회사 CEO는 다음에 무슨 일이 일어날지를 설명했는데, 그는 "우리의 사업은 전적으로 브랜드를 구축하는 일이다"라고 말했다.[2] 그런 브랜드에는 각각 독특한 유산과 충성스러운 핵심 고객 집단을 가진 지역local and regional 브랜드들과 버드와이저, 스텔라 아르투아, 벡스 같은 전 지구적 브랜드들이 포함됐다. 버드와이저는 그 CEO가 '우리의 전 지구적 주력 상품flagship 브랜드'라고 부른 것으로 우뚝 서 있었다. 이미 버드와이저는 미국과 중국, 캐나다에서 첫손가락에 드는 최고급 브랜드였고, 영국을 비롯한 다른 시장에서도 성장하고 있었으며, 러시아와 브라질, 아르헨티나에서도 곧 출시될 예정이었다. "조금씩 우리는 버드와이저를 원래 있던 곳으로 되돌려놓을 것이다. 그 자리는 세계 무대다"라고 그는 약속했다.

그러나 그 문제의 CEO는 부시 일가도 아니고 미국인도 아닌, 브라질의 제국 건설자 카를로스 브리토Carlos Brito다. 그가 이끄는 회사가 바로 에이비 인베브인 것이다. 이 회사는 2008년 옛 인베브가 안호이저-부시를 인수해 생긴 산물로서, 지금은 세계 최대의 양조 회사다. 그 역사는 남반구 회사가 재정적으로는 건전하지만 자만에 빠져 있는 북반구의 최고 기업을 어떻게 앞지를 수 있는지를 보여주는 선명한 사례다.

인베브를 비롯한 똑같은 추진력을 지닌 다른 많은 회사들은 내가 '포위'라고 부르는 전략을 통해 세계 무대에 밀고 들어간다. 그것은 마오쩌둥이 중국에서 승리하기 위해 사용했던 전략의 비즈니스 버전이다. 처음에는 농촌에 집중한 다음 도시들을 포위해 정복한다는 것이 마오의 전략이었다. 그것은 또한 샘 월턴이 아칸소 주의 로저스에서 하나의 매장으로 시작해 몽고메리 워드와 시어스, 케이마트 등 그 시대의 대기업들을 물리치고 거대 기업인 월마트를 건설할 때 사용했던 것과 똑같은 전략이기도 하다. 그 거인들이 잠에서 깨어났을 때, 이 민첩한 적은 이미 성문을 때려 부수고 있었다. 전 지구적 축 이동의 포위자들은 시작은 작게 하겠지만 생각은 크게 한다. 많은 포위자들은 궁극적으로 각자의 산업에서 전 세계 최고 혹은 두 번째 기업이 될 것을 목표로 하고 있는 것이다.

안호이저-부시는 세계 최대의 시장에서 무적의 시장점유율과 브랜드 포지션에 만족해 점진적인 진전에 초점을 맞추고 있는 동안, 자신이 어떻게 포위되었는지를 알아차리지 못했다. 사우스 아프리칸 브루어리스가 2002년 미국에서 두 번째로 큰 맥주업체인 밀러를 인수했던 것이 귀띔이 될 수도 있었다. 하지만 안호이저-부시는 낌새는 챘을지언정 대응은 하지 않았다. 한편 인베브의 전신이었던 브라질의 양조 회사 암베브는 비용 절감과 빈틈없는 재무관리를 추구하며 전 세계 합병 게임에서 매우 공격적인 자세를 취하고 있었다.

공격적으로 확장을 해나간 이 양조업체는 브라질의 가장 부유한 세 투자자의 후원을 받았다. 조지 파울로 레만Jorge Paulo Lemann과 마르셀 허먼 텔레스Marcel Herrmann Telles, 카를로스 알베르토 다 베이가 시쿠피라Carlos Alberto da Veiga Sicupira가 그들인데, 이들은 3G 캐피털 투자회사의 창업자들이다. 이들은 브라질의 커다란 두 양조업체를 암베브로 합병시키는 일을 조종했고, 그 회사를 남아메리카에서 계속 확장시켰다. 카를로스 브리토는 이런 암베브 안에서 재무와 운영, 판매를 통해 빠르게 승진했고, 비용 절감과 재무 능력을 날카롭게 다듬었으며, 다른 곳에도 적용될 수 있는 방법론을 가진 주주 가치의 창조자로서 자신과 휘하 팀의 능력을 입증했다. 2004년 CEO가 된 그는 브라질 밖에서 몇 개 회사를 더 인수하고, 자본시장에서 자신의 신용을 더욱 높였다. 즉 각각의 경우에 그는 피인수 회사의 대차대조표를 일목요연하게 정리하고 수익력을 증대시키기 위해 2년 안에 과도한 부채를 상환했다.

브리토는 회사의 시가총액을 계속 늘렸다. 이는 강력한 재무제표와 결합해 그로 하여금 더 큰 먹이를 삼킬 수 있도록 해주었다. 그해 말 암베브는 역시 인수를 통해 급속히 성장한 벨기에 양조업체인 인터브루에 매각됐다. 1년 만에 그 회사-인베브로 이름이 바뀐-는 브리토를 CEO로 만들었다. 그는 계속 탁월한 현금 창출 능력을 보여주었다. 다시 한 번 그는 부채를 줄이고 인베브의 시가총액을 늘리며 수익력을 높임으로써 비약적인 성장을 창출할 수 있었다. 그가 안호이저-부시를 인수하려고 했을 때, 부시 가족은 격렬히 저항했지만, 브리토의 현금 창출 기계 앞에서는 승산이 전혀 없었다.

그 인수 이후 비용 절감으로 인해 수입품들-지금은 미국에서 양조되는-을 포함한 몇몇 맥주의 맛이 손상되었다는 소비자들의 광범위한 불만이 제기되는 가운데, 에이비 인베브는 미국에서 시장점유율을 잃어왔다. 회사 경영자들은 그런 불만들을 일축하지만, 불만이 계속 커지면 브리토는 절감했던 비용을 다시 물어야 할지도 모른다.

그러나 교훈은 여전히 남아 있다. 다른 많은 오래된 기업들과 마찬가지로 안호이저의 경영자들은 해외의 경쟁자들이 쌓아오고 있던 힘을 보지 못했다. 그들은 사업을 일으켜 세웠던 야망과 추진력, 과감성을 잃었다. 이런 자질들은 오늘날 미국의 지도자들이 결코 주의를 기울이지 않았던 회사들-대개는 남반구의-에서 발견될 가능성이 더 크다. 이 지도자들은 자신들이 갑자기 남반구 기업들의 먹이가 되는 순간에야 비로소 알아차리게 될 것이다.

더 높은 목표를
설정하다 :
하이얼 그룹

남반구 제조업체들은 일반적으로 낮은 가격으로 북반구 시장을 공략한다. 하지만 중국의 하이얼 그룹은 두드러진 예외다. CEO 장루이민張瑞敏은 자신의 회사를 중급 혹은 좀 더 고급한 범주에 위치시킬 전 지구적 브랜드를 창출하는 일에 착수했다. 그는 좋은 값을 받을 수 있을 나무랄 데 없는 서비스와 혁신, 좋은 품질을 제공함으로써 브랜드를 구축했다. 그 전략은 상당히 큰 성과를 낳았다. 1980년대 초 중국 시장에서 허약한 낙오자였던 하이얼은 세계 최대의 백색白色 가전 제조업체로 성장했다. 그는 자신의 영토 안에서 북반구의 안정된 제조업체들과 대결함으로써 전 지구적 규모를 달성했다. 그리고 거기서의 성공을 지렛대로 삼아 그는 남반구에서도 성공했다.

장루이민은 이 과정을 하이얼이 여전히 중국에서 상품을 수출하고 있던, 28년 된 그의 CEO 재직 기간 중 초기에 시작했다. 그 당시 그는 하버드 비즈니스 스쿨 연구자들에게 이렇게 말했다. "대다수 중국 기업들의 목표는 제품을 수출해 외화를 벌어들이는 것이다. 이것이 그들의 유일한 목적이다. 하지만 제품을 수출할 때 우리의 목적은 브랜드 명성을 쌓는 것이다."[3]

그 전략은 하이얼의 유산을 확장하는 것이었다. 이 회사는 칭다오에서 지자체 소유의 거의 망해가는 냉장고 회사로 출발했다. 중국의 다른 가전제품과 마찬가지로 그 냉장고는 값싸고 품질이 나빴다. 1984년 그런 병든 사업을 담당하도록 정부로부터 임명받은 장루이민은, 고객들이 더 높은 품질과 믿을 만한 서비스에는 기꺼이 더 많은 비용을 낼 것이라고 믿었다. 그런데 그는 고급 소비재 제조의 전통이 별로 없는 나라에서 어떻게 이런 것들을 공급할 수 있었을까? 독일 여행에서 답을 얻었다. 그는 냉장고 제조업체인 립헤어와 기술 도입 계약에 서명했다. 기술적으로 안정된 제품을 확실히 구현하기 위해, 그는 당시에는 친숙하지 않은 품질이라는 개념을 작업자들에게 반복해 훈련시켰다. 예를 들면 한번은 생산 라인에서 76개의 냉장고를 꺼내 직원들에게 부숴버리라고 했다. 그중 일부는 스크래치 같은 사소한 결함이 있었을 뿐이었다. 그는 웃으며 이렇게 말했다. "이것이 직원들의 주의를 끌었다. 그리하여 마침내 내가 나의 경쟁자들이 하듯이 무엇이든 내다 팔지는 않을 것이라는 점을 그들이 이해했다. 그것은 최고가 되어야 했다."

장루이민이 재임한 지 2년 만에 하이얼은 흑자를 냈고, 이어서 1988년 전국 대회에서 품질 금메달을 땄다. 시점이 완벽했다. 냉장고 시장이 공급과잉 상태가 되고 경쟁자들은 가격을 내리고 있었다. 그러나 그는 사람들이 품질에 대해서는 값을 치를 것이라는 확신에 근거해 가격을 정확히 15퍼센트 올렸다. 또 그는 중국의 다른 생산자들이 제공하는 최악의 서비스 속에서도 기회를 발견했다. 예를 들면 냉장고가 망가지면 고객들은 수리되기까지 몇 주를 기다려야 하는 일이 빈번했다. 하이얼은 좀 더 신뢰할 만한 기계를 만들었을 뿐만 아니라 실제로 고장이 난 기계는 더욱 신속히 수리했고, 수리 기간 동안에는 소비자들에게 대체품을 빌려 주었다. 1989년 매출이 4억 1,000만 위안으로 10배 이상 증가하자 그 회사는 컴퓨터화된 서비스 센터를 만들고, 서비스 하청업자 네트워크를 구축하기 시작했다. 1990년대 초 장루이민은 규모를 키우며, 철저히 현대화된 새로운 공장을 지어, 자체 판매 제품의 폭을 확대하면서도 주문자 상표에 의한 제품 생산자OEM들을 위해 계약 생산을 했다. 하이얼은 자체의 경영 및 서비스 전문 지식을 강화하면서도 동시에 실적이 좋지 않은 중국 가전 메이커들을 인수해 호전시키는 방식으로 성장했다. 그는 제품은 좋지만 경영이 잘 안 되는 기업들도 표적으로 삼아 인수한 다음 그 결함을 고쳤다. 예를 들면 1995년 칭다오 지방정부는 하이얼에 망해가는 세탁기 회사를 매입해달라고 간청했는데, 하이얼은 파산 일보 직전 상태였던 그 회사를 1년 반 만에 최우량 세탁기 제조업체로 탈바꿈시켰다. 그 시점에 하이얼은 중국의 가장 크고 가장 수익성 높은 가전제품 제조업체였다. 이제는 강력해진 하이얼의 브랜드하에서 장루이민은 다각화를 시작했다. 처음에는 에어컨과 냉동고에서 시작해 세탁기와 드라이어, 전자레인지, 텔레비전 등 기타 소비재 전자 제품으로 확장했다.

OEM 생산도 급속히 확대되어 하이얼은 영국과 유럽에서도 수주를 했다. 하이얼은 유럽 및 일본 기업들과의 합작 사업을 통해, 그리고 인도네시아와 동유럽에 제조 공장을 건설함으로써 더 큰 진전을 이루었다. 하이얼이 만든 냉장고는 특히 독일에서 잘 팔렸는데, 독일에서 하이얼의 품질은 독일의 인지도 높은 브랜드의 품질과 동등할 뿐만 아니라 더 뛰어나다는 인식을 받게 됐다. 당연한 이야기지만, 1997년 독일은 하이얼 브랜드가 달린 냉장고의 첫 수출 시장이 됐다. 이것은 하이얼이 지멘스와 일렉트로룩스, 월풀, 소니, 삼성, GE 같은 회사들과 경쟁하기 위한 장루이민의 전 지구적 전략의 시작을 보여주는 첫 장면이었다. 같은 해 하이얼은 필리핀에서 하이얼 브랜드가 붙은 냉동고와 에어컨, 세탁기를 제조하기 위해 LKG라는 필리핀 전자 회사와 합작회사를 만들었는데, 이는 필리핀과 아시아 시장에서의 판매를 목표로 한 것이었다. 중국에서 그랬듯이, 하이얼은 고객을 만족시키는 혁신을 발견하고 이것을 신속히 생산에 적용함으로써 자신을 차별화했다(예를 들면 아이스크림을 부드럽게 유지하기 위한 별도 칸을 지닌 냉장고와 특히 한국에서 김치용 배추를 절이기 위한 칸을 가진 냉장고가 그런 혁신들이다). 곧 그 회사는 백색 가전제품의 범위를 확대해 '흑색 가전(텔레비전과 같은 대형 소비재 전자 제품)'을 포함시켰다. 이 회사의 '스마트' 가전제품과 텔레비전은 2012년 1월 라스베이거스에서 열린 소비재 전자 제품 쇼에 전시품으로 들어갔다.

하이얼은 미국 거대 제조업체들이 모르게, 슬며시 들어가 틈새에 집중함으로써 미국 시장에 도전했다. 이 틈새시장에서 하이얼은 소매업자와 소비자들에게 자신의 브랜드 명성을 조용히 구축할 수 있었다. 하나의 틈새시장이 1994년에 나타났다. 웰빌트 브랜드로 가전

제품을 수입하던 회사의 공동 경영자인 마이클 제말Michael Jemal이 사무실과 기숙사에 맞는 소형 냉장고를 찾으러 왔던 것이다. 제말은 웰빌트 이름으로 팔기 위해 15만 대의 냉장고를 구입했는데, 1년 안에 모두 다 팔렸다.

하이얼은 재빨리 소형 냉장고 판매의 약 4분의 1을 장악했고, 와인 냉장고 쪽으로 가지를 뻗어 마찬가지로 신속히 그 시장의 거의 3분의 1을 차지했다. 2005년 《유로모니터Euromonitor》는 하이얼이 미국 소형 냉장고 시장의 26퍼센트와 와인 냉장고 시장의 50퍼센트를 점유하고 있다고 보고했다. 하이얼은 줄곧 새로운 제품을 추가했고, 제말은 미국 소매업체들과 관계를 형성하며 하이얼 브랜드 이미지를 구축하고 있었다. 특히 월마트가 큰 고객이었는데, 2005년 3월 월마트 웹사이트에는 44개의 하이얼 제품이 올라 있었다. 대다수는 대학생 시장을 표적으로 한 것이었다. 베스트셀러는 140달러짜리 소형 냉장고와 165달러짜리 125캔들이 음료 저장고, 200달러짜리 이동식 세탁기였다. 월마트의 하이얼 제품 목록 중에서 꼭대기에 올라 있는 것은 675달러에 팔리는 반 통들이 맥주 디스펜서였다.

하이얼과 제말은 하이얼 아메리카라는 합작회사를 설립했다. 이 회사는 기존 회사들이 약점이 있는 제품라인 쪽으로 확장할 계획을 가지고 있었다. 2000년 이 회사는 4,000만 달러를 투자해 사우스캐롤라이나에 냉장고 공장을 건설했다. 제말은 이렇게 말했다. "우리는 그들과 경쟁할 생각이 없다. 그들이 우리보다 훨씬 더 크기 때문이다. 우리는 시장에서 우리 나름의 독자적 위치를 가지고 있고, 그들은 그들 나름의 위치가 있다고 생각한다. 미국 시장에서 우리는 그들에 비해 너무나 작기 때문에 그들이 마음만 먹으면 언제든지 우리를 짓밟을 수 있다." 하이얼이 아직 더 큰 가전제품 시장에서 주요 경쟁자가 되지 않은 점을 고려하면, 지금까지 그 철학이 우세했던 것 같다. 게다가 주택 시장의 붕괴로 인해 하이얼의 확장 전략은 확실히 둔화됐다.

가장 최근에 하이얼은 현재 주요 가전제품 시장의 약 1퍼센트를 차지하고 있는 유럽에서 시장점유율을 높인다는 계획을 세웠다.《파이낸셜 타임스》에 따르면, "하이얼의 계획은 주로 가격으로 경쟁하는, 보통 중국 회사들을 연상시키는 저가품이 아니라 중급 및 고급 가전제품 시장을 겨냥하는 것이다."[4] 이 계획에 도움이 되는 한 가지는 '하이얼'이라는 이름이 중국어보다는 독일어에 더 가깝게 들린다는 점이라고《파이낸셜 타임스》는 덧붙였다. "전 세계 대다수 소비자들은 그 회사가 중국 회사인지 모른다. '우리는 그 점을 결코 강조하지 않는다'고 하이얼 해외 사업부 전무인 리판은 말한다. '우리는 그것을 부정하지도 않지만 강조하지도 않는다.'"

2007년과 2010년 사이에 장루이민은 큰 경영 혁신을 수행했다. 보통 공장과 사무실의 특정한 작업에 한정되는 '자율 관리 팀' 기법을 확대해 전사적全社的인 관행으로 전환시켰다. 그는 하이얼이 고객들에게 특별히 예민하게 반응하고 혁신을 상품화할 때 경쟁자들보다 더 신속히 움직일 수 있어야 한다고 느꼈다. 이것을 달성하기 위해 그는 회사 전체를 자율 관리 팀들로 조직했다. 각 팀은 여러 명 또는 10명에서부터 대략 30명의 팀원들로 구성되고 소매 고객이나 집단들에 초점을 맞추도록 했다. 팀원에는 최소 4명의 고객 관리자와 4명의 제품 관리자, 그리고 팀장이 포함된다. 팀원은 모든 직급과 기능 출신의 사람들로 채워지지만, 결정을 하는 팀원은 고객들과 직접 상대하며 일하는 사람들이다. 하이얼 내 각 팀은 자신의 결정에 대해 전적으로 스스로 책임진다.

그 결과 고객과의 긴밀한 접촉뿐만 아니라 고객들로부터 배우는 것에 즉각 대응할 능력을 지닌 그룹들이 생겨난다. 이것은 어디서든 경쟁자들에 대한 강력한 무기다. 의사 결정이 신속하고 책임성이 분명하기 때문에 그 시스템은 가장 빠르고 가장 주도면밀한 통합적 결정을 보장한다. 본질적으로 그 시스템을 통해 전 지구적 차원의 거대 기업들도 자신의 고객들에게 현지 회사들만큼 민감하게 대응할 수 있다.

하이얼은 여전히 미국에서 길을 찾고 있지만, 매출의 대부분은 중국에서 발생한다. 그러나 거의 모든 시장에서 축적된 승리를 통해 하이얼은 확실한 세계적 지위를 확보하고 있다. 2011년 약 180억 달러의 매출을 올린 하이얼은 160개 이상의 국가와 지역에서 제품을 판매하고 있다. 하이얼은 61개의 판매회사와 24개의 제조 공장, 10개의 연구 개발 센터, 21개의 공업단지를 보유하고, 전 세계에 7만 명 이상을 고용하고 있다. 2011년 3년 연속으로 유로모니터 인터내셔널 시장조사 회사는 하이얼의 소매 점유율을 7.8퍼센트로 계산하며 하이얼을 세계 최고의 가전 브랜드로 평가하고, 소비재 가전 부문의 전 지구적 주도자라는 호칭을 부여했다.

하이얼과 장루이민에 관한 나의 마지막 말은《포춘》지의 제프리 콜빈Geoffrey Colvin의 말로 대신하겠다. 특히 그는 하이얼의 자율 관리 팀 시스템을 집중 조명하며 이렇게 쓰고 있다. "장루이민은 급격히 혁신하고 있다. 아마 이것은 그렇게 큰 규모로 운영하는 다른 어떤 경영자들보다 더 빠른 속도일 것이다. 그를 알고 있다고 하는 사람들조차 전前 홍위병이자 자치체 관료였던 이 사람이 자본 의를 어느 정도까지 이해하고 있는지 깨닫지 못할 것이다."[5]

혁신적인
사업 모델을
창출하다 :
바르티 에어텔

남반구 지도자들이 전 지구적 시장에서 승리를 거둘 야망과 끈기,
사업 수완을 가지고 있는지 그 여부를 여전히 의심하는 사람이 있
다면, 그런 사람은 수닐 미탈에 대해 알아보아야 할 것이다. 수닐 미
탈이 맨손으로 세운 통신 회사인 바르티 에어텔은 최근까지도 인도
밖에서는 별로 알려지지 않았다. 2010년 미탈이 자인 그룹의 아프
리카 사업 부문을 인수하는 혁명적인 거래를 성사시켰을 때 이 모
든 것이 갑자기 변했다. 쿠웨이트 통신 회사의 아프리카 사업 부문
을 포함해 자인을 107억 달러에 매입한 이 거래는 신흥 시장에서 사
상 최대의 국경 간 거래였고, 이로 인해 바르티 에어텔은 전 세계 통
신 회사들 중에서 다섯 번째 위치로 올라서게 됐다. 또한 처음에는
그리 두드러진 존재가 아니었던 55세의 미탈을 인도의 정상급 사업
지도자들 중 한 명으로 떠오르게 만들었다. 그는 '올해의 CEO'이자
'올해의 인도 사업가'로 신문의 헤드라인을 장식했고, 세계의 정상

급 기업가들 중 한 명이 됐다. 그러나 그는 자신의 성공을 꿈의 완성으로 여기지 않았다. 오히려 그것은 그 회사가 세계 최고 기업의 반열에 들어가려는 장기적 비전을 위한 디딤돌이었다.

미탈의 추진력과 끈기, 사업 수완은 뿌리가 깊다. 인도 북부의 주요 공업 중심지인 루디아나에서 자란 미탈은 금속 가공과 기계 부품을 생산하는 작은 공장들에 둘러싸인 채 어린 시절을 보냈다. 이 공장들에서는 수많은 기업가들이 더 큰 회사들의 하청으로 부품들-양말류와 니트웨어에 사용되는 실 같은 상품과 오토바이나 자전거의 부품들-을 제조해 생계를 이어갔다. 루디아나는 지금 생산 대수 기준으로 세계 최대의 오토바이 제조업체인 히로 혼다의 탄생지이자 인도 모직 니트웨어 산업의 중심지이기도 하다. 이곳의 니트웨어는 미탈이 성년이 되어가던 1970년대 말에 인도 니트웨어 수출품의 약 95퍼센트를 차지했었다.

루디아나는 미탈의 말대로 '소규모 산업의 기반암'이었다. 그리고 미탈은 18세에 대학을 졸업하자마자 즉각 사업에 뛰어들었다.[6] 그는 아버지에게서 1,500달러를 빌려 자전거 크랭크축을 단조하는 공장을 세웠다. 그리고 비록 변변찮은 예산을 넘어서지 않기 위해 트럭 짐칸이나 혼잡한 기차를 타고 다녀야 할지라도, 직접 물건을 팔고 배달하는 힘든 일을 했다. 이것은 생계를 꾸려나갈 꽤 괜찮은 방식이었지만, 젊은 나이에도 미탈은 그 사업 모델의 한계를 보았다. 자전거 제조업체들이 부품 공급업체들보다 훨씬 더 컸고 가격과 수요를 통제했는데, 그는 그런 강력한 회사들이 자신의 야망을 제한하기를 원하지 않았다. 그래서 그는 3년도 채 안 돼 당시에는 봄베이라고 불리던 뭄바이로 떠났다.

그는 외국 회사들로부터 다양한 제품-지퍼, 플라스틱, 철강, 아연-을 구매해 인도의 직물 및 금속 산업체들에 재판매함으로써 사업을 시작했다. 그런데 그는 일본의 스즈키가 인도에서 휴대용 발전기 판매를 도울 업체를 구한다는 것을 알고는, 그 회사에 자신이 믿을 만한 파트너가 될 것이라고 설득해 그 제품의 유통업자가 됐다. 이것은 나라시마 라오Narasimha Rao나 만모한 싱 같은 총리들의 경제 자유화 정책이 인도의 경제성장을 격발시키기 이전의 일이었고, 또 인도가 서구 다국적 기업의 후방 업무 지원 기지가 되기 이전에 일어난 일이었다. 1980년대 말까지 인도 정부는 중앙집권적 계획과 정교한 면허 요건들을 통해 인도의 경제성장을 통제하려고 했다. 그래서 야망 있는 기업가가 어떤 업종에 들어가려면 허가를 받아야 했다. 그리고 허가를 얻기 전에 여러 단계의 승인을 거쳐야 했는데, 이 과정은 종종 매우 느리게 진행됐다. '규제 왕국'이라고 알려진 이 복잡한 시스템은 비효율적이고 부패하기 쉬웠으며, 일부 사업체들을 다른 사업체들로부터 보호해주는 기능을 했다. 또한 무거운 관세와 외국인 직접투자에 대한 제한은 외국의 경쟁자들의 접근을 방해했지만, 이것은 하룻밤 새 기업이나 산업을 일으키기도 하고 망하게 하기도 하는 예측할 수 없는 정책들에 대한 작은 보상이기도 했다. 1980년대 초 입법부는 발전기 수입을 갑자기 금지했다. 미탈은 날리지@와튼의 한 인터뷰어에게 이렇게 말했다. "어느 화창한 날 일거리가 없어졌다. 내가 개발했던 모든 사업이 사라진 것이다."[7]

다음으로 그는 무엇을 했을까? 미탈은 독특하면서도 자신이 다룰 수 있고, 중요하게는 인도에서 그를 큰 회사들과의 경쟁에 빠뜨리지 않을 제품을 찾기 위해 박람회에 다니기 시작했다. 타이완 박람회에서 버튼식 전화기를 본 그는 이것이 인도에서 사용되던 회전 다이얼식 전화기를 대체할 것이라는 점을 즉각 깨닫고, 그 전화기를 중심으로 사업체를 만들 수 있을 것이라고 생각했다. 그는 독일의 지멘스에 자신이 그 전화기를 인도에서 제조해 판매하겠다고 설득했고, 그런 다음 결국 자동응답기와 팩시밀리까지 포함시켜 사업을 확장했다.

1990년대 초 라오 행정부가 경제 개방을 시작하면서 더 큰 기회가 구체적인 모습으로 나타났다. 더 좋은 인프라가 절실히 필요했는데, 특히 통신 분야가 심했다. 통신 분야에서 인도는 미국과 유럽 및 일본, 한국에 비해 매우 뒤처져 있었다. 외딴 지역의 수많은 사람들은 전화 서비스를 전혀 받지 못했다. 1992년 인도 정부는 여러 도시에서 정부가 통제하는 3개의 낡은 전화 회사와 경쟁하도록 민간 기업들에게 입찰을 통해 면허를 내줄 것이라고 발표했다. 인도 회사들은 외국 회사들과 합작으로 그 전화 사업 경쟁에 참여하도록 허가받았다. 여기서 미탈은 거대한 성장곡선의 단초를 발견했지만, 매출이 500만 달러밖에 안 되는 그의 회사는 1,000만 달러짜리 면허를 지닐 사업을 차지할 가망이 없었다. 따라서 그는 파트너를 끌어들이는 작업에 자신의 모든 수완을 동원했다. 결국 그는 프랑스 회사-나중에 비벤디가 되는-와 모리셔스 및 영국의 통신 회사들을 설득해 파트너십을 맺었다.

그의 다음 과제는 당시에 바르티 텔레콤이라 불리던 자신의 작은 회사가 약속한 대로 전화망을 구축하고, 이동전화 서비스를 확실히 제공할 수 있을 것이라는 점을 정부에 확신시켜주는 일이었다. 하지만 사업에 대한 그의 열정과 외국인 파트너들조차 정부를 확신시키기에는 충분하지 않을 것이었다. 그래서 그는 석 달을 꼬박 투여해 계획의 세부적인 모든 것을 완벽히 익히고, 결정권자들이 제기할 만한 모든 의문을 해소할 수 있도록 발표 자료를 다듬었다. 이런 그의 노력은 성과가 있었다. 바르티가 인도에서 두 번째로 큰 도시인 델리에서 이동전화 서비스를 위한 두 개의 면허 중 한 개를 획득했던 것이다. 그리하여 바르티는 에어텔이라는 이름으로 인도에서 이동전화 서비스를 제공할 8개의 면허업체 중 첫 번째 회사가 됐다. 적어도 그 당시에 미탈은 자신이 원하던 위치에 올랐다. 통신 산업의 첫 단계에 참여하게 되었던 것이다.

하지만 재정적 성공은 쉽게 나타나지 않았다. 초기 투자가 막대했고, 정부는 가격에 상한선을 두었으며, 곧 경쟁이 시작됐다. 델리의 두 번째 면허가 크고 다각화된, 25년의 역사를 지닌 인도 회사 에사르Essar에게 돌아갔던 것이다. 육박전이 시작됐다. 그러나 에사르는 대기업 고객들을 얻으려고 한 반면, 에어텔은 범위를 넓혀 소기업들로 접근했고, 고정자산 투자를 커버하는 데 필요한 임계 고객수를 확보하기 위해 빠르게 움직였다. 그런 빠른 움직임에도 불구하고 미탈은 고삐를 단단히 쥐고 사업을 운영했다. 그는 비용을 낮추고 고객을 만족시키는 데 운영 규율이 핵심적이라는 점을 잘 알았기 때문이다. 그는 전화기 공급업체들로 하여금 전화기를 신용으로 판매하도록 설득함으로써 대차대조표를 방어했다.

바르티 에어텔이 고객에 초점을 맞춘 것은 옳은 선택이었고, 따라서 이 작은 신생 회사는 델리에서 에사르를 앞질렀다. 여기서 힘을 얻은 미탈은 정부가 '권역들circles'―본질적으로 지역들―을 입찰에 부쳤을 때 더 많은 면허를 얻으려고 노력했다. 그러나 이번에는 수백 명의 응찰자들이 면허를 얻으려고 다투었고, 이로 인해 가격이 치솟았다. 그 면허의 가치에 대한 미탈 자신의 계산에 따르면, 너무 높은 가격이었다. 그는 단 두 개의 면허만을 얻어 나왔다. 하나는 중부 인도에서 유선전화 서비스를 제공하는 것이었고, 다른 하나는 북부의 히마찰프라데시에서 이동전화 서비스를 제공하는 것이었다. 그는 외지고 인구가 희박한 산악 지역인 히마찰프라데시에 이동전화를 도입하는 것은 델리 시장에서 하는 것과는 매우 다를 것이라는 점을 알았다. 그러나 또한 그는 그런 한계 시장에서의 성공을 통해 대규모 사업에서의 입지를 구축할 수 있을 것이라는 점도 알았다. 주변부에서 학습하여 성공하는 것을 통해 그는 인구가 매우 밀집되어 있고 잠재적으로 수익성이 가장 높은 권역에서 승리할 준비를 할 수 있을 것이었다.

오래지 않아 새로운 지역들이 그의 수중으로 들어올 수 있게 됐다. 1990년대 말 이동전화 면허를 너무 높은 가격으로 낙찰받았던 몇몇 회사가 정부에 내야 할 부담스러운 지불금을 털어버리고자 스스로를 헐값에 기꺼이 매각했다. 미탈의 회사는 아직 수익을 내지 못했지만, 그는 믿을 만하고 효율적인 사업자로서 명성을 확고히 한 상태였다. 싱텔과 국제 사모펀드 회사인 워버그 핀커스Warburg Pincus를 포함한 재정적 파트너들이 계약서에 서명을 했다.

미탈은 자신의 회사를 두 가지 결정적인 차별점을 통해 많은 경쟁자들로부터 멀리 떼어놓았다. 첫 번째는 속도였다. 그는 델리 시장에서 네트워크를 먼저 구축하고 범위를 확대함으로써 에사르를 이겼던 것과 똑같이, 다른 경쟁자들이 움직이기 전에 새로운 네트워크와 새로운 애플리케이션, 가격에 대한 새로운 접근법을 내놓았다. "속도와 완성 사이에 끼여 있다면, 항상 속도를 선택하라. 그러면 완성은 따라오게 되어 있다"고 미탈은 말했다.[8] 두 번째 차별점은 고객 밀착이었다. 인도에서는 소비자 지형이 단일하지 않다. 소비자들의 생활양식과 소득, 인프라, 정부 주도성 혹은 그 주도성의 결핍이 주별로 확연히 다르다. 예를 들면 중서부의 구자라트에서는 주 정부 총리가 외국인 직접투자를 유치하고 다른 주들로부터 산업체를 끌어들이는 데 매우 강력한 주도력을 발휘하며, 민주적 틀 아래에서 신속한 집행을 위한 조직적 기구들을 가지고 있다. 그런 총리는 사업을 이해하고 경제성장을 창출할 의욕이 있으며, 그렇게 하기 위한 사회적 기구를 가지고 있다. 이와는 대조적으로 동부의 비하르는 3~4년 전까지만 하더라도 백주대낮에 범죄가 들끓었다. 비하르는 광물질을 비롯한 기타 천연자원 때문에 가장 부유한 주들 중의 하나지만, 법과 질서가 없다. 그 주는 산업체들을 끌어들이지 못했다. 사실 산업체들이 떠나고 있었다. 약 8년 전에 새로운 총리가 선출되어 질서를 회복하고 있어 산업체들이 점차 들어오고 있지만, 비하르는 아직 갈길이 멀다. 바르티는 이 시장에 진입하면서 현지 관리자들에게 의존했다. 이 현지 관리자들은 현지 사정을 이해하고 전략을 직접 운용할 능력이 있어야 했다.

인도 정부는 잇달아 정책을 바꾸었지만, 바르티 에어텔은 이에 적응했다. 2003년 인도 정부는 한 회사가 획득할 수 있는 면허의 수에 대한 제한을 철폐했는데, 이것으로 기업 합병의 고삐가 풀렸다. 추가적인 면허를 축적할 수 있었던 에사르와 타타, 릴라이언스 같은 자금이 풍부한 사업체들과 경쟁할 필요성 때문에, 미탈은 사업 감각을 발휘해 새로운 사업 모델을 창출해야 했다. 그런데 그 산업은 성장만 하고 있었던 것이 아니라 빠르게 변화도 하고 있었다. 반면에 가입자당 매출은 계속 낮았다. 그래서 다른 경쟁자들을 이기기 위해서는 가입자 수를 크게 늘려 규모에 도달해야 했다. 그러면서도 기본적 서비스에서부터 고부가가치 서비스에 이르기까지 고객들의 진화하는 욕구를 만족시켜야 했다. 그 통찰로부터 독특한 사업 모델이 창출됐다. 이 모델을 통해 미탈은 경영상의 초점을 좁히고 자신의 야심적인 비전을 위한 자본의 제약을 해소할 수 있었다. 그는 통신 시스템 전체를 다른 회사들에 외주를 주었는데, 정보 시스템은 IBM에, 네트워크 설치는 에릭슨과 노키아 지멘스(당시에는 지멘스)에 맡겼다. 그는 이것들을 위한 비용을 네트워크를 통해 들어오는 통화량에 근거해 지불했다. 즉 큰 고정비용을 가진 사업을 사용량에 따라 비용이 변하는 사업으로 전화시켰던 것이다. 에어텔의 큰 장점 중 하나는 언제나 그 날카로운 초점에 있었다. 인도 모델로 알려지게 된 이 혁신적인 모델은 그 초점을 더욱 날카롭게 만들었다. 이제 그 회사는 자신의 노력을 단지 통신에만이 아니라 특히 통신 고객들에 정확히 초점을 맞출 수 있었다.

인도 모델은 회사들이 정보 기술로 해온 그런 종류의 아웃소싱

과는 전혀 다른 완전히 새로운 개념이다. 이 접근법의 가장 창조적인 부분은 사업의 자본 집약도를 한 자릿수만큼 줄여주어 그 회사로 하여금 더 빨리 확장할 수 있도록 해준다는 점이다. 부품 제조 파트너들은 인프라에 투자하고 그것을 관리한다. 그들은 상당한 재정적 투자를 했고, 따라서 사업의 성패에 이해관계가 있는 사업 파트너들이다. 그렇기 때문에 그들은 성장의 재정적 과실을 공유하는 것이다. 만약 에어텔의 매출이 증가하면, 부품 공급자들은 더 많은 돈을 지불받는다. 반면 매출이 하락하면, 그들이 지불받는 돈도 줄어든다. 실시간 정보 교환과 매일 매일의 매출과 마진, 서비스의 조정은 이 장기적 관계에서 신뢰를 유지하는 데 필수적이다.

혁신적인 사업 모델 덕택에 바르티 에어텔은 야심적인 지도자에게 완벽히 걸맞도록 훨씬 더 큰 규모로 확장할 수 있었다. 미탈은《이코노믹 타임스》와의 인터뷰에서 이렇게 말했다. "싱가포르의 싱텔이 에어텔의 전략적 지분을 취득했던 2000년에도 우리는 35만 명의 고객밖에 가지고 있지 않았다. 당시 전 세계적으로 2,500만 이상의 고객을 가진 회사는 매우 적었다. 대상이 IBM이든 에릭슨이든 노키아 지멘스든, 우리가 했던 모든 아웃소싱 거래는 2,500만 고객을 가진 회사가 된다는 이 원대한 꿈을 실현하는 데 도움이 되어야 했다. 그러나 우리는 이 목표에 도달했을 때 새로운 목표를 세웠고, 최초로 1억 명의 고객도 가능하다고 생각했다. 우리는 이 1억 명 목표도 원래 계획했던 것보다 1년이나 앞당겨 달성했다."[9]

2000년대 초 인도 전역으로 확장한 바르티 에어텔은 최초로 인도를 넘어 스리랑카와 방글라데시로 지리적 확장을 하면서도 고객 중심과 운영의 효율성을 계속 추구했다. 이 회사는 새로운 지역에 진입할 때마다 그 성공의 씨앗이었던 사업 모델-정보 시스템을 운영하고 물리적 인프라를 구축하기 위해 파트너에 의존하는 것과 고객에 최대한 집중하기 위해 현지 관리자를 활용하는 것-을 강화하면서 운영과 관리, 마케팅 규모를 더욱 키웠다.

자인을 얻기 위한 거래, 즉 한 번에 아프리카 15개국의 통신 자산을 매입할 때 미탈은 이미 입증된 똑같은 방법을 사용했다. 즉 IBM과 노키아 지멘스를 아프리카에도 파트너로 데려갔던 것이다. 바르티 에어텔의 남아시아 부문을 이끌어온 인도의 전문가 마노지 콜리 Manoj Kohli가 그 회사의 국제 사업부 담당 최고 경영자가 되지만, 아프리카는 대체로 아프리카인에 의해 운영될 것이었다. 업계 관측자들은 아프리카의 이동전화 사업은 관리하기 힘들고 너무 많은 손해를 끼칠 것이며, 게다가 바르티 에어텔은 자국 내에서의 경쟁도 신경써야 할 것이라고 생각했다. 그러나 미탈은 자신의 입증된 효율성과 고객 중심 전략에 기대를 걸고 있었다. 그리고 그는 아프리카에서의 성공이 세계 첫 번째나 두 번째가 되려는 궁극적 목적을 향한 거대한 일보가 될 것이라고 생각했다.

아프리카에 대한 바르티 에어텔의 야망은 거대했다. 아프리카에서 4,200만 명의 가입자와 36억 달러의 연 매출로부터 2013년에는 가입자 1억 명과 연 매출 50억 달러를 기록한다는 것이었다. 은행들은 비판적이지 않았다. 사실 은행들은 바르티 에어텔의 사업 모델에 만족했다. 은행들은 에어텔의 사업을 가파른 성장곡선의 바닥에 있는 통신사업 기구로 보았고, 이것에 신용을 기꺼이 연장해주려고 했다. 나는 지난 50년 동안 수닐 미탈과 같은 유형의 경영자-회사의 창업자이자 대주주이며 회장-가 자신의 최고 경영진 중의 한 명을 새롭게 인수한 훨씬 더 작은 사업체를 위해 새로운 지역으로 파견한 예를 떠올릴 수 없다. 그런데 콜리는 자원했다. 그 임무가 그를 자극하고 폭을 넓혀주며 귀중한 지구적 사업 경험을 제공할 것이기 때문이었다.

콜리는 바르티 에어텔의 인도와 방글라데시, 스리랑카 사업들을 이끌었고, 실행 과정의 모든 세부 내용을 알고 있었다. 그는 구자라트에서 통하는 것이 비하르에서도 반드시 통하지는 않을 것이라는 점을 알았다. 그래서 그는 열린 마음으로 15개(지금은 17개) 아프리카 시장 각각에 대한 올바른 접근법을 이해하려고 노력했다. 그리고 그는 인도에서의 주요 경쟁자인 보다폰과 같은 북반구 회사들의 사고 방식도 이해하고 있었다. 그가 얼라이드 시그널과 하니웰에 근무하면서 그 두 회사의 전설적인 CEO였던 래리 보시디Larry Bossidy에게서 배웠기 때문이다. 또한 그는 모든 기본 원칙을 잘 알았기 때문에 아프리카의 각 시장에서 구체적인 전략들(가격 책정, 운영, 고객에 대한 접근, 개별 정부들을 상대로 일하기, 서비스 혼합)을 수정하면서 즉흥적인 대응을 해나갈 수 있었다.

콜리는 새로 인수한 회사를 장악하는 데 한순간도 낭비하지 않았다. 이렇게 하기 위해서는 각국의 구체적 사정을 배워야 했다. 그는 이렇게 말했다. "우리는 그 일을 신속히 하려고 했다. 많은 경우에 통합의 효과는 2~3년 후에 나타난다. 우리의 경우에 그 효과는 몇 달 만에 시작됐다. 우리가 처음부터 방향을 올바로 설정했기 때문이다." 그것은 하나하나 우리 자신이 직접 해나가야 하는 과정이었다. "우리는 두 가지 이유에서 컨설턴트들을 의식적으로 배제했다. 첫째로, 이 모든 컨설턴트들이 10년이나 20년 동안 아프리카에서 일해왔지만, 그렇다고 해서 그들이 미래를 알 수 있는 것은 아니었다. 둘째로, 우리는 우리의 눈과 귀로 직접 경험하고 스스로 실수를 해보고 싶었다. 바로 그렇게 함으로써 우리는 복잡성과 현실을 알게 될 것이었다." 또 그는 이렇게 덧붙였다. "우리는 우리가 알고 있던 많은 것들을 잊어야 할 것이다. 과거의 성공이 미래의 성공을 보장해주는 것은 아니기 때문이다."

인수가 결정된 지 일주일 만에 그 회사는 우간다 수도 캄팔라에서 100명의 최고위 아프리카 지도자들을 불러 모았다. 미래에 대한 비전을 공동으로 수립하고, 다음 질문에 대한 해답을 찾기 위한 행사였다. 그런 질문 중 하나는 "당신은 얼마나 오래 여기 있을 것인가?"였다고 콜리는 말했다. 그 회사는 이전 10~15년에 걸쳐 다섯 번이나 인수되고 양도되었기 때문에 많은 걱정과 냉소주의가 있었다. 회의가 끝났을 때, 그 비전은 단지 에어텔의 방향뿐만 아니라 에어텔의 약속에 대해서도 다음과 같은 명확한 진술을 담았다. "바르티는 2015년에 아프리카인들의 일상생활에서 가장 사랑받는 브랜드가 될 것이다."

아프리카에서는 여행하기가 매우 어렵다. 예를 들어 인접국으로 가려면 파리나 두바이를 경유해야 한다. 이런 상황에도 불구하고 콜리는 두 달 동안 아프리카 지역을 돌아다녔다. 그는 각국의 대통령과 총리, 다양한 장관과 통신 규제자들을 포함한 최고위 정부 관리들을 만났고, 이들에게 바르티의 서비스가 아프리카의 경제 발전에 어떻게 기여하고, 사람들의 삶을 어떻게 더 좋게 만들 것인지를 열정적으로 설명했다. 그는 각국의 바르티 사무실을 방문해 가능한 한 많은 직원들을 만나 악수를 하고 질문에 대답했다. 그래서 현지 사람들은 '그가 어떤 사람인지' 알 수 있었다.

바르티는 중동으로 되돌아간 몇몇 자인 사람들을 제외하고는 대다수의 원래 직원들을 제자리에 그대로 두었다. 몇몇 인도 지도자들이 투입되었지만, 이들은 6,500명의 직원들 중에서 100명도 채 안 되는 숫자였다. 최고 경영진의 약 85퍼센트가 아프리카인이었다. 콜리는 최고 관리자들과 나란히 앉아 그들에게 다음 3개월을 위한 성장 계획을 준비하고 좀 더 장기적인 전략에 착수하라고 지시했다. 그리고 이렇게 말했다. "아프리카에서는 전략을 개괄적으로 수립할 수 없다. 각각의 시장에 맞춤형으로 수립해야 한다. 인도라고 부를 만한 것이 없는 것과 똑같이 아프리카라고 부를 만한 것이 존재하지 않는다. 나라들 안에서도 너무나 많은 차이가 존재한다. 만 개의 언어가 존재하고, 국가별로 평균 4개의 언어가 있으며, 1,000개의 민족 집단이 있다. 각각의 나라에 완전히 새로운 사고방식을 적용해야 한다." 그럼에도 불구하고 모든 국가의 관리자들은 특정한 공통된 원칙을 갖게 될 것이었다. 콜리는 다음과 같은 항목들로 그 원칙을 확인했다. "양보할 수 없는 회사의 기본적 윤리와 가치들. 사람들을 존중하고 서로 다른 문화에 대해 민감한 태도를 취하는 우리의 문화. 시장에서는 매우 공격적일 것. 알맞은 가격 정책과 작은 마을 및 농촌 지역들로의 깊숙한 침투, 그리고 전화·인터넷·송금─특히 송금은 아프리카인의 95퍼센트가 은행을 이용할 수 없기 때문에 중요하다-의 세 가지 독특한 성장 경로를 목표로 할 것." 마지막으로 그는 언론은 물론, 유통업자들을 포함한 기타 이해관계자들을 만나 그들에게 바르티의 투자 계획을 자세히 설명했다(그리고 인도인들이 인색할 정도로 비용을 깎는 것으로 유명하다는 부정적 편견을 불식시키려고 노력했다).

한 달 후 두 번째 여행을 위해 돌아온 그는 이렇게 말했다. "나는 내가 했던 말을 그들에게 더욱 확실하게 전달하고 이해시키기 위해 돌아왔다. 그렇지 않으면 우리는 수면을 한 번 스치고는 결코 되돌아오지 않는 갈매기와 같은 존재가 될 것이다. 우리는 훨씬 더 큰 성공을 위해 그들을 지지해줄 것이고, 이 점을 그들에게 확실히 알게 하고 싶었다." 그 회사는 언제나 장기적 관계를 위한 기초를 놓고 신뢰를 형성하고 있었다.

바르티의 아프리카 피고용자들은 다양한 운영 부문을 파트너들에게 분할해주는 그 회사의 독특한 사업 모델에 대해 처음에는 당황했다. 그들 중 일부는 지금 IBM과 에릭슨 또는 화웨이를 위해 일하고 있겠지만, 그들은 이것을 싫어했다. 그래서 바르티는 아프리카 직원들이 여전히 바르티 에어텔 가족의 일부로 남을 것이라고 설명했다. 그리고 그들의 걱정을 덜어주기 위해 바르티는 만약 그들이 다른 회사에서 일하는 것이 싫으면 에어텔로 돌아와도 된다는 편지를 그들에게 보냈다. "우리는 사안별로, 파트너별로 그들과 일했다. 지금까지 어느 누구도 우리에게 돌아오기를 원하지 않았다"고 콜리는 말했다.

비즈니스 모델 자체와 콜센터, IT, 분배, 조직 설계 모두 '아프리카화했다.' 예를 들면 바르티는 원래 세 개 콜센터, 즉 프랑스어권 아프리카와 나이지리아, 그리고 나머지 영어권 아프리카를 위한 각각의 콜센터를 계획했었다. "그것은 틀렸다. 우리는 몇 달 안에 많은 다양한 언어의 존재와 지역적 연계성의 결핍, 그리고 규제 문제 때문에 그것이 바뀌어야 한다는 것을 알았다. 오늘날 우리는 모든 나라에 콜센터를 두고 있고, 세 개의 파트너가 이것을 운영한다. 점차 우리의 공급자들은 은행과 다른 통신 회사들 같은, 다른 고객들도 확보했다. 그래서 우리가 새로운 서비스 부문을 창출했다고도 할 수 있다."

2011년 말경에 시작된, 그 회사가 말하는 두 번째 단계 속에서 각국 인재들의 질을 높이기 위한 기술 훈련 프로젝트를 출범시켰다. "예를 들면 차드는 북아프리카에 있고, 그 나라의 절반은 사막이다. 그런데 사람들이 기술을 습득하기가 어렵다. 그래서 우리는 그 나라 정부에 우리가 인재를 키울 것이라고 약속했다. 그리고 우리는 IT와 네트워킹, 금융, 마케팅에서 그 일을 하고 있다. 많은 훈련과 오리엔테이션 교육을 시키며, 우리가 거기서 하는 일을 자신의 눈으로 볼 수 있도록 사람들을 몇 주간 인도에 보내는 일을 하고 있는 것이다. 그들은 엄청나게 동기가 부여되어 돌아왔다."

델리의 본사는 예산과 고위 지도부 임명, 핵심 계약직이나 장기 지도자들의 계약 만료를 승인한다. 그리고 재무와 인사관리 직원들이 변화 과정을 지원하는 데 도움을 주고, 운영은 분기별로 두 번씩 검토된다. "그 이외의 경우에는 아프리카인 팀에 권한을 부여한다"고 콜리는 말한다.

바르티의 아프리카 사업이 정리되기까지는 그 회사가 예상했던 것보다 훨씬 더 많은 시간과 돈이 들었다고 콜리는 솔직히 인정하고 있다. "우리는 중요한 목표인 순이익을 아직 거두지 못했다. 인재 개발을 완료하기에는 한 해 정도 더 걸릴 것이다. 우리의 브랜드 점수는 개선되고 있지만, 그 브랜드는 우리가 원하는 위치를 점하고 있지 않다. 우리는 각 국가와 각 프로젝트, 각 기능, 시험 서비스들을 검토한다. 그 메커니즘은 성공 요인의 측면에서 매우 정확하다. 우리가 촉발한 변화는 상당 부분 완료됐다. 그 영향은 이제 분기별로 나타날 것이다."

바르티는 가장 두드러진 성공을 거둔 케냐를 비롯한 네 개의 시장에서 승리를 거두고 있다. 그리고 5억 명의 추가 잠재 고객을 지닌 나머지 아프리카 대륙으로 확장해갈 태세를 갖추고 있다. 2012년 중반 이 회사는 나이지리아를 포함해 아프리카에서 가장 큰 3G 네트워크가 되기 위해 모든 시장에서, 세계에서 가장 빠른 3G 기술 - HSPA plus-을 출시했다.

아프리카에서의 성공을 통해 바르티는 진정으로 전 지구적 모습을 갖추고 있다. 2012년 11월 현재 2억 6,000만 명의 고객을 지닌 바르티는 고객 수 기준으로 네 번째 이동전화 사업자다. 시가총액이 늘어나면서 바르티는 기업 인수를 통해 규모를 더욱 확대할 수 있게 될 것이다.

내가 '남반구의' 기업과 지도자들의 특징을 설명하는 것은 물론 일종의 일반화다. 성공과 실패는 모든 곳에서 매우 다양한 이유로 일어난다. 그러나 내가 종종 그러하듯이, 실제로 남반구에 가보면 남반구 기업들이 북반구의 많은 기업들은 아직 하고 있지 않거나 심지어 인식하지도 못하는 방식으로 움직이고 있다는 나의 관찰을 직접 눈으로 확인할 수 있다. 남반구 기업들은 기본적인 사업 기술과 더불어 창조적인 전략과 사업 모델을 사용하고 있다. 남반구 기업들이 실패할 수 있을까? 물론 실패할 수 있다. 그들이 과도한 욕심을 낼 경우나 야망이 너무 거창해서 그들의 내적인 자원과 일치하지 못할 경우, 그리고 다른 누군가가 게임을 바꾸어놓고 있다는 조기 경보 신호에 둔감할 경우에 실패할 수 있다. 혹은 그들이 너무 안이해져서 실행 과정을 소홀하게 방치할 경우에도 실패할 수 있다.

다른 기업들에게 중요한 핵심은 그런 실패를 기다리는 것이 아니라, 기술과 정부, 인구통계, 디지털화의 장기적이고 막을 수 없는 추세가 일으키고 있는 구조적 변화에도 불구하고 일부 지도자들은 경로를 찾고 있다는 점을 아는 것이다. 그 지도자들은 10~20년을 내다보며 매우 다른 경쟁의 풍경을 상상하고, 이에 그들이 어떻게 참여할 수 있는지를 이해해나가고 있다. 그들은 자신들의 성장 잠재력에 비추어볼 때 어느 분야가 가장 매력적이고, 그 분야에서 성공하려면 무엇이 필요한지를 고려한다. 그들은 크게 생각하고 각각의 새로운 성공을 통해 다음의 큰 기회를 추구할 자신감을 쌓는다.

여러분도 똑같은 세계 속에 살고 있다. 여러분은 자신의 회사가 성공할 미래를 상상할 똑같은 능력과 똑같은 자신감을 가지고 있는가? 여러분은 이것을 위해 열심히 일할 의지가 있는가? 다음 장들에서는 전략에 관해 왜 달리 생각할 필요가 있는지, 여러분의 지도력이 왜 바뀌어야 하는지, 축의 이동에 적응하도록 여러분의 조직을 어떻게 변화시켜야 하는지에 대해 설명한다. 마지막 장에서는 성공을 거두고 있는 북반구 세 기업을 소개하고, 전략과 지도력, 조직, 실행의 올바른 조합을 가진 기업이라면 어떤 기업도 축의 이동 속에서 승리할 수 있다는 것을 입증할 것이다.

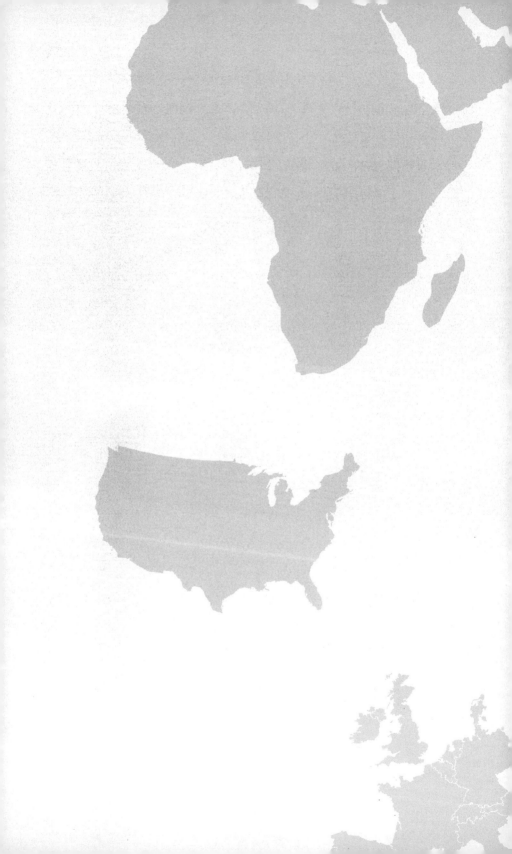

제 2 부

우리는 무엇을
준비해야 하는가

THE GLOBAL TI

WESTERN
EUROPE

USA

JAPAN

THE ECONOMIC TILT

MIDDLE
EAST

CHIN

MEXICO

INDIA

SUBSAHARAN
AFRICA

INDONESIA

BRAZIL

SOUTH AFRICA

제4장

축이 이동하는
세계에서의
성공 전략

다음과 같은 몇 가지 큰 숫자에 대해 생각해보자.

지난 10년간 세계 경제에 10억 명의 새로운 소비자들이 추가됐다. 여기에 다음 10년에 20억 명의 소비자가 새롭게 추가될 것이다. 다음 10년에 연 2조 달러(몇십억 달러의 차이가 있을지라도) 규모의 새로운 경제성장이 일어날 것이다.

수년간의 바싹 마른 성장의 건조 지대를 힘겹게 통과한 후 당신은 모래언덕 위에 서서 이 거대한 기회의 호수를 내려다보고 있다. 이제 당신은 이 기회의 호수에 티스푼을 들고 갈 것인가, 아니면 양동이를 들고 갈 것인가?

이것은 풀기 어려운 문제가 아니다. 북반구의 많은 기업인들은 작게 생각하도록 조건 지어져왔다. 이는 그들이 볼품없는 시장에서 한계적 이득을 두고 다투어왔기 때문이다. 이 습관을 버리지 않는다면, 그들은 티스푼을 들게 될 것이다. 과감하고 야심적으로 생각하는 사람들만이 양동이를 가져가게 될 것이다.

1980년대와 1990년대, 그리고 2000년대 초에 비록 사업 환경이 꾸준히 불안해져갔음에도 불구하고 주류 기업들은 여전히 핵심 역량을 보유하고 이것을 새로운 시장들로 창조적으로 확장하면서 점진적 변화를 통해 생존할 수 있었다. 그러나 전 지구적 축의 이동이라는 맥락 속에서 점진적 변화를 추구하는 것은 성공에 이르는 믿을 만한 경로가 아니다. 금융 붕괴에 의해 야기되었고 지금도 진행 중인 후퇴를 고려하더라도, 인간의 상상력과 욕구, 투명하게 드러나는 전 지구적 상호 연계성은 다음 10년 동안 연 3퍼센트 이상의 전 지구적 GDP 성장을 가능하게 할 것이다. 또한 그 10년의 말에는 세계 경제의 총 규모가 대략 85조 달러에 달할 것이다.

양동이를 들어라. 그리고 당신의 사업 방식을 변화시킬 태세를 갖추라. 전략의 수명은 점점 더 짧아지고 있고, 새롭고 창조적인 사업 모델이 부상해 낡은 것들을 쓰레기 더미로 보내고 있다. 당신의 사업 모델이 어떤 것이든, 일정한 시점이 되면 그것은 낡아 현실성을 잃게 될 것이며, 새로운 경쟁자들과 새로운 기회들에 비해 가치를 잃게 될 것이다. 그리고 그 순간은 아무런 사전 징후도 없이 갑자기 찾아올 수 있다. 예를 들면 2006년까지 이동전화 업계의 주도적인 강자였던 노키아와 리서치 인 모션의 역전된 운명을 생각해보라. 이 글을 쓰는 현재 −그들의 지배가 보장된 듯이 보였던 때로부터 채 6년도 지나지 않은 − 두 회사 모두 새로운 사고와 더 나은 기술을 가지고 시장과 더 가까이 접촉하고 있는 경쟁자들에게 두들겨 맞고 심각한 곤경에 빠져 있다. 그들을 되살리려는 최후의 노력도 너무 늦었을 것이다.

게임에서 앞서기 위해서는 더욱더 새로운 사고가 필요하고 혁신-당신 자신의 것과 다른 사람들의 것-에 더욱 주의를 기울이며 시야를 확장할 필요가 있다.

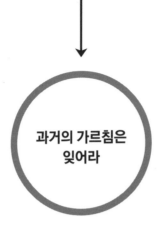

과거의 가르침은
잊어라

오늘날 지도력의 가장 중요한 정신적 기술은 장기적이고 대규모적인 기회를 파악할 능력과 그 기회를 현실로 전환시킬 역량이다. 많은 지도자들에게 문제는 이 새로운 경로 변경이 그들이 자기 이력의 상당한 기간 동안 배워온 가르침, 즉 '본업에 충실하라', '핵심 역량을 유지하라'와 같은 가르침과는 완전히 다른 길로 이끈다는 것이다. 그리고 우리가 보게 되겠지만 그 가르침은 투자자들의 정신에도 주입되어왔다. 그 결과 이들은 단기적인 재무 실적을 나쁘게 만들 수도 있을 과감한 모험을 비관적으로 바라보게 됐다.

1990년대 조직의 독특한 강점을 설명하기 위해 프라할라드 C. K. Prahalad와 게리 하멜Gary Hamel이 도입한 '핵심 역량core competency'이라는 개념에 의지해 많은 지도자들은 그들 자신의 사업에 집중할 수 있었다. 특히 이 개념은 부가가치가 없는 활동이나 기업이 특별히 잘하지 못하는 분야에 자원을 투자하는 문제를 해결하는 데 도움이 됐다. 1990년대 아웃소싱 추세를 이끈 것은 대체로 이런 종류의 사고방식이었다. 이런 사고방식에 의해 기업들은 다른 기업들이 더 잘할 수 있는 활동들을 잘라냈다. 이와 똑같은 생각에서 베인 앤드 컴퍼니의 파트너인 크리스 주크Chris Zook는 회사의 핵심 사업을 보존하고 강화하는 것의 중요성을 정리했다. 주크의 연구는 지도자들이 자신들의 핵심을 보지 못할 때 그 결과로 일어나는 많은 실패를 열거하면서 회사들이 과소 활용되는 핵심 강점들을 증강시킴으로써 성장 잠재력을 분출시킬 수 있다고 설득력 있게 주장하고 있다.

프라할라드와 하멜, 주크가 발전시킨 이런 개념들은 기업 전략과 사업부 전략을 설계하고 개발하는 데 광범위하게 사용되고 있다. 이 개념들은 점진적 성장을 위한 믿을 만한 안내자이기는 하지만 결함이 있다. 이 개념들로 인해 지도자들은 내부로 초점을 맞추고 기존 역량을 강화하는 쪽으로 기울어지게 됐다. 이 내적 지향을 고집하면 핵심 사업에 대한 심각한 위협들 – 새로운 역량을 필요로 할 수도 있을 – 을 못 볼 위험에 빠질 수 있다. 내가 보기에는 일반적인 전략 수립은 기본적으로 내부에서 외부로 백미러를 통해서 보는 접근 방식인데, 이것은 너무나 자주 대규모 변화의 필요성이나 기회를 놓치게 만들 수 있다.

코닥이 전형적인 사례다. 1990년대 말 코닥은 중국으로 필름 사업을 확장했다. 중국은 미개척 시장이었지만 당시의 CEO 조지 피셔 George Fisher는 매력적인 시장이라고 판단했다. 그 당시에는 중국의 구석구석까지 접근하기는 사실상 불가능했지만, 피셔는 중국 국유 기업과 성省 정부, 시 정부, 정부 부처와 위원회들, 은행 등과 관계를 맺기 위해 지칠 줄 모르고 일했다. 심지어 그는 1998년 중국 총리가 된 주룽지의 테니스 파트너가 되기도 했다고 말했다. 결국 문이 열렸다. 1998년 코닥은 중국에서 필름, 종이, 광화학 제품을 생산, 판매하기 위해 두 개의 합작회사에 12억 달러를 투자하기로 약속했다. 현명하게도 피셔는 현지 파트너에게 사업 자산에 대한 대가로 소수 지분을 주고 코닥이 운영 통제권을 확보하는 방식으로 합작회사를 설립했다. 정치적 위험에도 불구하고 코닥은 획기적인 진전을 이루어나가고 있는 것으로 보였고, 투자자들도 승인했다.

그러나 중국 사업이 코닥의 핵심 사업을 확장시키기는 했지만 디지털 사진으로의 이행이라는 더 큰 문제를 해결하는 데는 아무런 기여도 하지 못했다. 코닥은 1970년대 이래 디지털 기술을 개척해왔다. 일찍이 코닥은 1975년에 조악하나마 디지털 카메라의 원형을 가지고 있었고, 1990년대 중반에 애플이 퀵테이크 100 디지털 카메라를 개발하도록 도와주었다. 그러나 디지털 기술에서의 경쟁은 전혀 다른 게임이었고, 코닥의 핵심 사업을 위협하는 게임이었다. 일례로 코닥은 필름 사업에서와 같은 식으로 디지털 기술 분야를 지배하지 못했고, 수많은 경쟁자들-어떤 계산에 따르면 599개-중의 하나였을 뿐이다.[1] 또 그 시장은 예측하기 훨씬 어려웠고, 마진도 훨씬 더 낮았다. 한 전직 임원의 말에 따르면 전통적 사업에서의 총 마진은 무려 75퍼센트였다.

증권 분석가들은 그 회사를 그때 당시의 모습 그대로 좋아했다. 수익이 매우 높았기 때문이다. 나중에야 비로소 그들은 코닥이 디지털로 더 빨리 이행했어야 했다는 점을 알았다. 코닥의 오래된 직원들도 현상 유지를 원했고, 디지털 팀에 대해 적대적 태도를 보이기까지 했다.[2] 그래서 피셔는 디지털 이미지 처리가 점점 더 중요해지고 있다는 것을 인식했지만, 조직적 저항과 월스트리트의 근시안이라는 현실에 막혀 다른 좀 더 급진적인 전략적 모험을 하지 못했던 것 같다. 그 결과 옛 사업이 너무나 오랫동안 자원과 경영상의 관심을 받았다. 뒤늦게나마 디지털로의 이행을 가속화하려고 했지만 코닥의 쇠퇴를 막을 수 없었고, 마침내 2012년 1월 개척자적 유산을 지닌 이 위대한 혁신 기업 – 한때 전 세계적으로 존경받는 브랜드였고, 1,000개 이상의 디지털 이미지 처리 특허를 보유한 – 은 파산을 신청했다.

축의 이동은 더욱 많은 능력들을 낡고 쓸모없게 만들 것이고, 이에 따라 많은 불행한(반드시 가슴 아프지만은 않은) 이야기들이 나타날 것이다. 그러나 낡고 한계적인 것이 되고 있는 핵심 역량을 쳐낼 용기와 절제력을 지닌 기민한 지도자들은 그 이행을 성공적이고도 심지어 수익성 있게 이루어낼 수 있다. GE의 최고 경영진은 사우디아라비아 민·관 합동 회사인 사빅의 플라스틱 분야 진출이 경쟁 구도를 근본적으로 뒤바꿔놓을 것이라고 예견했다. 플라스틱 분야는 전 CEO 잭 웰치와 현 CEO 제프 이멀트Jeff Immelt, 전 부회장 존 크레니키John Krenicki와 존 오피John Opie 같은 걸출한 최고 경영진자들이 거쳐간 GE의 수익성 있는 핵심 사업이었다. 그러나 이들이 그 사업을 냉철한 눈으로 보는 데 수익은 물론 감성도 방해물이 되지 못했다. 그들은 다가오는 경쟁과 범용화를 고려할 경우, 그 사업부가 지닌 핵심 역량들 중 하나는 더 이상 차별화되지 않을 것이라고 인식했다. 그들은 장래의 전 지구적 경쟁을 위해 그들의 포트폴리오를 개편해 플라스틱 부분을 약 110억 달러에 사빅에 매각했다.

축의 이동은 최전선의 관리자들에서부터 CEO에 이르기까지 모든 지도자들이 전혀 새로운 시각을 가질 필요성을 창출한다. 다시 말해, 그 지도자들은 사업을 '밖에서 안으로'의 시각, 즉 다른 어딘가에 있는 지도자의 시각으로 보고, 전 지구적 변화를 자신의 근저에 있는 가정이나 경험 법칙에 오염되지 않는 시각으로 보아야 한다는 것이다. 당신의 사업과 무관해 보이는 힘들이 어떻게 상호작용하고 결합되어 당신이 속한 산업이나 회사에 기회와 위협을 창출하는지를 이해하려면 신선한 시각으로 세계를 보아야 한다. 즉 어떤 면에서는 곁눈질로 보아야 한다. 당신의 사업 모델이 무엇이든, 그것은 어느 지점에서 새로운 경쟁자들과 새로운 기회들에 대해 시대에 뒤진 낡은 것이 될 것이다. 그 지점에서 그 사업의 가치는 급격히 하락할지도 모른다. 만약 당신이 밖에서 안으로의 시각으로 열심히 관찰한다면 당신이 이행하기에 딱 맞는 시점이 언제 다가올지 알게 될 것이다. 그 시점은 조만간이 될 수도 있고, 몇 년 후가 될 수도 있다. 또 당신은 쇠퇴를 방지하기 위해 생산 라인을 축소하고 사업부를 매각하거나 사업 모델을 혁신하는 등과 같은 급진적 조치를 언제 취해야 할지를 알게 될 것이다.

밖에서 안으로의 시각은 위협뿐만 아니라 기회를 탐지하는 데에도 도움이 될 것이다. 이런 기회와 위협들은 종종 거시적 추세로부터 잘 드러나지 않는다. 그것을 드러내려면 무언가 2차적 사고가 필요할지도 모른다. 예를 들면 중국은 그들이 지배하기를 원하는 특정 산업을 표적으로 삼는다는 점을 우리는 알고 있다. 그래서 이들과 정면으로 맞서 싸우기를 피해야 한다는 점도 거의 확실히 알 수 있는 것이다. 그러나 당신이 그것에 편승할 수는 없을까? 그런 산업들은 무슨 자원―원료, 에너지, 혹은 인재―을 필요로 하고, 중국은 이 자원들을 어떻게 얻을 것인가? 만약 기술이 필요하다면 중국은 더 많은 외국 기업들이 들어오도록 허용할까? 또 그것은 북반구 기업들에게 어떤 기회를 창출할까?

이 시나리오는 지금 연간 약 1,800만 대가 팔리는 중국의 자동차 산업에서 나타나고 있다. 중국의 목표는 향후 20년 안에 생산을 연간 3,600만 대로 끌어올리는 것이다. 중국은 이 목표를 달성하기 위해 자동차 부품들을 절실히 필요로 하고, 따라서 통상적인 엄격한 기술이전 요구 없이 부품 공급업체들이 중국에 투자하도록 허용하고 있다. 이것은 부품업체들이 안에서 밖으로의 시각으로는 보지 못할 거대한 성장의 기회다. 그러나 델파이는 밖에서 안으로의 시각으로 보았고 그 기회를 일찍 포착했다. 오늘날 델파이는 중국에 16개의 100퍼센트 소유 및 합작 공장―델파이가 최대 자본과 경영권을 지닌―과 두 개의 연구소와 개발 센터를 보유하고 있다. 델파이는 증대하는 수요에 맞추기 위해 그 공장들의 생산능력을 확대할 계획이고, 여러 개의 새로운 공장을 고려하고 있다.

밖에서 안으로의 시각만큼 똑같이 중요한 것이 '미래로부터 돌아보기' 시각이다. 이 시각은 당신이 세계를 평가하고 향후 20년 안에 어떤 경쟁의 풍경이 펼쳐질지를 상상할 때, 당신의 시계를 확장해야 한다는 뜻이다. 이렇게 시계를 확장해본 다음, 그것이 현재에 어떤 의미를 지니는지를 고려해야 한다. 예를 들면 20년 후에는 미국보다 중국에 더 많은 자동차가 있을 것이고, 시장의 세분 구조가 변화되어 있을지도 모른다. 그리고 그러한 자동차들의 다수는 도시 중심부에 있을 것이다. 즉 한 추산에 따르면 한 도시에 약 2,000만 대만큼이나 많은 자동차가 있을 것이다. 그렇다면 이것은 배터리 구동 자동차를 위한 동력을 창출할 것인가? 또 배터리를 위한 핵심 부품들은 어디에서 올 것인가? 미래에 대한 이런 그림으로부터 시장의 규모와 특징을 생각해보라. 당신은 어디에 있기를 원하는가? 그런 다음 현재로 되돌아와 거기에 도달하기 위해 무엇을 해야 하는지를 연구해야 한다. 특히 현재 있는 지점에서 원하는 위치에 도달하기 위해서는 어떤 역량을 길러야 할지를 고려하라. 동시에 당신 회사가 지금 가진 역량 중에서 무엇이 미래에 가치를 잃게 될지를 고려하라. 예를 들면 범용화된 재료들과 관련한 설계 전문성 같은 것 말이다. 간단히 말해 미래로부터 돌아보기 시각은, 당신이 현재 가지고 있는 핵심 역량에 초점을 맞추고 이 역량을 새로운 영역─보통 회사의 현재 고객 기반의 또 다른 세분 시장에서 사용될 수 있는 브랜드와 같은 인접 시장들─으로 확장할 방법을 찾는 것과는 정반대의 시각이다.

밖에서 안으로와 미래로부터 돌아보기 시각 없이는 축의 이동 속에서 당신의 경로를 분명히 밝힐 수 없다. 이것은 어떤 회사가 그 핵심 역량을 버리라는 뜻이 아니다. 오히려 시야를 넓히면 당신의 회사가 조만간 더 큰 규모로 변화할 필요가 있다는 점을 잘 볼 수 있다는 뜻이다. 필요한 새 역량을 형성하고 낡은 것을 제거하는 일에 실패한다면, 오늘날의 변화 속도를 고려할 때 당신은 흔적도 없이 사라지게 될 것이다. 당신은 기존의 강점과 점진적 변화만으로는 충분하지 않다는 점을 인정할 용기가 있는가? 즉 새로운 방향과 강조점의 큰 이동, 혹은 당신 회사가 가지고 있지 않은 역량 등이 필요할 것이라는 점을 인정할 용기가 있는가? 또 당신은 새로운 역량을 위한 여지를 창출하기 위해 예전의 역량을 버릴 의지가 있는가? 축의 이동 속에서 성공을 거두기 위해서는 더 폭넓게 생각할 필요가 있을 뿐만 아니라 좀 더 단호하게 움직일 필요도 있다. 당신은 언제든 큰 움직임을 취할 태세가 되어 있어야 한다.

전략적 모험이
필요하다

전략적 모험이란 회사와 산업, 그리고 때로는 다른 산업들을 뒤흔들 잠재력이 있는, 크고 과감한 움직임이다. 이러한 움직임의 목적은 회사를 하강 궤도에서 벗어나게 하거나 새로운 성장 궤도에 올려놓는 것, 혹은 그 두 가지 다이다. 그런 움직임은 상당한 위험을 수반하는 게임 체인저이다. 그 움직임의 성과가 불확실하기 때문에 그것들은 거의 언제나 불안을 일으키고 저항-대개는 월스트리트-에 부딪힌다. 사실 당신이 위험에 직면해 압박을 느낄 때, 당신은 전략적 모험을 하고 있다는 것을 안다. 축의 이동 속에서 성공하기 위해서는 당신은 공격적 이유에서든 방어적 이유에서든 그런 모험을 할 적절한 때가 언제인지를 알아야 한다. 이것이 바로 밖에서 안으로와 미래로부터 돌아보기 시각이 가치 있는 생존 도구가 되는 지점이다. 당신은 모험뿐만 아니라 그런 모험을 할 때 당신이 받게 될 비난과 도전을 견딜 강인함이 필요할 것이다.

그것이 바로 다우 케미컬의 CEO 앤드루 리버리스Andrew Liveris 가 2008년 7월 롬 앤드 하스의 인수에 사활을 걸면서 보여준 것이다. 리버리스는 화학 산업에서 태동하고 있던 변화를 보았다. 또 그는 밖에서 안으로와 미래로부터 돌아보는 시각을 통해, 조만간 경기장이 다우의 오랜 강점들에 불리한 방향으로 기울어질 것이라는 점도 깨달았다. 수십 년 동안 다우 케미컬은 원유를 가공해 일련의 석유화학제품을 만든 다음, 여러 산업에 판매하는 범용 화학 산업의 지배적 사업체였다. 그러나 아시아와 중동의 새로운 사업체들이 그 산업에 진입하고 있었다. 동시에 석유 생산자들이 자신들의 원유를 가공하는 사업에 관심을 보이고 있었다. 리버리스는 사우디아라비아 정부가 대주주로 있는 사빅 같은 직접적 경쟁자가 사우디아라비아 석유 생산자들의 수직적 통합 충동과 어떻게 결합하게 될지를 상상했다. 그는 원유에 대한 접근성과 가격 결정상의 우위를 고려하면 다우가 저마진 범용 사업에서 선두 자리를 유지하기가 거의 불가능해질 것이라고 결론을 지었다. 다우는 가격 결정상의 불리함 때문에 새로운 경쟁에서 승리할 수 없을 것이고, 동시에 그 회사의 시장가치는 하락할 것이었다.

리버리스는 고마진 특화 제품에서 다우의 더 밝은 미래를 보았다. 이 분야에서 이기기 위해 다우는 자체의 제한된 역량을 강화해야 할 것이었다. 이것이 큰 도박의 핵심이 될 것이었고, 이에 따라 다우는 그 사업의 작은 부분에 지나지 않았던 것을 위해 주축 사업을 급격히 축소시켜야 할 것이었다. 그리고 그 도박은 경쟁에 앞서, 다우의 시장가치가 폭락하기 전에 신속히 이루어져야 할 것이었다.

롬 앤드 하스의 인수가 특화 화학제품 분야에서 다우의 역량을 강화해주기는 하겠지만, 거래에 들어갈 188억 달러의 현금은 다우의 보유액 범위를 넘어서는 것이었다. 이제 리버리스는 다우의 자원을 짜내고 재정 자원을 이리저리 맞추어보며 실제로 위험을 무릅써야 했다. 간극을 채우기 위해 그는 쿠웨이트 국영 석유화학산업회사 PIC(Petrochemical Industries Company)와의 합작회사 설립 계약에 서명했다. 이 계약에서 PIC는 다우에 롬 앤드 하스 인수 대금의 일부인 90억 달러를 투입하기로 했다. 이것은 두 당사자 간에 맺은 최초의 합작 사업이었고, 롬 앤드 하스를 인수하려는 리버리스의 계획은 그 합작 사업의 성공에 달려 있었다.

리버리스는 전략적 모험을 할 의지가 있었지만, 이 모험은 위험하게도 PIC와의 거래에 달려 있었다. 그는 이사회 및 기관투자가들과 자주 접촉했고 이를 통해 그들을 자기편으로 끌어들였다. 그는 세심한 계획을 마련하고, 그 거래의 재원을 어떻게 조달하고 무엇을 처분하며 타이밍은 언제가 적절한지에 관해 이사들과 자주 회의를 함으로써 길을 닦아놓았다. 2008년 7월 거래가 발표되었을 때, 월스트리트는 그 거래를 좋아하지 않았다. 분석가들은 다우의 건실한 재무상태와 업계 매출 선두라는 지위를 고려하더라도 방향 전환이 너무 급격하고, 인수비가 너무 비싸며, 결과도 너무 불확실하다고 생각했다. 그러나 리버리스와 그 이사진은 물러서지 않았다. 도박을 하지 않을 경우, 다우에게 무슨 일이 일어날지를 잘 알고 있었기 때문이다. 그들은 분석가들과 신용 평가 기관들이 다우의 발목을 잡는 것은 시간문제일 뿐이라는 점을 확신했다. 그들은 그해 가을 전 지구적 금융 위기가 폭발했을 때도 끝까지 해나갈 확신과 지구력을 가지고 있었다.

그런데 2008년 12월 31일, PIC와의 합작 사업이 마무리되기 이틀 전에 다우의 전략적 모험의 중대한 이해관계가 침범을 받게 됐다. 즉 쿠웨이트 정부가 갑자기 계약을 철회하고 리버리스의 계획을 위험에 빠뜨렸던 것이다. 대다수의 관측자는 다우 케미컬이 후퇴하리라 예상했지만, 그렇게 할 경우 다우는 심각한 법률적 위기 상황에 놓일 터였다. 롬 앤드 하스와의 계약은 빠져나갈 구멍이 전혀 없었기 때문에 다우의 지도자들은 입장을 바꾸지 않을 것이었다. 하지만 금융 위기 이후 PIC가 약속한 투자를 대신할 대안을 찾는 것도 쉬운 일이 아닐 것이었다. 정상적인 상황에서도 투자자들은 종종 전략적 모험에 돈을 투자하기를 두려워하는데, 그때는 자본시장이 65년 만에 최악의 경제 위기에 대처하고 있었고, 세계 금융 시스템이 동요하고 있었기 때문에 투자자들의 공포는 더 심각한 상태였다. 채권시장과 (사모)투자회사들은 모두 마비 상태였고, 주식시장은 추락하고 있었다. 다우 자체의 주식도 그 인수 거래가 발표될 당시 주당 30달러였던 것이 2009년 3월에는 7달러로 추락했다. 다우는 S&P와 무디스에 의한 부채 신용 등급이 정크 상태로 추락할 수도 있을 상태에 직면했다.

리버리스는 PIC의 조치에 충격을 받았지만, 그럼에도 불구하고 계약에 충실하도록 이사진을 계속 묶어두고, 새로운 재원 조달 원천을 찾아내며, 자본시장에 다우의 전략이 장애물을 만나기는 했지만 장벽에 부딪힌 것은 아니라는 점을 확신시켜주어야 했다. 결국 그는 성공했다. 그는 이사진을 계속 그와 입장을 같이하도록 붙잡아두었고, 신용 평가 기관들에는 다우의 투자 신용 등급을 유지하도록 설득했으며, 워런 버핏과 롬 앤드 하스 가문 중의 두 명으로부터 재원을 확보했다. 그리고 사실 그 계약은 혁명적인 것이었다. 그 계약으로 다우-롬 앤드 하스 통합 회사가 만들어졌고, 실적도 개별 회사에서 예상할 수 있는 것보다 훨씬 더 높아졌다. 그 회사는 하락세를 지나 성장 궤도로 올라서게 됐다. 오늘날 다우의 매출 중 특화 화학제품이 차지하는 비중은 합병 이전 50퍼센트에서 약 3분의 2로 오르게 됐다. 리버리스는 특화 화학제품이 차지하는 비중을 80퍼센트까지 끌어올릴 계획이라고 말했다.

만약 리버리스가 밖에서 안으로와 미래로부터 돌아보기 시각으로 사고하지 않았다면, 또 외국 정부들에 의한 원유 통제가 다우의 경쟁자들에게 유리하게 작용할 것이라는 점을 인정할 용기가 없었다면, 그는 급격한 변화의 움직임을 취할 필요성을 깨닫지 못했을 것이다. 심지어 그가 그런 움직임을 실제로 취했을 때도 그는 그 회사가 기존에 해왔던 낡은 게임이 아니라, 막 모습을 갖추어가기 시작하던 새로운 게임에 대응하도록 그 회사의 포지션을 정했다. 그리고 다우의 움직임이 화학 업계의 다른 회사들에게도 그들의 포지셔닝과 경쟁 우위를 재고하도록 촉발했지만, 다우는 충분히 멀리 앞서나가 있었기 때문에 입찰 경쟁을 통해 힘들게 헤쳐 나갈 필요가 없었다.

그 이후로 수익의 변동성이 줄어들었다. 다우는 2011년도에 가격을 5퍼센트 인상했는데 이것은 구매한 공급 원료와 에너지 비용의 증가를 상쇄하고도 남았다. 단기주의자들은 주목하기 바란다. 다우의 주가도 2009년 5.75달러의 낮은 수준에서 2012년 4월 33달로 반등했다. S&P의 주식 분석가인 레오 J. 라킨Leo J. Larkin은 2012년 2월 다우에 대해 이렇게 분석했다. "다우가 사업 포트폴리오를, 주기를 덜 타는 특화 화학제품과 플라스틱으로 이동시키고 농업 제품으로 확장시킨 전략이 다우의 장기적 결과에 좋은 영향을 미칠 것이라고 우리는 생각한다. …… 그 회사는 2009년 롬 앤드 하스와의 합병 이후 대차대조표상의 부채를 점차 줄여왔다. 이로 인해 그 회사는 내부 투자와 합작 투자를 통해 성장할 수 있을 것이라 우리는 믿는다."

모든 지도자가 향후 몇 년 안에, 심지어 10년마다 한 번 이상씩 전략적 모험을 할 준비가 되어 있어야 할 기본적인 이유가 두 가지 있다.

첫째는 말뚝 박기이다. 이는 회사들이 미래의 우위를 획득하기 위해 영역 표시를 하는 것을 말한다. 예를 들면 새로운 사업 또는 새로운 역량을 창출하거나, 성공에 결정적으로 중요할 투입물에 대한 통제권을 획득함으로써 그렇게 한다. 시장과 역량, 자원을 둘러싼 경쟁은 이미 격심해지고 있다. 일례로 몇몇 지도자들은 표적으로 삼은 세분 시장을 추구하는 데 필요한 원료를 확보하기 위해 전략적 모험을 한다. 그래서 도요타가 2010년 1월 아르헨티나에서 리튬 광산과 생산 시설의 큰 지분을 취득했던 것이다. 목표는 하이브리드 자동차의 핵심 기술인 리튬 이온 배터리에 사용되는 원광석에 대한 접근권을 확보하는 것이었다. 2000년대 초에 버라이즌은 CEO 이반 자이덴버그Ivan Seidenberg의 지도 아래 220억 달러짜리 모험을 감행했다. 주주들을 포함한 거의 모든 사람의 조언에 반해 땅속에 광케이블을 설치했던 것이다. 그러나 그 대담한 결정은 좋은 성과를 가져왔다.

둘째는 진부한 자신을 털어내고 새로운 것으로 나아가기이다. 사업 모델이나 주요 자산이 낡게 되면 그것의 시장가치는 급격히 하락한다. 회사는 여전히 돈을 벌겠지만, 예를 들어 해당 산업이 범용화를 향해 가고 있다면 가격 결정력이 헐거워지기 시작할 것이다. 결국 재정이 타격을 받고 투자자들이 알아차리게 됨에 따라 그 회사의 시장가치는 하락하게 된다. 그런 하락에 앞서 먼저 빠져나와 좀 더 유망한 무언가로 자원과 에너지를 이동시키는 것이 바로 전략적인 모험인 것이다. 지도자로서 당신이 해야 할 일은, 사업 모델의 견실성과 자산 가치를 장기적으로 실제적이고도 단호히 평가하고, 그것들의 가치가 하락하기 전에 움직이는 것이다.

1996년에 얼라이드 시그널의 CEO 래리 보시디가 바로 그런 종류의 조치를 취했다. 그는 1991년 회사를 맡은 이후 실행과 지도력 개발에 면밀한 주의를 기울임으로써 그 회사를 변화시킨 적이 있었다. 그는 매출의 15퍼센트를 차지한 자동차 부품 사업의 수익성을 높인 것을 특히 자랑스럽게 여겼다. 그러나 자동차 회사들이 상당한 수익 하락에 직면할 것이라고 몇 년 앞서 판단한 그는, 좀 더 매력적인 항공과 화학제품에 집중하기 위해 자동차 부품 사업의 대부분을 매각했다. 3년 후 그 회사는 하니웰과 합병하기에 유리한 조건을 갖추었다.

어떤 전략도 수명이 영원한 것은 아니다. 당신은 상황이 변화할 것이라는 신호를 사전에 면밀하게 관찰해야 한다. 가치-수입뿐만 아니라-가 언제 하락하기 시작할 것인가? 그런 하락을 야기하거나 가속화시킬 요인은 무엇일 것인가? 통화인가, 경쟁인가, 기술인가, 통합consolidation인가, 아니면 소비자들의 변화하는 생활양식인가? 그 변화가 당신의 친구가 될 수 있다는 점을 기억하고 선제공격을 가하라.

지금은 톰슨 로이터가 된 톰슨사는 1990년대 말 캐나다와 미국에서 지역신문과 전문 잡지를 발행하는 수익성 있는 출판사였다. 그러나 CEO 딕 해링턴Dick Harrington은 그 산업의 지평선 너머에서 먹구름이 몰려오는 것을 보았다. 갭과 타깃 같은 거대한 전국적 소매업체들이 전 지역에서 미디어 홍보를 전개하며 지역 백화점들에 압박을 가했고, 이 백화점들은 다시 광고를 줄이지 않을 수 없었다. 큰 체인들이 신문에 광고를 할 때는 보통 전단지를 사용했는데, 이는 백화점들이 톰슨의 신문에 게재해온 전통적인 디스플레이 광고보다 수익성이 떨어졌다. 동시에 인터넷 브라우저들이 인기를 얻고 있었고, 이것을 해링턴은 톰슨의 수익 중 절반을 차지한 안내 광고에 대한 위협으로 인식했다.

해링턴이 핵심 경쟁력 개념에 집착했더라면, 그는 그전부터 많은 출판업자들이 해왔던 방식대로 사업 모델을 변경하면서 신문을 보호하려고 노력했을 것이다. 그러나 해링턴은 그렇게 하는 대신 현재의 추세가 돌이킬 수 없고 결국 가치 창출을 불가능하게 만들 것이라는 점을 인식하고, 신문 사업에서 빠져나와 톰슨의 정보 서비스를 확대하는 전략적 모험을 감행했다. 그는 전문 출판이 성장 분야라는 점을 인식하고, 톰슨이 가진 기존의 전문성과 전문적 출판을 기반 삼아 특화된 정보를 전자적으로 제공하는 것을 중심으로 사업을 구축하기 시작했다. 법률과 규제, 금융 서비스, 과학 연구, 의료, 교육이 그런 영역이었다. 그다음 몇 년 동안 이 회사는 자사의 전략적 적합성과 재정적 생존 능력을 위해 힘들게 찾고 있던 200개 이상의 사업체를 인수하는 데 약 70억 달러를 썼다. 달리 말해 톰슨은 장래의 성공 가능성을 높이기 위해 자신이 가장 잘 아는 분야의 사업을 그 정점에 있을 때 포기했다. 그 당시 톰슨의 시가는 약 80억 달러였다. 하지만 오늘날 톰슨 로이터의 시장가치는 약 230억 달러에 달한다.

M&A가 비록 전략적 모험을 위한 수단이 될 수는 있겠지만, 전략적 모험을 하는 것이 합병이나 인수 행위와 동의어가 될 수 없다는 점을 지적할 필요가 있다. 많은 회사는 현금을 확보하기 위해서나 그것이 인수자에게 더 가치 있기 때문에 사업부를 매각한다. 하지만 그것이 회사의 운명을 바꾸지 않는다면, 전략적 모험일 수 없다.

전략적 모험이 너무 위험하다고 생각하는 사람들은 전략적 모험을 하지 않는 것의 위험을 고려해보아야 한다. 전략적 모험을 하지 않을 경우 사업체가 주변화되고, 따라서 그 가치가 떨어지며 그 사업체의 운명이 적대적 인수자나 경쟁자 혹은 정부의 손에 떨어질 수 있다.

쉽게 성장을 달성할 수 있을 것 같은 기업들도 밖에서 안으로와 미래로부터 돌아보기 시각으로 사업을 보아야 한다. 예를 들면 남반구 기업들은 자신의 뒷마당에서 풍부한 기회를 가지고 있고, 현지 조건들을 이해하는 데 종종 어려움을 겪는 외국인들에 대해 명확한 우위를 지니고 있다. 그러나 그들은 직접 인접한 환경을 넘어 더 멀리까지 내다볼 필요가 있고, 그런 다음 최소한 게임의 속도만큼은 빨리 움직일 필요가 있다. 만약 그들이 지금 필수적인 구성 요소들-중요한 역량들, 시장 참여market presence, 또는 자원에 대한 접근-을 준비해두지 않으면, 다른 회사들이 그들보다 앞서 규모를 키울 것이고, 그들의 국내시장에서 그들을 압도할 것이다.

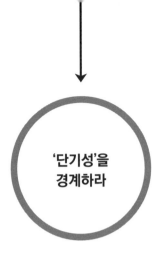

'단기성'을
경계하라

기업 지도자가 해야 할 최고의 임무는 장기적인 경제적 가치를 구축하는 것이어야 한다. 그러나 북반구에서 공개적으로 거래되는 회사들은 어려운 문제에 직면해 있다. 즉 월스트리트가 단기적으로 사고하는데, 당신은 과연 어떻게 10년이나 20년을 내다보며 생각할 수 있겠는가? 총 주주수익률TSR(Total Shareholder Return)은 뉴욕 증권 거래소에서 거래되는 회사들에 대한 핵심 척도다. TSR과 관련한 한 가지 문제점은 그것이 한 회사의 진정한 경제적 수익을 항상 반영하는 것은 아니라는 점이다. 왜냐하면 그것은 자본시장 행위자들이 하는 내기의 함수이기도 하기 때문이다. 따라서 TSR에 연계된 경영자 보수는 그 지도자들이 사업을 실제로 얼마나 잘 운영해왔는지를 반드시 반영하지는 않는다. 그럼에도 불구하고 TSR은 단기·장기 균형을 다음 사분기四分期 쪽으로 심하게 기울어지게 하는, 의사 결정상의 일종의 독재 체제를 창출했다. 단기성을 지지하는 것은 회사와 그 생태계 전체를 장기적으로 끊임없이 괴롭힐 수 있다. 단기 수익 창출에 따라 보수를 받는 펀드매니저 같은 중개자들이 자본 소유자들을 떠들썩하게 대변할 때, 그런 압력에 저항하기 위해서는 수완과 용기가 필요하다(그러나 그것은 전 지구적 금융 시스템의 또 다른 기능 장애적 측면이다. 금융 서비스산업의 이기심은 기업들과 그 진짜 주인 또는 나라의 미래 번영에 해를 끼칠 수 있다).

기관투자의 실제적 현실이 단기적 초점을 강화한다. 투자해야 할 큰 기금을 가진 많은 중개업체들은 공개적으로 거래되는 모든 기업들의 기본적인 경제지표fundamentals를 평가할 인력과 시간이 없다. 그들은 기관 주주 서비스ISS(Institutional Shareholder Services) 같은 제삼자의 평가에 의존한다. ISS는 부분적으로는 이사회가 CEO의 보수를 위한 기초로서 TSR을 사용하는지 여부에 근거해 기업 지배구조의 등급을 매긴다.

기업 지도자들은 비록 회사를 더 빠른 성장의 경로로 올려놓을 시장을 포기하게 될지라도 눈에 불을 켜고 마진을 보호한다. 이 마진에 그들 연봉의 자그마치 80퍼센트가 달려 있기 때문이다. 한편 경쟁자들은 지금은 열려 있지만 나중에는 들어가기 어려울 수도 있을 그런 시장의 빈 공간에 막대기를 꽂는다. 남반구의 많은 기업들, 특히 자국 정부의 지원을 받는 기업들은 시장점유율과 규모를 달성하기 위해 노력한다. 이것을 위해 그들은 더 낮은 기준 소매가격과 더 낮은 절대 마진, 그리고 많은 경우에 더 낮은 마진율까지도 기꺼이 받아들일 것이다. 그들은 지금은 그 무엇이든-매출이든, 이윤 폭이든, 공급 사슬이든, 제품의 질이든-미약할지라도 점차 나아질 것이라고 생각한다. 아프리카의 통신 시장을 생각해보라. 이 시장에서 바르티 에어텔은 고객 기반을 구축하고 고객 1인당 사용량을 증대시키는 과정에서 단기 수익 결핍을 견딜 각오가 되어 있다. 그곳에서 성공하면 또 다른 지리적 시장에서 기반을 구축할 수 있을 것이고, 전 지구적 시장점유율의 체스 게임에서 앞서나갈 수 있게 될 것이기 때문이다. AT&T와 스프린트, 버라이즌, 그리고 유럽의 통신업체들은 바르티가 여러 대륙에 걸쳐 고객들을 끌어모은 뒤 예민한 후각으로 다음 개척지를 탐지해낼 때에서야 비로소 충격적으로 상황을 감지하게 될 것인가(영국의 보다폰은 정신을 번쩍 차리고 밖에서 안으로 보고 있다. 보다폰은 인도에서 수년 동안 바르티와 경쟁 상대였고, 아프리카에서도 바르티와 경쟁하고 있다)?

세계의 다른 부분들에서는 상황이 다르다는 점을 받아들여야 한다. 애플 같은 전 지구적 제품의 경우에는, 구매력 차이로 인한 바닥 수준의 가격과 마진하에서 어떻게 브랜드 인지도를 높이고 전 지구적 점유율을 구축할 것인지를 씨름해야 한다. 그리고 이 일은 가격이 더 높은 지역의 사업을 '자기 잠식cannibalization'하지 않으면서 이루어져야 한다. 전 지구적 제품이 아닌 경우, 낮은 구매력은 전혀 다른 소비자 경험을 요구한다. 밖에서 안으로의 시각으로 사고한다면, 제품과 사업 모델, 가치 사슬 전체를 재설계할 필요성을 볼 수도 있을 것이다. 결정적 시장들에서는 더 적은 마진을 받아들일 필요가 있을 수도 있지만, 투하자본에 대한 수익에 영향을 미치는 다른 변수들을 통제할 수 있다. 예를 들면 규모 확대를 가속화하고 자산 회전율을 늘리며, 이것에 의해 수익성 있는 성장률을 높일 수 있다.

아무것도 하지 않다가 수세적 입장에 처하게 되면 나중에 결국 마진을 축소하고 이런 조치를 취하게 될 것이라는 점도 기억하라.

TSR은 또한 회사들에게 그들의 경쟁력을 강화해줄 인수를 포기하도록 강요할 수도 있다. 통합과 비용 절감이 북반구에서 인수와 합병의 정당한 사유로 간주되지만, 더 장기적이고 폭넓은 차원의 게임에서 승리하겠다는 것이 많은 합병 선언의 과대망상적 수사는 아니다. 사업체들은 전략적으로 불확실하고 빠른 시일 안에 수익을 높여줄 것 같지 않은 거래는 피한다. 하지만 이런 목표물들이 장기적으로는 절실히 필요할 수도 있다. 20년의 시계를 가진 회사를 상대로 경쟁하는 것이 불가능해 보일 수도 있다. 그러나 지도자들이 회사의 미래를 위태롭게 하는 것은 노골적으로 무책임한 일은 아닐지라도 최소한 현명하지는 못한 처사다. 지도자들은 단기주의에 굴복하기보다는 월스트리트의 요구에 맞서 자신들의 생각을 분명히 할 필요가 있다.

만약 당신이 CEO라면 투자자들에게, 당신이 중간 관리자라면 당신의 상사에게 단기 및 장기 균형과 방향에 대한 당신의 논리를 분명히 전달하라. 만약 당신이 매우 긴 시계가 필요한 회사를 만들고 있다면, 명시적이고도 자주 그렇게 말해야 한다. 관리자들에게 진짜 중요한 것은 실행을 통해 단기와 장기 사이의 균형을 맞추려는 노력함으로써 신뢰를 쌓는 것이다. 월스트리트는 약속한 것을 실행하지 않는 회사를 가장 심하게 공격한다. 그 불이행의 이유가 경영진의 통제하에 있는 것일 때 특히 더 그렇다. 그러나 만약 당신이 잘 실행하고 약속을 일관되게 이행한다면(그리고 다음 해로부터 차입하지 않는다면),

투자자들은 주식을 장기적으로 보유하는 경향이 있을 것이다. CEO와 수석 재무 책임자들은 이런 식으로 사고하는 주주층을 길러낼수 있다. 어떤 산업이 인기를 잃거나 어떤 기업의 주식이 과매도되어 그 시장가격과 본원적 가치 사이의 괴리가 나타나고, 따라서 그회사가 매력적인 인수 표적이 되는 경우가 가끔 있다. 그런 예외적인상황에서도 지도자들은 위험을 무릅쓰고 현실적인 목표를 향한 견실한 실행을 통해 신뢰를 쌓아야 한다.

미래에 대한 투자는 IBM과 존슨 앤드 존슨, 아마존, 그리고 다른많은 상장 기업들의 예산 속에 내장되어 있다. 시장은 그 나름의 단기·장기 균형을 지지한다. 그리고 시장은 자신들의 미래에 너무 적게 투자하는 기업들을 심판한다. 예를 들면 HP는 최근 연구 개발에 너무 적게 투자해온 것 때문에 압박을 받고 있다. CEO 멕 휘트먼Meg Whitman은 지금 연구 개발 지출을 늘리고 있지만, HP의 시장가치를 회복하기에는 긴 기간이 걸릴 것이라는 점을 솔직히 인정한다. 2012년 9월 P&G는 혁신적 제품이 없다는 비판을 받았다. 이것은아마 혁신을 책임지는 사업부 관리자들이 단기 운영 결과에 대한 책임도 진 결과였을 것이다.

다른 이들은 여전히 회의적이겠지만 당신은 확신을 가지고 그들을 설득해야 하고, 이 과정에서 당신의 진전 정도를 측정할 몇 가지목표점을 확립해야 한다. TSR은 하나의 규율을 부과하지만, 지도자들은 그들 자신의 판단을 사용해야 한다. 사업체가 어디에 위치해야하고, 이 위치에 도달하기 위해서는 무엇을 해야 할지를 알아야 한다. 그리고 그 메시지와 결과 모두를 절도 있게 전달해야 한다.

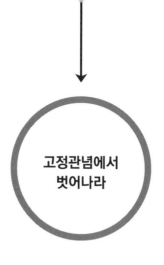

**고정관념에서
벗어나라**

밖에서 안으로와 미래로부터 돌아보기 사고방식으로 정신적 장벽을 깨뜨릴 수는 있지만, 앞날을 명확히 보지 못하게 하는 다른 종류의 심리적 장벽도 존재한다. 즉 우리 모두는 경험과 교육에 의해 우리 안에 깊숙이 새겨진, 세계를 보는 렌즈 혹은 준거 틀을 가지고 있다. 우리 각자는 우리의 행동과 의사 결정을 통제하는 잠재의식적 기준선을 가지고 있는 것이다. 또 우리는 어떤 이의도 결코 허용하지 않을 가정을 한다. 성공은 그런 가정을 강화하고 우리 마음속에 더욱 깊숙이 그것을 새겨 넣게 만든다. 예를 들면 비용 절감이나 프리미엄 가격을 통해 마진을 늘림으로써 그 자리에 오른 기업 지도자들은 자신이 고용하고 승진시키는 사람들에게도 똑같은 자질을 요구하는 경향이 있다. 그들에게 지도력 성공이란 바로 그런 자질들로 이루어져 있기 때문이다. 그들은 일생 동안 바로 그런 사고에 대해 보상을 받아왔던 것이다.

낡은 준거 틀 때문에 현실을 직시하지 못해서는 안 된다. 북반구 지도자들이 남반구가 따라잡는 데 오랜 시간이 걸릴 것이라고 믿는다면, 그들은 자기만족적 안주에 빠지기 쉽다. 그러나 이것은 희망 사항에 불과하다. 이미 남반구 몇몇 기업은 포춘 50대 기업에 들어가기에 충분히 높은 수입을 올리고 있다. 대다수 산업에서 더 많은 남반구 회사들의 제품과 서비스가 북반구의 가장 강력한 기업들에게, 그것도 그들의 본거지에서 도전하기에 충분히 좋아지는 데 5~10년 이상은 걸리지 않을 것이다. 중국은 항공기와 자동차 분야에서 승리를 거둘 태세를 갖추었고, 제약 분야도 겨냥하고 있다. 브라질은 지역 항공 분야에서 강력하다. 인도는 백오피스 자동화와 업무 처리에서 지배적 위치를 차지하고 있으며, 데이터 분석 같은 부가가치가 더 높은 제품과 서비스로 계속 이동할 것이다. 이것은 부분적으로 인도에 자리 잡은 마이크로소프트와 IBM, 액센츄어 같은 회사들을 통해 이루어진다.

인도는 향후 5~10년 안에 제약 부문의 몇몇 세분 시장에서 승리를 거둘 탄력을 받았고, 복제약 부문에서는 이미 경쟁력을 갖추었다. 거대 제약 회사들의 특허 신청 건수가 감소해온 가운데, 일부 회사는 그 제조 능력과 시장점유율을 보고 인도 회사들을 인수해왔다.

다음과 같은 점을 기억하라. 여기서 우리는 노동과 통화 차익 거래에 관해 이야기하고 있는 것이 아니라, 탁월한 경영 역량과 기술적 정교함으로 북반구를 능가하는 점점 더 많은 기업들에 관해 이야기하고 있다. 그들은 고도로 훈련된 기업가적 지도자들을 지니고 있고, 그 지도자들은 기본적인 사업 역량과 과정을 구축하기 위해 외부 전문가들을 활용하고 있다. 예를 들면 중국의 통신 장비 제조업체인 화웨이 테크놀로지스는 알카텔-루슨트Alcatel-Lucent와 노키아 지멘스를 추월해 세계 제2위 업체가 됐다. 화웨이는 북반구로부터 경험 있는 많은 경영진을 고용했는데, 예를 들면 무선 마케팅 사업부를 이끌 스웨덴인과 휴대폰 단말기 디자인을 이끌 독일인을 고용했고, IBM과 KPMG 출신의 컨설턴트를 보유하고 있다. 2010년 《패스트 컴퍼니》는 화웨이를 세계에서 다섯 번째로 가장 혁신적인 회사로 꼽았다.

남반구 기업들을 뒷받침하는 지도력 기술은 무시할 수 없는 힘이다. 남반구에 한 번도 가본 적이 없고 간접적으로만 정보를 얻는 북반구 사람들은 경쟁자들을 과소평가하기 쉽고, 어디가 전쟁터가 될 것인지를 잘못 평가하기 쉽다. 전해 들은 정보로는 그곳 지도자들의 심리적·정서적 에너지와 기업가적 동력, 그리고 일반적으로 신속한 의사 결정 등을 포착하지 못할 것이다. 또 몇몇 지도자들은 자신들에게 결여된 역량을 강화하기 위해 제한된 통제권을 가진 합작 파트너 역할을 기꺼이 맡을 실용적 태도를 가지고 있는데, 간접적 정보로는 이런 실용주의도 포착하지 못한다.

남반구의 가장 뛰어난 지도자들은 북반구의 가장 뛰어난 지도자들 못지않게 정력적이고 재능이 있다. 단지 그뿐만이 아니다. 결정적인 면에서 그들의 심리도 다르다. 그들이 살아오고 교육받고 경력을 쌓아온 환경 때문에, 그들의 사고방식은 자원의 희소성이 그들 자신과 고객들에게 당연한 것으로 받아들일 수 있다. 힌달코의 전무이사인 데부 바타차르야는 비를라의 후원 아래 160억 달러짜리 금속 사업을 건설하면서 정부의 온갖 변덕은 물론, 제한된 자원이라는 문제를 다루면서도 기본에 초점을 맞추어야 했다. 지금 60대인 바타차르야는 일주일에 7일을 계속 일하며 경영과 인수, 운영, 혁신을 감독하고 있다. 공학을 전공한 기술자이자 전 공장장이었던 그는 사업의 기본을 이해하고 있다. 그러나 그는 더 큰 그림을 보고 쟁점을 날카롭게 꿰뚫어보는 사업적 통찰력을 가지고 있다. 이러한 많은 지도자들에게 위험이란 당연한 일이다. 입법 조치와 규제 조치들의 특이성들도 마찬가지로 그들에게는 당연한 일인데, 그들은 그런 특이성들을 견뎌내는 법을 배워왔다. 바타차르야처럼 많은 기업 지도자들은 공대생에서 시작해 최고가 되었고, 숫자에 밝으며 운영의 세부적인 것들을 철저히 익히고 있다. 무엇보다도 그들은 사람들을 잘 판단하는데, 이것은 그들이 원하는 곳으로 그들을 데려다줄 인재를 잘 찾는다는 것을 뜻한다. 그리고 그 인재가 성과를 내지 못할 경우 그들이 신속히 손실을 줄일 것이라는 점을 의미한다.

인도의 큰 산업 기업들 중 하나가 도로 건설 프로젝트에 뛰어들었을 때, 그 CEO는 어떤 측면이 필요한지에 관해 정확하고도 명확히 알고 있었다. 즉 네 개의 서로 다른 주 정부와 중앙정부, 3~4개의 재정적 후원자들을 한데 묶을 능력이 그것이었다. 이것은 인도에서는 결코 만만한 일이 아니었다. 그는 그런 일들을 처리할 경험과 체질을 가졌다는 것을 보여준 사람을 선택했다. 실행이 이 사람의 강점이 아니었고, 그럴 필요도 없었다. 적어도 첫 6개월 동안은 그랬다. 그 후 그 CEO는 이 사람에게 탁월한 능력을 발휘할 수 있을 다른 임무를 맡기고, 그 자리에는 훌륭한 실행 능력을 지닌 다른 사람을 앉혔다.

일과 사람의 재능에 대한 명확한 규정이야말로 그 회사를 차별화시킨 중요한 요소였다.

북반구 지도자들은 남반구에서 어떻게 확장해나갈지를 확신하지 못할 것이다. 아마도 그들은 엄청나게 다양한 문화들 속에서 인력 개발과 관리를 어떻게 다루어야 할지를 모를 수도 있고, 또는 자신들이 잘 알지 못하고 정치적 및 규제적 환경이 너무나 예측 불가능한 지역들에 대한 자원 투입을 꺼려할 수도 있다. 혹은 단순히 외국 정부들과 현지 조건들을 상대하고 싶지 않을 수도 있다. 이것도 아니면 인도와 중국, 아프리카의 부패에 관한 이야기들을 듣고서 흥미를 잃고, 그것에 근거해 주저하는 태도를 정당화할지도 모른다.

이런 장애물들 때문에 북반구 지도자들은 그 방정식의 다른 면을 놓칠 수도 있다. 즉 현지에 가서 직접 부딪혀보며 정보망과 친선망을 구축해보면 배울 수 있는 것을 놓치는 것이다. 학습을 미룸으로써 그들은 경쟁자들에게 우위를 내준다. GE와 3M, 얌브랜즈YUM! Brands Inc.의 KFC 체인은 모두 일찍부터 사람들을 현지에 파견해 현지 문화와 사업 환경을 학습하도록 했다. 현지에서 사는 것은 그곳에 관한 책을 읽거나 사흘짜리 방문을 하는 것과는 다르다. 일리노이에 기반을 둔 물水 처리 전문 회사인 날코의 CEO인 에릭 피어왈드Erik Fyrwald는 인도의 미묘한 다양성을 배우기 위해 몇 년 동안 한 번에 몇 주씩 인도에 머무르곤 했다.

중국 정부가 표적으로 삼고 있는 풍력 같은 산업들에도 경영 능력과 경쟁 의지가 있는 경쟁자들을 위한 여지가 남아 있다. 그런 산업들에서는 빈 공간이 매우 크기 때문이다. 중국 정부의 레이더에 포착되지 않는 산업들은 자유로운 활동의 범위가 더욱 크다. KFC는 미국에서보다 중국에서 더 높은 마진을 얻는다. 존 디어와 캐터필라 같은 회사들은 수십 년 동안 중국에 있었고 여전히 호황을 누리고 있다. 미국과 영국, 유럽의 사치품 제조업체들은 많은 도시 중심지들에서 매장을 열고 있고, 남반구의 새롭게 풍요로워진 고객들을 끌어들이고 있다.

이제 시계는 명확하고 당신에게 주어진 선택지들은 너무나 매력적이다. 그것은 당신이 자동차를 타다가 비행기를 타는 것과 같다. 갑자기 당신은 2차원이 아니라 3차원에서 항해하게 되고, 선택지는 무한해 보인다. 어느 방향으로 날아갈 것인가? 많은 정답이 있다. 기존 역량과 핵심 경쟁력의 구속이 없는 상태에서 당신 회사의 미래를 위해 상호 배타적인(서로 중복되지 않는) 선택지를 준비하라. 이것이 바로 밖에서 안으로와 미래로부터 돌아보기 시각을 통해 이야기하고자 하는 모든 것이다.

추구하려는 중심적 생각이나 가고자 하는 방향을 선택한 다음, 당신 회사에 고유한 본격적인 전략을 개발하기 위한 세부적이고 구체적인 사항들을 계획하라. 어떤 역량을 구축해야 하는지, 어떤 위험을 부담하고 이 위험을 어떻게 관리해나갈지를 확실히 알고 있어야 한다. 경쟁을 해나가는 주체는 회사가 아니라 결국 지도자라는 점을 명심하라. 올바른 경로와 올바른 속도를 발견하기 위해 모험을 걸 의지와 명확한 사고가 필요할 것이다. 당신의 야망을 달성하는 데 필요한 것은 아주 높은 지능지수가 아니라 명징한 사고와 땀이다. 그런 다음 보편적인 사업 규칙이 적용된다. 즉 실행해야 한다는 것이다. 실행이 없으면 결과도 없다.

　여기서 실행이란 전 지구적 축의 이동이라는 현실에 맞추어 당신의 조직을 동원하는 것을 뜻한다. 그것은 사람들을 이행에 대비시키는 것이다. 즉 그들의 사고방식을 변화시키고, 그들을 당신이 있고자 하는 새로운 상태에 맞추는 것이며, 이런 일들을 하기 위해 당신이 필요로 할 사회적 도구들을 이해시키는 것이다.

　다음 두 장에서 나는 필수적인 지도 역량과 조직적 변화를 다룰 것이다. 나는 '다맥락적multi-contextual' 역량이라는 것에서 이야기를 시작할 것이다. 전문 용어처럼 들릴 수도 있겠지만, 이 용어의 배후에 있는 의미를 이해하면, 그것이 매우 실제적이고 멋진 용어라는 점을 알게 될 것이다.

THE GLOBAL TILT

WESTERN
EUROPE

JAPAN

USA

THE ECONOMIC TILT

MIDDLE
EAST

CHINA

MEXICO

INDIA

SUBSAHARAN
AFRICA

INDONESIA

BRAZIL

SOUTH AFRICA

제5장

축이 이동하는
세계가 요구하는
리더십

지도력과 관련해 어떤 것들은 결코 변하지 않는다. 지도자들은 조직이 무엇을 하고, 무엇을 하지 않아야 하는지를 결정한다. 지도자들은 가치를 창출할 방법을 알아내고 새로운 기회를 발견할 뿐만 아니라, 경영의 새로운 방법도 찾아낸다. 또한 그들은 미래를 건설할 지도자들을 선발하고 기르는 등의 여러 가지 일들을 한다. 그러나 축의 이동은 무언가 새롭고 다른 것으로 기대치를 높였다. 이제 당신은 '다맥락적'이 되어야 할 것이다. 이것은 최근에야 학계에서 흘러나와 주류에 편입된 단어다. 여기서 나는 다양한 지역과 국가들에서 당신의 사업 활동의 틀을 규정하는 전략적이고 문화적인 맥락을 다룰 것이다. 이런 맥락에는 각국의 고유한 모든 변수들이 포함된다. 그런 변수들은 정부가 어떻게 운영되는지와 비공식적인 사회적 네트워크에 어떤 사람들이 있는지에서부터, 유통 시스템이 어떻게 작동하는지와 현지 경쟁자들에게 우위를 가져다주는 요인은 무엇인지에 이르기까지 모든 것을 포함한다. 현지 언어를 배우고 현지 관습을 공감하며 존중하는 것은 당신이 해야 할 일의 시작에 불과하다. 당신은 현지의 다각적인 맥락을 신속하고도 정확히 익히고, 각각의 장소에 맞는 새로운 경험 법칙과 핵심 요인들을 뽑아내야 할 것이다.

현지의 맥락에 대한 당신의 통찰은 사업 이슈들에 관한 판단에 결정적으로 중요한 요소다. 사람들을 뽑고 배치하는 것, 어떤 시장에 어떤 순서와 속도로 진입할 것인지를 판단하는 것, 자원의 할당 등, 이러저러한 중요한 결정들은 각각의 지리적 영역에서 가장 중요한 요인들에 대한 정확한 파악에 달려 있다. 만약 당신이 다맥락적이지 않다면, 현지의 구체적인 필요와 기회를 놓칠 수 있다. 즉 당신이 하거나 추천하는 거래가 잘못된 정보에 근거할 수 있다.

북반구 기업들에게는 다맥락적이지 않은 지도력이 공통된 문제다. 거의 모든 사업이 기능(재무나 인적자원 같은)과 본사, 지리적 영역을 중심으로 조직되어 있다. 일부 기업들은 사업 단위나 생산 라인에 관한 보고 위계도 가지고 있다. 이런 이기적 집단들 각각이 우선순위와 자원 할당에 영향을 미치려고 함에 따라 그것들 사이에 긴장이 발생한다. 본사와 사업 부서들, 생산 라인들, 사업 기능 단위들 사이의 거래는 지도자들이 일반적으로 잘 고려하는 친숙한 분야다. 하지만 지역별 사업 단위들에서 나오는 정보는 종종 머릿속에서 걸러지기 쉽다. 지도자가 다맥락적이지 않으면, 인식이나 심지어 사실마저 왜곡된다. 더 작은 지역들이 진정으로 다맥락적이지 않은 지역 지도자들의 관할 아래 있다면, 결코 도움이 되지 않을 것이다.

전 지구적 지도력은 각각의 맥락 속에서 근본적인 것들을 식별하고, 이것들을 회사 전체의 더 넓은 맥락 속으로 통합하며, 그런 다음 회사의 목표를 달성하기 위해 사람들을 동원한다는 것을 의미한다. 거의 모든 나라가 사업을 측정하고 운영하는 데 사용되는 개념들-현금, 마진, 투자 자본, 부채 같은 것들-을 위한 현지 어휘들을 가지고 있다. 예를 들면 인도에서는 대기업들도 거리의 노점상들이 사용하는 우르두어를 말하는 경향이 있다. 현금은 나카드nakad, 자본은 잠마zama, 부채는 쿠르츠kurtz, 이윤은 나파nafa다(억양도 종종 노점상들의 것과 같다. 이윤이 바라던 것보다 적으면, 손사래를 치며 목소리도 희미하게 거부하는 듯한 투로 바뀔 것이다). 그러나 어떤 언어를 사용하든 근본적인 개념은 보편적이다.

북반구에서뿐만 아니라 남반구에서도 성공하는 전 지구적 지도자들은 현지의 맥락 속으로 신속하고도 능숙하게 꿰뚫고 들어간다. 그들은 예전에 알고 있던 것이나 본 것과 무엇이 다른지를 파악하려고 노력하고, 자신들의 지각 렌즈가 그 기존의 경험 법칙과 충돌하는 차이들을 걸러서 제거하지 않도록 한다. 반대로 그들은 잠재의식적으로 자신들의 예전 가정들로 되돌아가려고 하면 스스로 멈춘다. 그리고 그들은 상당히 다른 문화적, 사회적, 정치적 배경을 지닌 광범위한 사람들과 연계를 맺는다. 또 그들은 남반구의 덜 구조화되고 덜 예측 가능한 환경 속에서 일하는 법을 배운다. 남반구에서는 정부가 하룻밤 새 정책을 바꿀 수도 있고, 고객이나 공급업자, 규제자들과 긴밀한 유대를 맺고 있는 경쟁자들이 계획을 방해할 수도 있다. 또한 그들은 겸손하고 자아를 억누를 줄 안다. 이뿐만 아니라 그들은 현지의 맥락에 관한 매우 빈번한 정보 흐름을 제공하고 약속을 이행함으로써 본사로부터 신뢰와 신임을 얻고, 자기 팀과 조직들에 활력을 불어넣는다.

바로 그런 식으로, 바르티 에어텔의 마노지 콜리(173쪽을 보라) 같은 지도자가 각각의 고유한 사회적, 경제적, 정치적 특징들에도 불구하고 상이한 17개국을 관리할 수 있는 것이다. 콜리가 인도 사업부를 이끌었을 때, 바르티 에어텔은 통신 서비스 가격을 낮추면 거대한 수요-고객 1인당 더 많은 사용량과 거대한 수의 새로운 고객-가 창출되고, 따라서 총수익이 늘어날 것이라는 경험 법칙을 성공적으로 활용하고 있었다. 그것은 더 적은 고객 기반으로부터 더 높은 가격을 통해 더 높은 수익을 달성했던 경쟁자들을 상대로 하여 성공을 거둔 것이었다. 콜리는 17개국 각국을 다니며 현지의 맥락을 파악한 후 예전의 경험 법칙-고객 기반을 확대하기 위해 가격을 인하하고 새로운 서비스를 제공함으로써 수익을 높이는 것-이 몇몇 나라에는 들어맞지 않는다는 것을 알았다. 고객 1인당 사용량을 늘리고 많은 수의 새로운 고객을 창출하기를 어렵게 만든 인구학적 요인이 있었던 것이다. 그 회사는 단순히 예전의 접근 방식을 맹목적으로 밀어붙일 수는 없었다. 아프리카에서 사업을 구축할 새로운 방법을 고안해야 했다.

콜리는 또한 많은 익숙하지 않은 규제 틀과 현지 금융 및 인프라 제도들, 유통망 등과 더불어 일하는 것의 중요성도 인식했다. 상황과 각 맥락의 필요성에 맞춤형으로 우선순위와 행동 계획들-예를 들면 가격을 바꾸고 새로운 서비스를 도입하는 시기와 속도-이 정해졌다. 그 회사는 고위 지도부의 거의 대다수를 현지에서 채용하고, 인도에서는 그 회사 협력 파트너들을 설득해 아프리카의 미지로 들어가게 할 수 있었다.

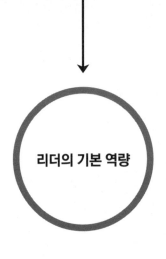

리더의 기본 역량

전 지구적 지도 역량을 신속히 향상시키기 위해서는 다음의 간단한 목록에 초점을 맞추어 실행하면 될 것이다. 이 장에서 이것들 각각을 좀 더 자세히 논의할 것이다.

○ 현지의 맥락을 신속히 익힐 것
○ 가시적인 비전을 세울 것
○ 당신의 경험 법칙에 문제를 제기할 것
○ 당신의 팀을 만들 것
○ 당신의 사회적 조직을 동원할 것

물론 일반적으로 지도력을 특정하는 통상적인 긴 목록도 필요하다. 모든 것이 중요하지만, 결정적인 것은 성실성이다. 여기서 성실성이라는 단어는 단순히 윤리와 도덕에 관한 것이 아니다. 성실성이란 당신이 약속하는 것을 실행하고, 당신이 의도하는 바를 말하며, 당신의 사회적 네트워크 안에 있는 사람들과 능숙하게 의사소통하고, 따라서 지키지 못할 약속을 하지 않는 것을 뜻한다. 당신이 결코 알지 못할 배후의 사회적 네트워크가 존재하며, 이 네트워크의 사람들은 당신의 말을 검증하고 모순점을 발견해낼 것이다. 이들은 당신이 진실을 말하고 있는지, 혹은 당신이 이 사람에게는 이렇게, 저 사람에게는 저렇게 말하는지를 알아챌 것이다. 그들은 당신이 하겠다고 말한 것을 실행에 옮기는지 알 수 있을 것이고, 당신이 본사와 맞서기보다는 갈등을 회피하고 있는지도 알 수 있을 것이다. 반복과 일관성이 신뢰를 구축해주며, 바로 이것이 당신이 실제로 일어나고 있는 일을 배우기 위해 필요로 하는 것이다. 따라서 성실성을 확실히 보여주는 것은 당신의 성공을 위해 매우 긍정적인 역할을 한다.

나는 이러한 대인 관계 기술soft skill이 작동하는 모습을 보여줌으로써 여정을 시작할 것이다. 다음의 세 가지 서로 다른 위치에 있는 지도자들이 북반구로부터 남반구로 이동할 때 그 기술들을 어떻게 적용하는지 고려해보라. 그 세 가지 유형의 지도자들은 바로 남반구의 더 폭넓은 기회들로 이동해 들어가는 관리자와 전 세계적 규모의 사업 라인을 관리하는 본사의 지도자, 그리고 기업의 CEO이다.

남반구로
이동할 때
고려할 것들

국내 시장에서 떠오르는 지도자로서 당신이 성공했다면, 이는 당신이 올바른 균형과 초점, 올바른 우선순위를 발견하는 방법을 개발했기 때문이다. 당신은 완전한 권한을 갖거나 필요한 자원을 통제하에 두지 않으면서도 책임지는 일에 점점 더 익숙해지면서 성과를 냈다. 당신은 성공했을 뿐만 아니라 다른 사람들을 돕기도 했다. 이것은 특히 당신이 여러 기능을 가로질러 일하는 법을 배운 덕택이었다. 즉 당신은 사람들을 당신과 협력하도록 만들었고, 때로는 자원을 교환했으며, 때로는 아무런 대가 없이 다른 사람들을 도왔다. 당신은 그간 성장률이 2~3퍼센트에 불과했을지라도 이 회사와 이 산업에 친숙해졌다. 그러나 당신은 개인적 성장을 위한 도전 과제와 기회를 찾고 있고, 어느 날 큰 기회를 갖게 된다. 즉 당신의 상사가 전화를 걸어 당신이 그 회사의 인도 사업부를 맡아주었으면 좋겠다고 말한다. 인도는 그 회사의 가장 빠르게 성장하는 지역 시장이다. 그러면 당신은 최소한 4년 동안 델리로 자리를 옮겨가 있어야 한다.

이것은 큰 기회이지만, 복잡한 문제도 수반된다. 경력 관리상의 문제가 있다. 특히 "눈에 보이지 않으면 마음도 멀어진다"는 문제다. 본사로부터 약 1만 2,900킬로미터 떨어져 있으면 핵심 인사들에게 잊히지 않을까? 당신은 수년 전 제품 개발 담당 매니저 자리를 얻어 인도의 푸나로 간 가까운 친구 엘리자베스를 위한 고별 파티를 기억한다. 그 파티에서는 물론 그전에도 그녀는 거기에 가고 싶어 안달이 났다고 놀림을 받았다. 사람들은 그녀에게 새로운 아이디어가 제안되고 첨단 기술혁신이 일어나며, 깊이 있는 기술적 재능이 존재하는 미국이 가장 큰 시장이라는 점을 상기시켜주었다. 그녀의 동료들은 이렇게 말했다. "게다가 엘리자베스, 넌 미국 밖에서 살아본 적도 없잖아. 거긴 힘들어. 넌 여기 가만히 있는 게 훨씬 더 좋아."

그밖에 개인적인 문제도 있다. 당신의 남편은 어떻게 생각할 것인가? 그는 기계 기술자로 자수성가한 사람이다. 그가 간다고 동의하더라도 그는 자기 경력을 계속 이어갈 수 있을까? 또 아이들 학교 보내는 문제는 어떻게 할 것인가?

그러나 당신은 항상 사실을 바라보고 있다는 자부심 때문에 이런 걱정은 잠시 제쳐둔다. 당신에게는 북반구에서 남반구로 축이 이동하고 있는 세계가 보인다. 특히 당신은 2012년 현재 S&P 500 기업들의 수익 중 46퍼센트가 미국 밖에서 오고 있다는 현실을 목격한다. 이 46퍼센트라는 수치는 미래에도 계속 늘어나기만 할 것이다. 더욱이 더 먼 미래를 내다보면 지금은 지배적 시장인 미국이 더 큰 파이의 더 작은 부분으로 전락할 것이고, 이른바 본사의 몇몇 직위는 북반구에서 남반구로 옮겨져 있을 것이다. 사실 이런 일은 P&G 같은 회사들에서 이미 일어났다. P&G는 생활용품 사업 본부를 신시내티에서 싱가포르로 이전했다. 당신은 아이스하키 영웅 웨인 그레츠키Wayne Gretzky가 말한 오래된 문구가 생각날 것이다. "나는 퍽이 있던 곳이 아니라 퍽이 갈 곳으로 스케이트를 타고 간다." 장기적으로 모든 사업체는 시장이 있는 곳으로, 주주 가치를 창출할 수 있는 곳으로, 필요한 자원-천연자원뿐만 아니라 인적자원-이 있는 곳으로 간다. 당신은 너무 늦기 전에 바로 지금이 도약을 해야 할 때가 아닌가 하고 생각한다.

바로 거기에 진실이 있다. 당신은 엘리자베스가 얼마나 선견지명이 있었는지 보았다. 하지만 그녀의 동료들은 무슨 일이 다가오고 있는지 보지 못했다. 본사에서 부사장 같은 고위직 수가 줄어들고, 승진 기회는 전 지구적 경험을 상당히 가진 사람들에게 돌아가고 있었던 것이다. 엘리자베스는 성장이 일어나고 있는 곳으로 감으로써 자신을 발전시키고, 그럼으로써 미래의 기회들-그녀의 회사 내부는 물론, 그녀가 떠나고자 한다면 회사 밖에 있는-을 위해 좀 더 좋은 위치를 차지하게 됐다.

델리의 이 새 일자리가 지닌 현지 및 국가적 맥락이 미국에서 단일한 제품라인을 이끄는 지금의 일자리와는 완전히 다를 것이라는 점을 당신은 깨닫는다. 이제 당신은 10억 달러짜리 전 지구적 사업 단위의 일부인 2억 달러짜리 제품라인의 전 지구적 지도자다. 그리하여 당신의 일은 사업 범위 면에서는 좁지만 지리적으로는 넓다. 이제 사업 단위 전체를 이끌기 위해 중요한 나라로 가게 될 것이다. 당신은 지금 맡고 있는 것의 절반에 해당하는 매출 - 단 1억 달러 - 을 지닌 한 지역 시장에만 초점을 맞추게 되겠지만, 당신은 세 제품라인 모두를 책임지게 될 것이다. 당신은 예전의 경험 법칙에 의지하지 않고 지도자로서의 핵심적인 일 - 돈벌이 방법에 대한 분석과 재구축, 무엇을 할지를 결정하고 그것을 이루는 것 - 을 수행해야 할 것이다. 일의 내용이 달라질 것이다. 경쟁이 달라지고, 자원 할당이 달라지며, 다루어야 할 변수들의 수가 달라질 것이다. 그리고 단지 그냥 달라지는 것이 아니라 아마도 크게 달라질 것이다.

당신은 자신이 성공하는 데 필요한 것을 가지고 있는지 궁금해할 것이고, 따라서 당신은 자신이 무엇을 가지고 있는지 살펴본다. 즉 '나는 내가 알고 있던 것과는 다른 것, 또는 나를 성공하게 만든 것과는 다른 것을 적극적으로 탐색하고 귀를 기울이며 이해하려고 하는 동기와 투지를 가지고 있는가? 나는 내가 해야 할 변화를 이룰 수 있을까? 나는 다수의 신뢰할 수 없는 정부와 열악한 인프라를 상대할 기질을 가지고 있는가?'

당신은 친구들이 공부를 하거나 자원봉사 활동을 위해 다른 나라에 가는 것에 관해 이야기하는 것을 들어왔다. 그 친구들은 지적일 뿐만 아니라 더 나은 삶을 위해 일할 의지가 있는 사람들을 만나 이들과 신뢰를 쌓고, 공동체에 관해 배우는 일이 흥미롭고 정신적으로 자극이 된다고 생각했다. 당신은 언제나 그들의 모험 정신을 부러워했다. 그리고 당신은 이제 새롭고 독특한 이곳에서 '일이 이루어지는 방식'과 공식적 및 비공식적 권력 구조, 정보의 원천, 사람들의 속사정들을 깊이 이해해야 할 필요성에 직면하면서 이보다 더 흥미로운 일은 없을 거라고 생각한다.

당신은 익숙한 많은 경험 법칙을 무시해야 할 것이라고 인식하지만, 그런 것은 문제가 안 된다. 당신은 인식 능력을 날카롭게 하기 위해 정신적 장벽을 돌파하기를 즐기는 그런 종류의 사람이다. 당신은 전혀 예기치 못한 상태에서 무슨 일이 다가오고 있는지 알아보기 위해 '주변을 살피려고' 항상 노력해왔고, 새로운 행동과 사고, 의사 결정 방식을 개발할 준비가 되어 있다.

당신은 문화적 차이를 해결하려고 할 때 처음으로 균형에서 벗어날 수 있다는 점을 깨닫는다. 당신이 북반구에서 경영상의 결정을 내리기 위해 의존하는 그런 종류의 정보를 남반구에서는 얻기가 쉽지 않을 것이다. 당신은 수직적은 물론 수평적 정보 공유에 영향을 미치는 사회적 규범을 배워야 할 것이다. 특히 직속 혹은 바로 아래의 부하 직원들과의 정보 공유가 문제다. 사람들과 연계를 맺는 것은 신뢰를 형성하고 정보 흐름 속에 참여하는 데 중요할 것이다. 이것은 뉴욕과 뮌헨, 도쿄 출신의 경영자들이 씨름하는 문제다.

충성심loyalty은 남반구에서는 훨씬 더 중요하다. 사람들은 권력을 가진 사람들에게 충성-때로는 과도하게-하고, 반대의 경우도 마찬가지다. 조직보다는 사람에 대한 충성은 오랜 세기 동안 내려온 문화적 현상이다. 승진은 종종 연공이나 더 높은 직위의 사람에 대한 충성, 혹은 눈에 보이지 않는 사회적 네트워크에 근거해 이루어진다. 결과적으로 부하 직원이 솔직한 태도를 보이고 있는 것인지, 아니면 그저 비위를 맞추려 하고 있는 것인지 알기가 어렵다. 신속하고 명확하게 의사를 전달하고 당신과 비슷한 방식으로 생각하는 사람에게 이끌리는 것이 당연하기는 하지만, 당신과 똑같은 언어를 사용한다고 하여 기질이 맞아 보이는 사람들과 어울리는 경향을 경계해야 할 것이다. 당신은 어떤 사람이 진정으로 당신 의견에 동의하는지, 아니면 단지 예의상 혹은 비위를 맞추려는 의도에서 "예"라고 말하는지 잘 가늠해야 할 것이다. 당신은 당신에게 진짜 정보를 제공할 의지가 있고 달갑지 않은 진실까지도 말할 용기를 지닌 유능한 사람을 찾을 것이다. 이렇게 하기 위해서는 현지의 사회적 네트워크와 연계를 맺고 그 안에서 신뢰 관계를 형성하면서 개인적 신용을 쌓아야 할 것이다.

많은 현지 CEO와 기업가, 산업가들은 뿌리 깊은 사업적 통찰력을 가지고 있다. 공식적인 전문 교육을 받지 않은 많은 사람이 매우 똑똑하고 두뇌 회전이 빨라서, 가족 상점에서 일한 경험을 통해 일찍부터 사업 감각을 키웠다. 이것은 대다수 아시아 나라에 공통된 특징이다. 이들이 당신만큼 폭넓은 세계관은 가지고 있지 않을지라도 사업에 대한 이해는 더 넓을지도 모른다. 일반적으로 이들은 사업에서 돈벌이의 총체적인 구조 – 예를 들면 비용과 회전율, 이윤, 현금 흐름 같은 변수들 사이의 관계 – 에 대해 북반구에서 기능적으로 훈련받은 지도자들보다 더 잘 이해한다. 당신은 이 사람들을 채용하고 이들에게 동기를 부여할 방법을 알아야 할 것이다. 다른 한편으로, 현지 대학교에서 교육받은 관리자들 중 일부 – 이들도 똑똑하고 두뇌 회전이 빠르다 – 는 자신들이 배운 기본 이론에 의존하고 일반론을 말한다. 실적을 내놓을 수 있는 사람들과 이론이나 일반론만을 말하는 사람들을 구별하는 것이 현명한 일일 것이다.

전 세계
경영 리더들의
딜레마

본사에서 일하는 당신은 상당한 전 지구적 사업 단위에 대해 손익 책임을 지고 있다. 그 회사의 목표는 남반구의 주요 나라들에서 수입과 마진, 시장점유율에서 더 높은 성장을 달성하는 것이다. 동시에 성장은 느리지만 규모는 더 큰 북반구의 시장이 여전히 수익의 대부분을 낳는다. 그 결과 자원 할당의 긴장이 나타난다. 남반구에 대한 단기적 투자-그 성과가 장기적으로 나타나는-는 전 세계적 총수익을 감소시킬 수 있다.

오랜 습관 때문에 당신은 기존 시장 쪽으로 기울어질지도 모른다. 지금 당장 돈을 가장 효율적으로 쓰는 것이 '주식회사 미국'의 규범이기 때문이다. 그리고 당신의 CEO가 사정을 훤히 꿰뚫고 변화의 필요성을 보지 못한다면, 당신의 핵심적 성과 지표KPIs(Key Performance Indicators)는 이 성과에 맞추어질 공산이 크다. 그러나 그 회사와 당신의 미래는 장기적인 전략적 위치 선정과 관련해 모험을 할 당신의 의지에 달려 있다. 이 위치 선정은 현지 정부들의 예측 불가능한 변동에 종속되어 있고 매우 불확실하다.

당신이 이 일자리를 갖게 되는 한 가지 이유는, 당신이 객관적인 시각으로 사업의 전 세계적 요인들을 이해할 폭넓은 인식 능력과 필요한 것을 적기에 구체화해낼 능력을 가지고 있다는 CEO의 신임이다. 당신과 당신의 CEO 모두 북반구에서 남반구로의 무게중심 이동이 사업계 사람들에게 큰 심리적 변화를 일으킨다는 것을 알고 있다. 그래서 당신은 전 세계 사업에 대한 전통적 방식의 관리와 전 지구적 차원의 관리 사이의 차이를 꿰뚫어보기 시작한다.

당신은 남반구의 주요 나라를 1년에 여러 번 여행해왔기 때문에 '친숙하고', 따라서 그 모든 것을 안다는 뿌리 깊은 느낌-당신의 동료들 사이에는 물론, 아마도 당신 자신 안에 있는- 을 다룰 필요가 있을 것이다. 이런 종류의 방문은 피상적인 것이지만, 본사에 있는 사람들은 그런 방문에 과도하게 의존한다. 북반구의 사람들은 가격과 광고 같은 중요한 영역의 절차와 과정, 투자에 관한 결정을 승인할 모든 힘을 가지고 있다. 그들은 현지에 살고 있는 간부들의 통찰을 무시한다.

남반구의 새로운 시장들에서 현지 정보와 지식을 가진 사람들은 당신의 의사 결정에서 중요하다. 당신은 그들에게 동기를 부여할 필요가 있고, 그들의 판단에 주의를 기울여야 한다. 그리고 당신은 그들을 신뢰하고 그들이 당신을 신뢰하게 만들어야 한다. 또한 당신은 본사와 이런 나라들의 현지적 맥락 사이에서 발생하는 큰 차이에 민감해야 한다. 이것은 결코 과소평가할 문제가 아니다. 당신의 본사 사람들이 결정적으로 중요한 어떤 나라를 방문할 때 현지의 사회적 동류 집단 속으로 들어가기 위해서는 약 9일 - 두 번의 주말과 5근무일 - 을 투자해야 할 것이라는 점을 알아야 한다. 전 지구적 차원의 게임에서 경험이 있는 대다수 간부들은 이것을 이미 알고 있다.

사업의 구성 요소들(마진, 현금 흐름, 비용 구조, 매출, 매출 성장, 시장점유율, 자본 투자 수익, 자본 집약도, 상표점유율*)은 모든 나라에서 똑같지만, 이 요소들이 결합되고 우선순위가 매겨지는 방식은 현지의 맥락에 따라 달라진다. 전 지구적 목표와 국지적 목표 사이의 충돌, 특히 가격 설정과 제품 개발 영역에서의 충돌이 한 사업 라인을 위한 전 세계적 전략을 실행할 때 종종 나타난다. 예를 들면 복수의 지리적 영역에서 동일한 제품이 사용될 예정일 때, 당신은 몇몇 시장을 위해 저가 버전을 생산하도록 사양을 바꿀 필요가 있을까?

다른 경우에는 전 지구적 전략을 현지화하는 것은 결국 조직에 관한 결정으로 귀착된다. 북반구 시장을 위해 고품질 집성목 가구를 제작하는 회사가 남반구로 향하고 있다고 해보자. 그 회사는 북반구에서 오랜 시간에 걸쳐 구축한 전문화된 판매 인력을 활용한다. 남반구에서 새로운 판매 인력을 구축하는 데는 너무 오랜 시일이 걸릴 것이고, 따라서 그 회사는 현지 유통업자들로 대체하기로 결정한다. 이렇게 하려면 그 회사는 그 유통업자들이 가구를 효과적으로 판매할 수 있도록 하기 위해 집중적인 프로그램으로 그들을

• 같은 업종의 경쟁 상표에 소비자들이 쓴 금액을 특정 상표에 소비자들이 쓴 금액의 비율로 나타낸다. 회사는 상표점유율을 높이기 위해 마케팅 목표를 세우고 그 목표를 달성하기 위해 전략을 세운다.

교육해야 할 것이다.

또는 진짜로 현기증 나는 예를 들어보자면, 당신이 아프리카의 어떤 지역에 당신 회사의 약품들 중 하나를 판매하려고 하는 제약 회사의 CEO라고 해보자. 그 약품의 가격이 미국에서는 높게 책정되고 유럽에서는 조금 낮게 책정되는데, 그 마진은 수년 동안의 연구 개발에 대한 보상을 위해 중요하다. 그 약이 아프리카에서 필요하지만, 당신은 그 약값을 훨씬 더 낮게 책정해야 할 것이다. 오늘날의 투명한 세계에서 가격 차이를 숨길 방법은 없을 것이다. 그렇다면 당신은 방대하고 다양한 경제들에서 고객을 만족시키면서도 당신 회사의 재정적 건전성을 어떻게 보장할 것인가?

당신이 해외에서 고위급 인력을 충원할 때도 긴장이 일어날 가능성이 있다. 예를 들면 인도의 800억 달러짜리 회사의 부회장을 가장 유망한 사업 카테고리를 위해 아시아와 아프리카 담당 최고 경영자로 채용하는 경우에 말이다. 남반구에서 그런 직위에 부여되는 보상과 신분은 보통 북반구에 기반을 둔 사업 단위의 부사장 수준이다. 당신은 이 간부를 북반구 사업 단위의 부사장보다 확실히 더 높은 간부진에 포함시키기 위해서는 본사와 싸워야 할 것이다. 본사의 불만을 잠재우기 위해서는 최고의 설득 기술이 필요하겠지만, 이것 역시 당신이 해야 할 새로운 게임의 일부다.

전 세계적 목표를 달성하기 위한 자금 및 인적자원의 투자와 장기적 포지셔닝을 위한 시장 및 지리적 세분 시장을 키워나갈 필요성 사이의 균형을 어떻게 유지할 것인가? 균형에 대해 올바른 판단을 내리기 위해서는 지혜로운 자원 할당과 목표 설정이 필요하다. P&G

는 신흥 시장들에서 너무 넓고 너무 빨리 확장하려고 하다가, 균형을 다시 잡아야 한다는 것을 알았다. 그 회사는 이익의 70퍼센트를 차지하는 40개 제품 시장으로 후퇴했다.

당신은 사람들을 평가하고 그들에게 보상을 해줄 때, 수치를 넘어 그 수치들이 어떻게 달성되고 있고, 미래를 위해 무엇이 형성되고 있는지를 고려할 수 있어야 한다. 이것은 사람들이 얼마나 잘 협력하고 있고, 외적 조건이 얼마나 힘든지를 판단하는 것을 의미한다. 그러나 사람들은 그런 판단들이 자의적인 것이 아니라는 점을 알 필요가 있고, 따라서 당신은 자신의 사고방식의 근거를 잘 전달해야 한다.

남반구로
이동하는
CEO의 과제

남반구로 확대해가는 회사의 CEO로서 당신의 과제는 방대하다. 이때의 문제들은 사업이 핵심 역량과 상대적으로 적은 수의 친숙한 시장에 좁게 집중되어 있을 때 당신이 직면했던 것보다 훨씬 더 많고 복잡하다. 당신의 전략 내용을 결정하는 일은 큰 그림에 대한 당신의 관점-밖에서 안으로와 미래로부터 돌아보기의 시각에서 보는 것-에서 시작한다. 당신은 멈출 수 없는 추세를 파악하기 위해 뒤얽혀 있고 복잡하며 알려지지 않은 것들 속으로 날카롭게 찔러 들어가야 한다. 당신은 체스 게임을 상상하고 그 안에서 길을 찾아야 한다. 그리고 이렇게 할 때, 확신을 가지고 전진하며 심지어 전략적 도박을 할 수 있도록 충분히 구체적이어야 한다.

당신의 전략은 남반구에서는 어디에 집중하고, 북반구에서는 어떤 변화를 일으켜야 하는지에 관한 질문에 답해야 한다. 이 전략 수립 과정의 일부는 어떤 사업 구성을 유지할 것인가, 어느 것을 더 강조할 것인가, 어느 것을 잘라낼 것인가, 어떤 새로운 것을 추가할 것인가를 결정하는 것이다. 이때도 안에서 밖을 보는 기존의 방식을 버리고 밖에서 안으로와 미래로부터 돌아보기 관점에 따라야 한다. 당신은, 아직은 신예지만 야심적인 현지 경쟁자들에서부터 기반이 튼튼한 다국적 기업들과 또 정부의 후원을 받는 몇몇 경쟁자들까지 현재와 미래의 모든 경쟁자들을 명확히 파악해야 한다. 당신은 북반구와 남반구, 단기와 장기 사이의 올바른 균형을 찾아야 하고, 축의 이동이 진행됨에 따라 그 균형도 변화시켜나가야 한다. 이것은 위험 인수에 대한 당신의 태도를 시험할 것이다.

당신이 다음 5년에 걸쳐 중국에서 5억 달러를 투자하는 안을 승인받기 위해 이사회 앞에서 발표를 한다고 상상해보라. 이사회는 열렬한 관심을 보이지 않는다. 이사회의 비상임 의장이 당신과 경영진에게 그 산업의 누가 중국에서 돈을 벌고, 어떤 전 지구적 경쟁자들이 신속히 이동해 들어가고 있는지 질문한다. 또 그는 "경영진은 중국의 고임금 인플레이션 환경에서와 불확실한 정부 행동하에서 언제 자본 비용을 충족시킬 것으로 예상하는가?"라고 덧붙인다. 또 다른 이사가 끼어들어 이렇게 말한다. "우리가 과연 중국으로 들어가야 하는지의 여부는 기본적인 질문이 아닌가? 중국이 세계 최대의 시장이 되기에는 아직 많은 시간이 걸릴 것이다. 그래서 우리는 오랫동안 돈을 벌지 못할 것이다. 우리가 잘 알고 있는 지역에 남아서 돈을 벌며 주주 가치를 창출하는 쪽이 더 낫지 않을까?"

세 번째 이사는 이렇게 지적한다. 즉 당신이 속해 있는 산업 때문에 당신은 중국 정부와 경쟁하게 될 것이다. 중국 정부는 현재와 미래의 최신 기술을 원한다. 또 중국 정부는 당신이 당신의 전 지구적 사업 전체를 중국을 본거지로 하여 경영하면서도 중국에서는 소수 지분 파트너로서 역할하기를 기대한다. 이것은 골치 아픈 딜레마다. 즉 그것은 소수 지분 주주들의 모든 골치 아픈 문제를 가진 세계 최대 시장에서 1등이 될 것인가, 아니면 다른 누군가에게 자리를 양보해 미래에 당신보다 더 큰 경쟁자가 되도록 허용할 것인가 사이의 선택의 문제다. 당신은 전략적 모험을 할 의지가 있는가? 만약 이사회가 저항을 하면, 이것은 당신이 보는 것을 그들은 보지 못하기 때문인가?

불행하게도 앞의 이야기는 내가 참석했던 이사회에서 실제로 있었던 대화다. 그 이사회는 회사가 전 지구적 축의 이동을 활용하는 데 최대의 걸림돌이었다. CEO로서 당신은 무엇이 걸려 있는지를 이사회에 이해시키기 위해 전 지구적 축의 이동이 빚어내는 풍경과 그 거침없는 추세(제2장을 보라)에 대한 명확한 관점을 제시할 필요가 있다. 또 당신은 이사들에게 남반구의 본성을 이해시키기 위해 그들과 밀접한 관계를 가지고 일할 필요가 있다. 대다수 이사들은 남반구의 미묘하고 변화가 심한 특징들을 잘 모르기 때문이다. 그들이 북반구의 동료들에게서 받는 인상은 남반구에서는 돈을 벌기 어렵다는 것이다. 당신은 이사들이 남반구에서 얼마간의 시간을 보낼 수 있도록 그들을 위해 여행을 준비해두어야 할 수도 있다. 물론 이 여행은 짧고 빡빡한 일정의 일반적인 방문보다는 길어야 할 것이다. 현지의 상황을 이해하고 사회적 시스템에 참여해보기 위해서는 충분한 비공식적 시간이 있어야 하기 때문이다. 당신은 몇몇 이사들이

하는 일도 해야 할 것이다. 즉 회의 일정을 남반구에서 잡아야 할 것이다. 이사들로 하여금 그들의 배우자들과 함께 일주일 동안 머물게 하고, 그들이 영향력 있는 현지인들과 사회적으로 연계를 가질 기회도 만들어야 할 것이다. 이를 통해 그들은 그곳에서 일이 어떻게 이루어지는지를 가까이에서 직접 이해하게 될 것이다.

CEO로서 당신 앞에는 운명을 바꾸어놓을 많은 결정들이 놓여 있다는 사실에는 예외가 없다. 당신은 그런 결정들을 정면으로 다루는 수밖에 없다. GE의 CEO인 제프 이멀트는 자신이 해야 했던 10가지 핵심적 의사 결정 목록을 만들었다. 나는 이 개념을 빌려 모든 CEO가 남반구로 가는 길을 모색하기 전에 고려해야 할 일련의 질문을 만들었다.

CEO가
결정해야 할
10가지 문제

백지를 가져와 다음 질문들에 답해보라.

1. 어떤 간부와 팀들이 전략 수립과 전략 운용 방법의 결정, 실행 과정의 변화를 이끄는 일에 참여할 것인가?

2. 당신의 새로운 전략과 그 로드맵은 무엇인가? 회사는 무엇을 하지 않을 것이고, 이제부터 어떤 변화가 이루어질 계획이며, 기존 전략의 어느 부분이 폐기되거나 덜 강조될 것인가?

3. 자본 할당은 어떻게 변화시킬 것인가? 그리고 그 시점은 언제일 것인가? 고정비용을 비롯한 제반 비용이 부풀어 오르지 않도록 하려면, 어떤 재정적 자원과 인적자원을 이동 – 북반구에서 꺼내서 남반구에 재배치 – 시켜야 하는가?

4. 어떤 새로운 역량이 필요할 것인가? 예를 들면 회사는 물류에 대해 전혀 다른 접근 방식이 필요할 것인가? 현실성이 없어진

역량은 무엇인가?

5. 운영 메커니즘의 내용과 위치, 결과는 어떻게 재설계할 것인가? 특히 재무 평가와 인재 평가는 어떻게 재설계할 것인가? 예를 들면 전 세계적 사업 라인에 대한 평가는 중국에서 행해져야 하는가?

6. 정보의 내용과 그 구조는 어떻게 바뀌어야 하는가?

7. 어떤 결정이 어디서 이루어져야 하는가? 어떤 변화가 일어나야 하는가? 남반구의 어떤 사람들이 기업 의사 결정의 결정적인 부분이 되어야 하는가?

8. 조직 구조를 바꾸어야 하는가? 바꾸어야 한다면, 언제 어떻게 바꾸어야 하는가?

9. 어떤 정량적 및 정질적 KPIs가 새로운 게임을 추동할 것이고, 오래된 것들 중에서는 어떤 것이 없어져야 할 것인가? 또 그것들은 중도에 바뀔 수 있는가?

10. 내적, 외적으로 이런 변화에 강한 관심을 불러일으키는 내용과 빈도, 매체는 무엇일까? 적극적인 대외적 의사 전달은 노동력의 심리에 자주 영향을 미친다.

요령 있는 CEO는 결정 과정 전체를 충분히 생각하고 그런 결정이 낳을 제2, 제3, 제4의 결과를 평가한다. 과단성이 중요하다. 분석 마비증analysis paralysis은 당신을 죽일 수 있다.

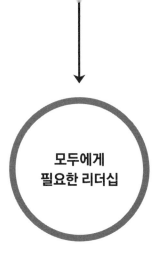

**모두에게
필요한 리더십**

축이 이동하는 세계 속에서 필요한 기능과 행동, 그리고 태도의 큰 변화는 전혀 새로운 환경의 자리로 이전해가는 사람들에게뿐만 아니라, 국내시장에 머물러 있는 사람들에게도 중요하다. 북반구에서 남반구로 이전해가는 것과 관련된 문제들을 이해하는 것은 CEO든, 사업부 관리자든, 손익 관리자든, 인사나 재무 혹은 감사 같은 업무의 지도자든, 또는 공급망이나 전 지구적 브랜드 운영 관리자든 모든 층위의 지도자들이 일을 더 잘 수행하는 데 도움을 준다. 또 그것은 남반구의 지도자들이 남반구의 한 나라에서 다른 나라로, 또는 남반구에서 북반구로 이전할 때도 도움이 된다.

현지 맥락을
신속히 익혀라

당신이 어느 수준의 책임을 맡고 있든 남반구로 갈 때 이해하고 익혀야 할 특정한 행동 원리가 있다. 이는 당신의 대인 관계 기술이 당신의 올바른 의사 결정 능력에 큰 영향을 미치기 때문이다. 설명하자면 다음과 같다.

남반구-가령 인도나 중국, 브라질, 인도네시아 혹은 나이지리아-에서 미국으로 이동하는 사람은 반대의 경우보다 시장을 더 쉽게 이해한다. 미국은 더 신뢰할 만한 정보원과 일류 컨설턴트들을 가지고 있고, 따라서 지식과 정보, 전문적 판단을 언제든지 얻을 수 있다. 신참자들이 이전해 들어오기가 비교적 쉽다. 남반구 출신의 상당수 지도자들(혹은 그들의 동료들)이 북반구에서 교육을 받았거나 일한 경험이 있다는 것도 도움이 된다. 그들은 무엇을 활용할 수 있고, 누구의 도움을 받아야 할지를 알고 있다. 그런 요소들은 남반구에서의 경험과 더불어 강력한 조합이 된다.

미국이나 유럽에서 가령 중국 같은 곳으로 가는 것은 훨씬 더 힘든 일이다. 사람들 이야기를 잘 들어야 할 뿐만 아니라 현지 사람들을 제대로 평가하는 것이 결정적으로 중요하다. 예를 들면 인도에서 현지 CEO들은 30개 주 각각이 소비자 행동과 세분 시장, 인프라, 물류 등의 면에서 그 자체로 하나의 국가라는 점을 알고 있다. 가장 결정적인 것은 다양한 참여자들 사이에서 정보가 어떻게 흐르고, 의사 결정이 어떻게 이루어지는지를 이해하는 것이다. 당신은 사회적 네트워크를 형성하고 있는 복수의 정부 기관들이, 그리고 중앙정부와 각 지방정부들이 어떻게 상호작용을 하고, 이들이 당신의 산업에 어떻게 관련되는지를 배워야 한다.

미국과 유럽, 일본에서 남반구로 가는 많은 지도자들이 자신들과 대체로 같은 종류의 사회적 네트워크에 참여함으로써 빠지게 되는 함정을 피해야 한다. 정보가 눈에 잘 띄지 않고 신뢰하기 어려운 남반구의 대다수 국가에서, 당신은 그 정보를 해박하게 해석해주고 정확한 정질적 판단을 제공해줄 사람들과 연계를 맺을 필요가 있을 것이다. 현지 당국자들의 의사 결정 맥락과 현실, 구조를 당신에게 알려줄 수 있는 조언자를 찾거나 자문가 집단을 구축함으로써 사회적 네트워크를 형성하라. 하지만 서두르지는 말라. 많은 경우, 당신은 효과를 얻기 위해 효율을 희생시켜야 할 수도 있다. '서둘러 일하자'라는 사고방식은 사회적 네트워크를 특징짓는 신뢰와 응집력을 형성하는 데 도움이 되지 않는다.

현지 사람들의 말에 귀를 기울일 때, 당신은 그 사람들의 준거 틀을 인식하도록 당신의 정신적 컴퓨터를 작동시켜야 한다. 정보 공유를 둘러싼 사회적 규범은 당신 회사의 규범과는 다를 수도 있다. 충분한 시간을 들여 사회적 유대를 형성하지 않으면 당신은 진실에 접근하지 못할 수도 있다. 당신은 대화를 끝마치기 전에 상대편이 마음속에 가지고 있는 것을 끄집어내 반복하고 재확인해야 한다. 참을성을 가지고 노력하라. 이 문화들 중에서 많은 경우, 후속 마무리 작업이 이루어지지 않는다. 당신은 마무리 작업을 할 필요가 있고, 이런 일들을 실행함으로써 그 문화권 사람들의 사회적 규범과 문화를 배울 것이다.

특정한 국가의 구체적 특징들을 철저히 익히는 것은 외부 환경을 보는 당신의 밖에서 안으로와 미래로부터 돌아보기 관점을 대체하는 것이 아니라 보완하는 것이다. 당신은 외적인 변화의 복잡성을 꿰뚫고 구분 작업을 계속해 중요한 것을 선별해내고 사업 기회를 포착해야 한다. 몇 가지 불확실한 요인이 존재하는 상황에서 전략적 모험과 투자를 하여 당신의 용기를 시험해보라. 게임을 변화시킬 전 지구적 힘을 탐지하기 위한 당신 자신의 일별, 주별 혹은 월별 정기 과업을 설정하라.

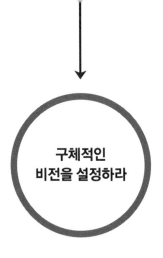

구체적인
비전을 설정하라

남반구에서 당신의 직원들과 파트너, 고객들이 당신을 진지하게 받아들이려면, 당신은 가시적이고 소통 가능한 비전을 수립해야 한다. 이 과정은 당신의 핵심 직원들의 헌신과 동의를 형성하도록 그들이 참여한 가운데 이루어져야 한다. 그리고 그 전략이 설득력을 가지려면 명확한 이정표를 가져야 한다. 너무 원대한 비전은 망상으로 간주될 것이다. 또한 받아들이는 사람들이 그 내용을 작성자의 원래 의도대로 받아들이고 그 전략에 헌신하도록 하기 위해, 당신은 당신의 비전을 끊임없이 반복해 전달해야 한다.

예를 들면 바르티 에어텔이 자신의 아프리카 15개국 사업을 인수하기 전까지 그 사업은 지난 10년에 걸쳐 주인이 다섯 번 바뀌었다. 따라서 (당연히) 그 직원들은 새로운 주인이 얼마나 오래 머무를지 의심했다. 일주일 안에 그 회사는 100명의 아프리카인 최고위 지도자들을 모아 공동의 비전을 수립했다. 이 문제를 처리하는 데 일주일간의 공동 작업이 필요했다. 인사 부분에 경력이 있던 마노지 콜리는 촉진 전문가master of facilitation°였고, 그 일주일은 각각의 사람들을 아는 데 충분한 시간이었다. 많은 대화가 있었고, 콜리는 모든 문화권 사람들과 관계를 맺는 능력을 지닌 탁월한 소통자로서 사람들의 이야기를 잘 듣고 치밀하게 사고했다.

그들이 만들어낸 비전은 "바르티는 2015년까지 아프리카인들의 일상생활에서 가장 사랑받는 브랜드가 될 것이다"였다. 이 비전은 눈에 보이고 측정할 수 있으며 시간을 바탕으로 하고 있었다. 그것은 소비자에 초점을 맞추고 있었고, 소비자들의 잠재의식 속에 'like'보다는 'love'의 관념을 심어주었다. 이런 점에서 그것은 다른 브랜드들과 대조됐다. 그리고 'loved'라는 단어는 소비자들과 밀접한 관련을 가지고 바람직한 서비스를 공급한다는 것을 함축하고 있었다. 동시에 그 단어의 정신에 따라 100명의 지도자들은 브랜드에 대한 소비자들의 사랑을 얻기 위해 할 수 있고 해야 하는 모든 일에 초점을 맞추게 되었고, 자신들의 조직도 똑같은 목표 쪽으로 향하게 할 것이었다.

2주 후에 콜리는 다시 돌아와 사람들과 대화하며, 회사가 가려는 방향과 비전의 내용을 이해시켰다. 그리고 그는 그 100명의 사람들이 그 방향을 추구하기 위한 구체적인 계획을 어떻게 만들고 실행해 나가는지를 배웠다.

° 좁은 의미로는 '회의를 효과적으로 진행하기 위한 활동'에 전문화된 사람을 의미하고, 넓은 의미로는 '조직에 의한 창조, 변혁, 문제 해결, 합의 형성, 학습 등을 지원하고 촉진시키는 활동'에 전문화된 사람을 가리킨다.

가시적이고 측정 가능하며 사업의 우선순위들과 연계된 비전은 직원들과 파트너들에게 같은 방향을 가리켜줌으로써 실행에 도움을 준다. 그리고 구체적인 기준을 충족시키는 것은 에너지를 창출한다. 바르티 에어텔의 비전을 실현시키기 위해서는 직원들과 파트너들이 사업의 두 가지 필수 요건에 집중해야 하는데, 저렴한 가격과 매력적인 서비스 제공이 바로 그 두 가지다. 경영진은 다음과 같은 결정들에 집중해야 한다. 각국에서 무슨 서비스를 어떤 속도로 제공할 것인가? 어떤 인프라를 어떤 속도로 구축해야 하는가? 어떤 투자를 일정과 예산에 맞게 실행할 것인가? 마지막으로, 2015년까지 그 비전을 달성하기 위해 경영상의 특별한 집중도를 창출할 인재 선발과 승진 기준은 무엇이 될 것인가?

기존의 법칙에
의문을 제기하라

거의 모든 경우에, 새로운 영역으로 진출하는 지도자들은 자신들의
잘 검증된 직관적 경험 법칙을 수정해나가야 할 것이다. 당신의 구체
적인 예전 배경을 알지 못하는 남반구 사람들과 관련해 그런 경험
법칙들을 사용하려고 했다가는 특히 위험할 수 있다. 당신은 탄력성
과 심리적 유연성을 발휘해 낡은 것들을 수정하거나 없애며 새로운
것들을 배워야 한다. 두 가지 예만 들어보자.

○ 소비자들 : 북반구에서 당신은 당신의 소비자들이 어디서 쇼핑
  을 하고, 사전에 어떤 정보를 입수하며, 어떤 가격을 지불할 것
  인지를 안다. 이 소비자들은 대형 소매점에 가거나 온라인에서
  쇼핑을 한다. 그들은 할인 쿠폰을 받거나 할인 판매 안내를 받
  으며, 비교 구매를 위해 디지털 미디어를 사용한다. 이와는 대
  조적으로 남반구의 대다수 소비자들은 마진이 낮은 작은 소매

점에서 물건을 산다. 이런 소매점들은 한 단계 이상의 중간 유통업자로부터 물건을 공급받는다. 당신은 이 시스템이 당신의 경험 법칙과 어떻게 다른지를 이해하기 위해 그것을 연구해야 한다.

○ 경쟁자들 : 경쟁 행위를 이해하기 위한 대다수의 경험 법칙이 남반구에서는 완전히 틀릴 것이다. 남반구의 경쟁자들은 이윤이 아니라 현금을 위해 경영하고, 매우 박한 마진과 높은 자산 회전속도, 매우 적은 간접비를 가지고 일한다. 그들은 일반적으로 상장되지 않았기 때문에 회계법인과 내부 감사를 고용하지 않고, SEC 유형의 규칙에도 구속받지 않는다. 그들을 움직이는 추동력은 시장가치가 아니라 시장점유율이다. 결과적으로 그들은 과단성 있고 빠르며 기업가적이다.

경계를 지우고
팀을 구축하라

지도자들에게 공통된 과제는 조직의 전 지구적 규모와 범위, 전 세계적 인재 자원talent pool을 활용해 경쟁자들 — 현지의 경쟁자든 다국적 기업이든 — 에 대한 차별성이나 새로운 가치를 창출할 핵심적인 계획을 실행에 옮기는 것이다. 소프트웨어를 개발하는 일이나, 전 세계에 퍼져 있는 연구 및 개발 현장들의 지적 자본을 통합하는 일, 전 지구적 공급 사슬을 재설계하는 일 등의 프로젝트는 종종 기능과 국가, 사업 단위를 가로질러 일하는 팀들에 의해 설계되고 수행된다. 이런 팀을 성공적으로 구축하는 것은 축의 이동이라는 변화하는 풍경 속에서 승리를 거두기 위한 결정적인 무기다. 이것을 잘하는 지도자들은 전 지구적 통합자들이라고 할 수 있다. 이것은 내가 새로운 종류의 지도자들을 가리키기 위해 새롭게 만든 용어다. 통합자의 기능은 매우 다른 문화와 훈련 배경을 지닌 사람들 사이에서 신뢰를 구축하는 것이다. 이렇게 다양한 사람들에게 최종 목표를 정확히 인식시키고, 정보와 데이터, 사실, 대외적 상황을 똑같이 이해시키기 위해 노력하는 것도 도움이 된다. 전 지구적 통합자는 사람들과 개별적으로 일하기도 하고 집단적으로도 일한다. 이 과정에서 통합자는 같이 일하는 사람들의 지식과 전문성을 활용해 올바른 해결책을 탐색하며, 이 각각의 해결책을 공통의 최종 목적에 도달하기 위해 당신의 관점에 맞게 변용한다. 그러나 최종 목적지에 도달하기 위해서는 이런 일이 여러 번 반복되어야 할 것이다.

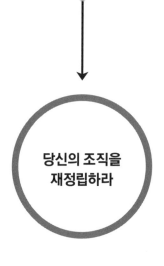

당신의 조직을
재정립하라

어떤 것이든 비전과 변화, 혹은 계획을 실행하기 위해서는 당신의 조직에 속한 사람들에게 에너지를 불어넣고, 그들이 어떤 구체적인 조치를 취해야 하는지를 지시해주어야 한다. 예를 들면 다음과 같은 것들을 확인해야 한다.

- 의사소통 - 하향과 상향 모두 - 이 걸러지지 않도록 하라. 소통은 조직의 동맥을 통해서 피가 자유롭게 흐르는 것과 같아야 한다.
- 의사 결정과 책임성을 단순화하라. 결정이 실행되지 않고 목표가 달성되지 않고 있다면, 문제의 뿌리를 캐내 그 요인들이 통제 가능한 것인지를 확인하라.
- 핵심 참여자들의 천부적 재능과 경험, 판단들을 가능한 한 신속하고도 정확하게 파악하고, 그들을 적소에 배치하라. 사람들

과 그들의 일이 얼마나 잘 맞는지를 평가하라. 비전을 달성하는 데 필요한 기능이 결핍되어 있지는 않은가? 서로 다른 문화들을 융합시키는 것과 관련한 문제들을 처리하라. 정보 공유의 차이는 일반적인 문제다. 지금은 포드의 북미와 남미 담당 이사인 마크 필즈Mark Fields가 1997~1998년 포드의 일본 파트너 회사에 갔을 때, 그는 정보가 분절되어 있는 문화를 대대적으로 바꾸어야 할 필요성을 즉각 파악했다. 관리자들은 사업 전체를 이해하지 못하는 기능적 전문가들이었다. 필즈가 설명하듯이, "만약 제조하는 사람이 자신이 만들기로 되어 있던 단위 수를 만들었다면, 그 회사는 이윤을 내야 한다. 또는 구매부서장이 자신의 올해 목표를 달성했다면, 그의 가정은 좋은 상태에 있다는 것이다. 그들 각 부분이 더해져서 어떻게 회사 전체를 이루게 되는지를 알아볼 수 있도록 그 사업이 그들에게는 통합된 적이 없었다." 사람들이 좀 더 열린 태도를 가졌으면 좋겠다는 입장을 명확히 한 후, 필즈는 서로의 기능에 대해 배우고 사업 전체에 대한 공통의 관점을 형성하기 위해 회사 밖 모임을 열었다. 그는 필요할 때만 통역자를 활용하되 회의를 일본어로만 해야 한다는 조건을 걸었다. 모국어로 이야기하면 그들이 좀 더 편하게 느낄 것이고, 미묘한 뉘앙스와 감정들이 더 잘 전달될 것이며, 따라서 정보와 관점의 소통이 좀 더 정확해질 것이었다. 필즈는 이틀 동안 사람들의 말을 이끌어내기 위해 질문을 계속했고, 그러자 비로소 사람들은 사물을 더 넓은 관점에서 보기 시작했으며, 자신들이 왜 정보 공유에 좀 더 적극적이어야 하는지를 알게 됐다.

○ 당신이 말하는 것을 실천하고 좋은 소식과 나쁜 소식 모두를 공유하며, 당신의 결정에 대한 합리적 논거를 명확히 설명함으로써 신뢰와 믿음을 구축하라.

○ 본사와의 모든 긴장을 해결하라. 이것은 한꺼번에 해결되지 않는다. 긴장은 항상 존재할 것이다. 예를 들면 당신이 현지 사업부 관리자이고 전략적 모험을 할 만한 큰 기회를 발견했다고 해보자. 당신은 수천 킬로미터 떨어져 있는 당신의 전 지구적 관리자보다 현지 맥락을 더 잘 안다. 그 전 지구적 관리자는 남반구에서 살아보거나 일해본 적이 없고, 산업 전문가나 때로는 그가 컨설턴트들 또는 당신에게 이따금씩 맡긴 과제물들로부터 정보를 얻는다. 전략적 모험을 할 당신의 능력은 당신이 자신의 판단을 받아들이도록 그들을 설득할 수 있을지의 여부에 달려 있다. 일련의 조건 아래서 위험들에 대한 엄격한 분석과 명확한 설명을 준비하고, 현지 상황에 대한 당신의 평가에 근거해 요구한 투자가 정당하다는 점을 그들에게 설득하라. 그리고 제안된 수익이 그런 위험들을 정당화한다는 점을 명확히 하라. 또 의사 결정의 여러 단계를 거쳐 나가며 정보가 왜곡되지 않도록 하라. 또한 의사 결정자들과 소통을 활발히 함으로써 신뢰와 자신감을 형성하고, 당신의 계획과 그 사업의 의미에 관한 매우 빈번한 정보 흐름을 창출하라. 그리하여 시간이 흐르면 그들은 당신이 최신 동향을 파악하고 있고, 좋은 판단을 하고 있다는 것을 알게 될 것이다.

축의 이동 속에서 성공하기 위해 조직 전체의 방향을 재정립하는 것은 심장 이식을 하는 것과 같다. 자르고 꿰매는 동안 수술의는 환자를 살아 있게 해야 한다. 사업의 경우에 문제는 회사가 원활히 기능하도록 하고 충격의 와중에도 목표치를 달성하는 것이다. 다음 장에서 나는 여러분을 기업 수술실로 데려가, 그 일을 하는 법을 보여줄 것이다.

THE GLOBAL TILT

WESTERN
EUROPE

USA

JAPAN

THE ECONOMIC TILT

MIDDLE
EAST

CHINA

MEXICO

INDIA

SUBSAHARAN
AFRICA

INDONESIA

BRAZIL

SOUTH AFRICA

제6장

축이 이동하는
세계에서의
조직 관리

당신의 새로운 전략을 실행하도록 조직을 준비시키는 일은, 적어도 전략을 처음 수립할 때만큼 많은 사고를 필요로 한다. 당신의 목표는 축이 이동된 세계의 상이한 속도에 맞추어 움직일 수 있는 빠르고 적응력 있는 조직이다. 조직들은 변화하는 외부 환경에 신속히 대응하고 현지 시장에서 성공하며, 미래를 위한 역량을 구축할 수 있어야 한다. 현지 지도자들은 거리가 먼 본사의 승인을 기다리느라 시기를 놓치는 일 없이 적시에 움직일 수 있도록 자원과 권한을 위임받아야 한다.

거대한 변화에 직면하면 지도자들은 일반적으로 조직 구조를 뜯어고치는 일부터 시작해야 할 것이라고 생각한다. 이것은 바람직한 일이 아니다. 그것은 실행하기가 매우 어려울 뿐만 아니라, 낡은 구조에서 새로운 구조로 이행하는 동안 에너지를 소진시키고 사업을 혼란에 빠뜨릴 수 있다.

확실히 더욱 효과적인 대안이 있다. 먼저 방정식의 다른 한쪽인 조직의 사회적 시스템에 초점을 맞추라. 인간이 함께 일할 때는 언제나 그들의 행위behaviors and actions-혹은 비행위inactions-가 사회적 시스템을 형성한다. 사회적 시스템의 요체는 사람들과 그 집단이 어떻게 상호작용하고 의사 결정을 하는지이다. 정보가 어떤 사람들 사이에 어떻게 공유되는지, 거래가 누구에 의해 어떻게 이루어지는지, 그런 상호작용 과정의 행위가 에너지를 창출할지, 아니면 소모시킬지이다. 나는 사회적 시스템을 능숙하게 변화시키면 필요한 일을 완수할 수 있다는 것을 관찰해왔다. 그래서 사회적 시스템의 영향은 너무나 강력해 때로는 그것이 필요한 변화의 모든 것이 된다.

축의 이동을 활용하기 위해서는 세 가지 조직적 변화가 필수적이다. 권력(어떤 결정이 누구에 의해, 어떤 정보에 따라, 조직의 어디에서 이루어지는가)과 자원(지도자와 전문가, 자금)의 이동, 그리고 행위(태도와 습관, 경험법칙)의 변화가 그 세 가지다. 만약 당신이 최고위 지도자라면, 이미 사용하고 있을 도구와 메커니즘의 집중적이고 규율 있는 활용을 통해 이런 이동을 추동할 수 있다. 예를 들면 자원이 남반구의 성장 지역 쪽으로 향하도록 예산 과정을 활용하는 것, 또는 직원들의 실적 평가에 남반구 쪽 사람들의 의견에 대한 개방성을 포함시키는 것 등이 그런 것들이다. 만약 당신이 중간 혹은 그보다 좀 더 상위의 관리자라면, 당신은 다음과 같은 것들을 알아야 한다. 즉 무슨 변화가 일어나야 하는지, 당신이 창출하는 고유의 긴장을 어떻게 처리할 것인지, 당신의 작업 내용과 시간 할당은 어떻게 달라질 것인지, 그런 일들이 일어나도록 하기 위해 당신이 어떤 개인적 습관을 채택해야 할지 등이다.

사회적 시스템에서 이런 변화가 일어나면, 당신은 어떤 종류의 조직이 필요할지에 관한 더 나은 결정을 할 수 있을 것이다. 당신은 의사 결정 역할에서 어떤 기능과 전문성 – 따라서 누가 – 이 필요할지와 누가 걸림돌이 되어왔는지를 판단할 수 있어야 한다. 사람들은 보고 체계상의 급격한 변화 같은 단절 없이 좋은 결과를 경험할 때 다음 번 조정 작업에 좀 더 열린 태도를 갖게 된다. 그들이 변화의 논리를 보게 될 것이기 때문에 이행이 좀 더 부드러워질 것이고, 조직의 지배적인 심리가 변화되어 있을 것이다. 어떤 CEO는 나에게, 권력과 자원이 이동하고 행위가 변화하기 시작한 후, 그 조직은 조직 구조상의 변화가 왜 그렇게 오래 걸리는지 알아야 한다고 말했다.

실제로, 구조를 먼저 변화시키는 것이 몇몇 지도자들에게는 무시할 수 없는 장점이 있다. 핵심적인 자리에 새로운 피를 수혈하기가 훨씬 더 쉽고, 의사 결정과 예산, 자본 할당, KPIs상의 변화를 한꺼번에 수행할 수 있다. 그런 이행은 보통 약 6개월이 걸린다. 그러나 그 시간 동안 많은 사람들이 혼동과 갈등을 느끼게 된다. 최근에 미국의 한 거대 다국적기업이 큰 구조 조정을 수행했을 때, 몇몇 인재는 더 나은 직장을 찾아 떠났고, 몇몇 중간 관리자들은 나에게 새로운 일자리에서 자신들이 무엇을 하고 있는지 모르는 사람들과 함께 일하는 것은 고문이라고 말했다. 내적으로든 외적으로든 파트너들과의 관계가 새롭게 구축되어야 했다.

사회적 시스템을 관리하려고 하는 지도자들은 먼저 최고의 지적인 정직성을 발휘해 떠오르는 도전에 대응하도록 조직을 적합하게 만들어야 한다. 적합하다는 것은 축의 이동 속에서 기회를 추구하고 발견할 능력, 혹은 시스템을 가지고 있다는 것을 뜻한다. 또 더 나아가 똑같이 중요한 것으로서, 이기려는 심리를 가지고 있다는 것을 뜻한다. 적합성을 평가할 실제적이고 시간적으로도 효과적인 방법은 인사와 재무, 법률 분야를 포함하는 팀을 구성하고, 다음과 같은 질문들을 다룰 평가회 같은 것을 조직하는 것이다.

1. 남반구에서 당신의 인재 자원은 충분히 강력하고 풍부한가?
2. 당신의 예산은 당신의 성장 우선순위를 반영하는가?
3. KPIs와 보상 체계는 당신이 하려고 하는 변화를 반영하는가?
4. 노하우와 기술, 전문성의 흐름에서 걸림돌은 어디에 있는가?
5. 당신의 직원들과 예산, 사업 평가는 당신이 이루려는 변화에 도움이 되고 있는가?
6. 중요한 결정이 올바른 방식으로 이루어지고 있는가?

이런 질문들에 대한 대답은 당신에게 어떤 행동을 취해야 할지를 가리켜줄 것이다. 한 세트의 보편적인 행동이란 없고, 오히려 행동들은 그 행동을 수행할 사람들에게 명확하고 구체적으로 전달될 수 있어야 한다. 그런 다음 지도자로서 당신은 실행에 명확히 초점을 맞추어야 한다. 명확한 책임을 할당하고 평가 과정을 통해 성취한 것을 칭찬해주어야 한다. 사람들이 낡은 행태로 복귀하지 않도록 하려면 엄격한 규율에 입각한 후속 조치가 필요하다.

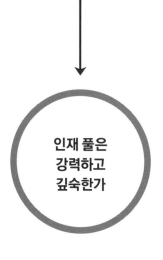

인재 풀은
강력하고
깊숙한가

남반구에서 최고 지도자들-국가와 지역 혹은 사업부의 책임자뿐만 아니라, CFO(재무 담당 최고 책임자)와 인적자원 책임자 및 준법 감시인-에 대한 당신의 선택과 임무 부여는 결정적으로 중요하다. 당신 회사의 가치를 공유하는 힘 있고 유능한 지도자를 갖게 되면, 그런 일들이 잘 관리되도록 함으로써 권력과 자원의 이동을 위한 길이 열릴 것이다.

바르티 에어텔의 CEO 수닐 미탈은 아프리카 사업 인수를 고려하면서 위험 수준이 높다는 것을 깨달았다. 이는 한꺼번에 많은 다양한 국가를 책임지는 것이 쉬운 일이 아니고, 또 그 회사가 큰 부채를 부담하게 될 것이기 때문이었다. 무능한 실행은 재난을 초래할 것이었다. 그러나 그는 마노지 콜리에게서 그 과업을 맡을 경험과 가치, 기능을 찾아냈다. 콜리는 다양한 국가의 정부와 그 맥락을 볼 능력이 있었다.

많은 회사는 자신들이 선택한 유망한 남반구 시장에서 성장을 추동할 지도자를 임명하는 데 한두 가지 실수를 저지른다. 첫 번째는 너무 낮은 직급의 사람이나 시야가 너무 좁은 사람을 보내는 것이다. 예를 들면 자기 분야의 기능에는 뛰어나지만 자기 업무의 더 폭넓은 의미에 대해서는 잘 모르는 사람을 보내는 것이다. 이런 사람들은 사업의 더 큰 그림을 잘 보지 못하고 다른 나라에서 돈벌이의 차이를 파악하지 못한다. 한 회사가 인도네시아 사업 책임자 자리에 브라질 출신 지도자를 보냈다. 하지만 이 사람이 기술적 재주가 있고 자국 내에서는 일을 잘했지만, 사업가로서의 넓은 시야는 갖고 있지 않았다. 똑같이 해로운 것으로서, 그는 자신의 예전 경험 법칙을 버릴 수 없었고, 정부 쪽 핵심 인사들과의 관계를 구축할 수도 없었다. 그리고 두 번째로, 많은 지도자들이 성장 시장의 일자리에서 고작 2~3년 동안 근무한 후 다른 자리로 재배치된다는 사실이 문제를 악화시킨다. 그러한 빈번한 자리바꿈이 관계를 구축하는 것을 어렵게 만들기 때문이다. 사업 감각이 있고 장기적 관계를 가진 현지 경쟁자들이 우위를 가질 것이다. 당신이 선택하는 누구든지 크게 생각하고 공격적이며, 매우 기업가적이고 낮은 마진을 견디는 데 익숙하며, 그 나라의 고위층 사람들과 좋은 연줄을 맺고 있는 현지 경쟁자들에 맞서 경쟁할 사고방식과 인성, 기술을 가져야 한다.

당신의 가장 유능한 지도자들 중 한 명을 북반구의 일자리에서 뽑아내는 것이 어려울 수도 있다. 이는 당신이 여전히 가장 많은 현금과 수입, 수익을 낳고 있는 시장에서 힘을 보존하거나, 아니면 힘든 이슈로 씨름할 필요가 있다고 생각하기 때문이다. 당신은 국내 시장에서 연도별 실적을 위험에 빠뜨리기를 원하지 않는다. 더욱이 당신이 일을 맡기고 싶어 하는 지도자들은 자신들이 이등 국 시민이 되고, 승진의 레이더에서 벗어나지 않을까 우려해 자리를 옮기기를 주저할 수도 있다. 당신이 가장 의존하는 사람들과 실적이 가장 좋은 사람들을 잃을지도 모른다는 우려 때문에, 남반구의 성장하는 일자리에 직급이 낮은 사람들을 배치하는 것이 더 편안하게 느껴질 수도 있다. 당신은 당신의 가장 훌륭한 지도자들에게 근무 기간이 가령 2년 이상 될 경우 해당 일자리에서 실적이 좋으면 승계 풀 succession pool•에 들어갈 수 있다는 점을 명시적으로 확인시켜줄 필요가 있을 것이다. 전 GE CEO 잭 웰치는 짐 맥너니Jim McNerney를 5년 동안 홍콩에 근무시켰다. 맥너니는 잭 웰치를 계승할 세 명의 후보 중 한 명이 되었고, 이어서 3M과 보잉의 CEO가 됐다. 북반구에서 지도부 자리를 개방하는 것은 떠오르는 인재들을 위한 훌륭한 자극제이자 발전 기회가 될 수 있다.

분명한 대안은 현지 맥락을 잘 아는 현지 지도자를 고용하는 것이다. 그러나 당신은 회사들이 종종 저지르는 실수를 피해야 한다. 즉 역량이 충분히 높지 않은 사람을 채용하는 실수를 피해야 한다는 것이다. 당신은 남반구 업계 지도자들의 용어로 말하자면 대가大家가 필요하다. 올바른 사람을 채용하는 오랜 난관은, 환경이 익숙하지 않고 최고 인재를 둘러싼 경쟁이 격렬해질 때 더욱 심해진다. 그러나 그것이 엄청난 차이를 만들어내고, 이 때문에 CEO와 인사

• 기업·조직에서 직원들이 언제든지 상급 관리자를 대체할 수 있도록 훈련·준비시키는 것.

책임자는 그 문제를 해결하는 데 필요한 모든 시간과 에너지를 투여해야 한다.

고성장 남반구에서 능력이 뛰어난 지도자들의 평판을 조회하고 그들을 채용하는 일은 북반구에서보다 훨씬 더 어려울 수도 있다. 인상적인 학위를 가진 많은 사람을 찾을 수 있겠지만, 사업 지도자로서 책무를 수행할 사람은 훨씬 적을 것이다. 헤드헌터와 자문단은 사람들을 찾도록 도와주고 그들의 배경을 확인해줄 수 있다. 그리고 당신 회사의 훌륭한 명성이 그들을 끌어들이는 요인이 될 것이고, 특히 만약 당신의 회사가 사람들의 재능을 발전시키도록 도와주는 것으로 알려져 있다면 더욱 그럴 것이다. 당신은 현지의 맥락에 정통하고 사회적 연줄을 가지고 있을 뿐만 아니라, 당신 회사에 맞는 사업적 통찰력과 가치를 가진 사람들을 필요로 할 것이다. 그리고 검증할 수 있는 운영 경험은 실행 실적과는 다르다는 점을 기억하라.

잘못된 지도력의 문제는 어느 것으로도 극복할 수 없다. 본사에서 권력을 포기하는 것은 매우 어렵다. 최고 경영진이 현지 지도자들의 능력을 믿지 않는다면, 권력 이동은 일어나지 않을 것이다. 모든 결정은 사후에 결과론적으로 평가·비판될 것이다. 이것은 다시 현지 조직의 대응력을 떨어뜨릴 것이고, 자원은 제대로 공급되지 않을 것이다. 이는 자원이 올바로 쓰일지 확신하지 못하기 때문이다. 다른 사람들은 당신의 주저함을 알아차릴 것이고, 현지 지도자의 의견과 생각, 정보에 대해 덜 수용적인 태도를 취할 것이다. 나중에 지도자를 교체하는 것은 귀중한 시간을 낭비하게 된다.

남반구의 지도자들은 보통 더 많은 부가 혜택과 더불어 북반구에 근접하는 수준의 보상을 받을 것으로 예상할 것이다. 최고의 인재들은 예전의 현지 수준을 결코 받아들이지 않을 것이다. 더 큰 문제는 그들 중 다수는 단순히 국가별 자회사나 사업부의 임원이 아니라 본사 임원이 되기를 원한다는 것이다. 그들은 부회장 같은 큰 직함을 원하고 그에 상응하는 보상을 받기를 기대한다. 최고 지도자들 중 많은 사람은 현지에서 큰 조직-뿌리를 깊이 내린 다른 다국적기업들을 포함해-의 고위직 출신들일 것이고, 자신들의 진로가 제한될 것이라는 모든 미묘한 신호에 매우 민감할 것이다. 이들을 당신 회사에 끌어들이려면, 그들이 다양한 전 지구적 인재 풀에서 중요한 주체가 될 것이라는 점을 그들에게 인식시켜야 한다. 즉 고위직의 일원이자 미래에 더 큰 직책을 위한 후보가 될 것이라는 점을 인식시켜야 한다는 말이다. GE와 하니웰, 유니레버, 지멘스 같은 회사들은 그런 지도자들을 위해 풍부한 가치 제안을 제공한다. 이는 그런 사람들이 본사의 중요한 자리를 포함해 더 큰 책무를 지닌 자리로 승진할 수 있도록 그 시스템이 보장하기 때문이다. 예를 들면 GE의 현지 지도자들은 홍콩에 사는 부회장 존 라이스John Rice와 직접 소통한다. 그들은 플로리다의 보카러톤Boca Raton에서 매년 열리는 GE 경영 회의에서 앞줄에 앉는다.

당신은 남반구에서 북반구로의 인재 이동을 용인하면서도, 남반구에 배치된 지도자들에게 그들 자신의 최고위 경영 팀과 승계 구조를 구축하기에 충분히 오래 그들 자리에 머무를 것을 요구해야 한다. 대다수 팀은 다양한 회사들에서 채용된 현지 사람들과 외국인들의 혼합으로 구성될 것이다. 그 지도자에게 중요한 과업은 이 집단을 채용하고 보유하며, 경쟁 상대보다 더 잘 협력하도록 만드는 것이다.

특히 남반구의 최우선적 성장 시장에서 능력이 뛰어난 지도자들을 채용하고 지명할 때, 당신은 현지에서 채용되었든 본국에서 차출되었든 남반구에 있는 최고 지도자들이 너무 많은 보고 층위에 구속되거나 그 속에 매몰되는 느낌을 받지 않도록 확실히 해야 한다. 가장 중요한 국가들-회사의 운명에 영향을 미칠 거대한 잠재력을 가진 국가들-의 지도자들에게는 CEO와의 직통 라인이 최선일 수도 있다. 몇몇 회사는 지역 본부를 철폐하고 그 대신 지역적 근접성에 따른 클러스터cluster°별로 조직을 구성했다. GE에서 클러스터의 지도자들은 부회장에게 보고하고 6주마다 CEO와 직접 소통한다.

간소화된 보고 체계는 현지의 경쟁에 신속히 대응할 수 있도록 해주고 정보 흐름의 왜곡을 피하게 하며, 해당 일자리의 중요성을 나타내는 신호 역할을 한다. 이러한 모든 것들은 다시 직원 채용과 보유에 영향을 미친다. 그런 보고 체계는 또한 본사에 있는 사람들의 마음도 열어준다. 사람들이 자기 목소리가 들리기를 원하는 것은 당연한 일이다. CEO든 회의나 토론을 주관하는 누구든, 어떤 지도자의 이야기를 주의 깊게 들어주고, 필요하다면 그 사람의 말을 이끌어내며 그의 판단을 따름으로써 그 지도자의 관점이 중시된다는 강한 신호를 보낼 수 있다(물론 이 모든 것의 전제는 과업을 감당할 능력이 있고, 회사의 다른 사람들과 조화되는 가치를 가진 지도자를 채용하는 것이다).

° 집적효과를 발휘하는 집단 조직 형식.

남반구의 중요한 시장들에서 지도자들의 역량과 역할을 높이는 것이 북반구에는 심각하고 때로는 고통스러운 영향을 미친다. 당신은 회사 간부들 - 부사장, 전무, 부회장 등 - 의 수를 계속 늘릴 수는 없다. 많은 사람들이 세계의 다른 곳들로 이동해야 하거나 해고를 통보받을 것이다. 이 문제를 보는 한 가지 방식은 당신의 최고 지도자들 중 얼마나 많은 사람이 남반구 국가 출신인지를 고려해보는 것이다. 가령 50명의 간부급 지도자들을 가지고 있고 이들 모두가 북반구에 근거지를 두고 있는 상황에서 당신이 남반구에서 확장할 전략을 세웠다면, 당신은 최소한 10명의 고성장국 출신 간부가 필요할 것이다. 그러면 문제는, 당신이 간부들의 수를 50명에서 60명으로 늘릴 경제적 여력이 있거나, 아니면 북반구에서 간부들의 수를 줄일 필요가 있는지 여부다. 북반구 시장에서도 지도부를 재배치하고 규모를 조정해야 할 수도 있다. 예를 들면 당신은 포르투갈과 스페인 혹은 이탈리아의 경제적 문제를 고려할 경우에도, 여전히 그 국가들에 똑같은 수준의 인적자원을 계속 배치할 것인가? 아마도 일부 사람들은 독일로 이전되어야 할 것이다. 유럽과 중동에서 성공하는 데 독일이 중요해졌기 때문이다. 북반구의 지도자들이 당신이 추진하려고 하는 조직적 변화를 지지할 것인지의 여부에 관해서도 당신은 정직한 판단을 내려야 한다. 그 지도자들이 많은 자원을 장악하고 있을 것이기 때문이다.

　불가피하게 사기 문제가 있을 것이다. 당신은 동료와 매우 재능 있고 헌신적이며 성공적인 직원들 중 일부를 잃을 것이다. 당신은 인정머리 없다고, 또 심지어는 비애국적이라고 비난을 받을 것이다. 당신이 인정머리가 없지도 비애국적이지도 않을지라도, 월스트리트의 입장은 명확하다. 비용을 줄여라, 간접비를 삭감하라, 성장 시장으로 자원을 배치하면서도 동시에 TSR(총 주주수익률)을 낳으라는 것이다. 더욱이 이런 문제를 회피하는 것은 그 문제를 직면하는 것만큼이나 불쾌한 일이다. 느리게 성장하는 환경에서 비대해진 머릿수는 내부 정치와 뒤통수치기를 자극하는 경향이 있다.

예산은
성장 우선순위를
반영하는가

고위 지도자들은 자원 이동의 핵심적 도구인 예산의 사회적·정치적 측면에 대한 인식의 폭을 넓힐 필요가 있다. 그것으로 권력의 이동이 일어나고, 예산 과정 자체가 행동을 변화시킨다. 하지만 자원 할당은 너무나 자주 반대 효과를 초래한다. 즉 그것은 기존 권력 기반을 유지하고 현상을 강화하는 작용을 한다. 또 그것은 전향적 기초 위에서가 아니라, 회고적 기초 위에서 이루어진다. 이런 결정들을 통제하는 사람들은 낡은 생각에 빠져 있고, 따라서 해야 할 필요가 있는 일을 보지 못하게 된다. 또는 그들이 전략의 변화와 새로운 자원 할당 사이를 지적으로 연관지을 수 있다고 하더라도, 인간적 측면이 새로운 자원 할당에 방해가 된다. 이것을 직시하자. 사람들은 자원을 뽑아내는 것을 싫어한다. 사람들은 심리적 요인에 흔들린다. 즉 그들은 오랜 시간 동안 함께 일해온 사람들을 실망시키고 싶어 하지 않는 것이다.

예산과 KPIs는 당신의 모든 것이 걸려 있는 약속이다. 중요한 목표를 달성하지 못하면 당신은 동료와 상사, 팀원들을 실망시킬 것이고, 당신의 지갑과 승진 기회도 영향을 받을 수 있다. 특히 KPIs를 초과하면 목표의 200퍼센트에 해당하는 보너스가 약속된 경우에는 더욱 그렇다. 예산 과정은 엄청난 정도의 경쟁과 협상을 유발한다. 경쟁과 협상은 내부의 게임을 수반하는 일이고, 이것은 성장이 미약하거나 하락할 경우와 자원이 삭감되어야 할 경우에 격화된다. 경영상의 실랑이가 나타나는데, 이는 월스트리트가 원하는 결과에 영향을 미치지 않으면서도 남반구의 성장을 자극하고 북반구에 자금을 공급할 충분한 돈이 없기 때문이다. 성장하는 시장에서 확장을 하고 싶다는 말을 하기는 쉽지만, 현실은 자원 제약이 예산 운용을 둘러싼 첨예한 긴장을 창출한다는 것이다.

많은 경우에 북반구 지도자들은 자신들이 가진 것을 지키기 위해 싸우고 있다. 그들은 예전과 똑같은 수준의 자금 공급 없이는 직원 수를 줄여야 될 것이라는 점을 알고 있다. 이것은 모든 지도자들이 두려워하는 일이다. 특히 그 일이 외과 수술을 통해 이루어질 경우에 더욱 그렇다. 사람들이 "왜 내가 가야 합니까? 나의 실적 평가서는 탁월합니다. 다른 사람은 왜 안 됩니까?"라고 물으면 지도자들은 곤혹스러워한다. 공장 전체를 문 닫는 것은 어떤 면에서는 좀 더 쉬운데, 이는 그것이 구체적인 수치와 분석에 기반을 두어 정당화되기 때문이다.

최고 관리자들은 북반구에 대한 자금 공급을 평상시 수준으로 유지해야 할 그들 나름의 이유가 있다. 즉 그들은 북반구에서 나오는 이윤 흐름을 훼손시키지 않을까 우려하는 것이다. 그러나 북반구 안에서도 조정이 필요하게 될 것 같다. 이는 몇몇 세분 시장이 다른 세분 시장보다 더 강력하게 성장할 것이거나, 아니면 한 시장이 전 지구적 도전자로부터 공격을 받을 수 있기 때문이다.

남반구의 지도자들은 기회를 보기 때문에 자원을 얻기 위해 싸울 가능성이 더 크다. 그러나 그것이 좋은 기회일까? 그 기회는 어떤 마진을 언제 창출할 것인가? 어려운 점은 남반구 어떤 국가의 성장 시장을 위한 운영 예산의 일부가 실제로는 몇 달이 아니라 몇 년 만에 성과를 낳을 전략적 투자라는 점을 인식하는 것이다. 판매 인력을 처음부터 형성하고 직원을 훈련시키며 브랜드를 구축하고 시설을 최대한 이용하는 데는 시간이 걸린다. 또 현지의 조건뿐만 아니라 경쟁의 역동성과 거시적 요인들의 변동성 때문에 결과를 예측하기도 어렵다.

북반구와 남반구 사이의 또 다른 한 가지 차이도 고려해야 한다. 즉 남반구의 지도자들은 예산 게임의 경험이 없을지도 모른다는 것이다. 확립된 시장에서 오랫동안 일해온 사람들은 오랜 시간에 걸쳐 발전된 심리적 친화성 및 상사들과의 근접성 때문에 의사 결정자들에게 영향을 더 잘 미칠 수 있다. 지도자로서 당신은 그런 심리적 계약psychological contracts*을 이해하고 언제 개입해야 할지를 알아야 한다. 또한 당신은 연도별 예산 수립의 연속성도 보장해야 한다. 남반구에 재정 지원을 단속적으로 하는 것은 최고 인재를 보유하고

---

* 조직과 구성원 사이에 존재하는 성문화되지 않은 규약, 즉 '암묵적인 기대'를 가리킨다.

제6장 축이 이동하는 세계에서의 조직 관리

시장에서 성공을 거두는 데 매우 나쁜 영향을 미친다.

자원 할당은 세부적인 것에 초점을 맞추는 작업이기 때문에 많은 지도자들은 그것을 싫어한다. 지도자들은 그것을 지도가 아니라 관리라 생각한다. 그러나 지도자들이 조직의 행태와 심리를 형성해 나가는 것은 이 핵심적인 활동을 통해서다. 하향식 과정이 상향식 과정보다 빠르고, 8분기 연동 계획°은 변화하는 상황에 적응하는 데 필요한 유연성을 형성할 좋은 방법이다. 예산은 분기별로 조정될 수 있다.

자본 지출에 관한 결정이 회사의 성장 목표에 일치하려면, 그 결정에 북반구와 남반구의 차이가 고려되어야 한다. 남반구에서의 자본 지출은 일반적으로 새로운 것을 창출하는 데 소요된다. 북반구에서는 보통 유지 보수와 부분적 확장을 위해 사용된다. 비록 남반구에서의 투자가 그 회사의 경쟁력을 더욱 높여줄지라도, 보통 북반구에서 수익이 더 높고 회수가 빠르다. 장애율hurdle rates°°과 위험 요건risk requirements°°°을 정하는 기술이 결정적으로 중요하다. 상이한 나라와 세분 시장은 발전 단계가 다르고 거시적 조건에 의해 달리 영향을 받는다. 빈약한 판단과 위험 회피는 투자 자본의 가장 큰

• '경제개발 5개년 계획'과 같은 고정 계획에 대조되는 계획. 중·장기 계획을 집행하는 과정에서 매년 계획 내용을 수정·보완하되 계획 기간을 계속적으로 1년씩 늦추어가면서 동일한 연한의 계획을 유지해나가는 제도.
•• 기업이 현재의 자금 조달 구조 아래에서 새로운 투자를 행할 때 최소한 채우지 않으면 안 되는 수익률.
••• 투자 행위와 관련해 위험에 대한 정의와 발생 가능성, 영향 범위, 피해의 심각성과 급박성 등을 정하는 일.

몫이 북반구로 향하게 되는 결과를 초래할 것이다. 사람들은 자신들이 해오던 일을 계속할 것이고, 행동과 권력은 바뀌지 않을 것이다.

자유재량적 기금은 조직적 축 이동의 양상을 규정하는 또 하나의 도구를 이룬다. 물론 이것은 반발을 일으킬 가능성 때문에 당신이 사용하기를 꺼려할 수도 있을 도구다. 예를 들면 예산 주기가 시작된 지 몇 달 만에 국가별 사업부의 수장은 컨설팅 회사를 계속 고용하거나 여행 경비를 포함한 새로운 시장 진입과 관련한 기타 비용을 대기 위해 운영 예산 이외의 추가 자금이 필요할 수도 있다. 다양한 전 지구적 사업 라인을 위한 예산들은 이미 정해져 있지만 말이다. 이제 CEO는 국가별 수장에게 필요한, 가령 5,000만 달러의 추가 자금을 줄 것인지의 여부를 결정해야 한다. 많은 본사는 이를 조정할 유연성을 갖고 있지 않다. 그러나 현지 지도자들이 전략을 운용할 때 문제를 극복하거나 기회를 잡도록 도와줄 일정액의 '위험 기금'을 쓸 수 있도록 해주는 것이 합리적일 수도 있다. 일례로 어떤 회사의 기획 회의에서 사업부 지도자들이 2개년 계획을 제시했을 때, 중국 사업부 수장은 영업 인력을 처음부터 구축하려면 너무 큰 비용이 들기 때문에 파트너를 채용하겠다는 의사를 밝혔다. 그러나 토론이 끝난 다음 영업 인력을 구축하는 쪽이 더 낫다는 점이 분명해졌다. 중국의 예산에 이 사항이 고려되어 있지 않다는 점을 깨달은 CEO는 아시아 태평양 지역 수장에게 자원 배분을 적절히 바꿔야 한다고 주장했다.

보상체계는
변화의 방향을
반영하는가

권력과 행동의 변화는 실적에 대한 빈번하고 시의적절한 피드백을
통해 강화된다. 당신이 보상을 위한 실적 평가를 1년에 한 번씩만 하
고 있다면, 좀 더 자주 피드백을 주어야 한다. 어떤 회사들은 분기마
다 실적 평가를 한다. KPIs와 목표에 비추어 실적을 관측할 때, 남반
구의 조건이 북반구에서보다 빠르게 변화하고 예측성이 떨어지며,
변동성이 종종 지도자의 통제를 넘어선다는 것을 기억해야 한다. 원
칙을 희생시켜서는 안 되지만, 모든 실수의 배후에 있는 이유를 확
실히 조사해야 한다. 나는 인도에서 관리자의 예산과 KPIs가 몇 달
만에 낡은 것이 된 상황을 보았다. 인도의 발전소들이 석탄을 구할
수 없어서 용량의 30~40퍼센트만을 가동해 생산의 수축이 일어나
고 있었기 때문이다. 이자율이 상승했고, 따라서 원리금 상황 부담
도 증가했다. 통화의 변동과 인플레이션 상승과 하락, 상품 가격의
급등, 이 모든 것은 남반구에 공통적이지만, 관리자의 통제를 넘어

사업부의 수익성에 영향을 미칠 수 있다. 그러나 그런 상황 변화가 시장점유율과 비용, 생산성 목표에 미치는 영향 같은 것들은 관리하거나 측정할 수 있다.

그런 시장들에서 지도자들이 겪어나가는 현실을 인식하는 것은 그들의 사기와 그들의 성공 능력은 물론, 그들을 보유할 가능성에도 엄청난 영향을 미친다. 당신이 하는 모든 조정은 그 회사의 다른 사람들에게는 불공정한 것으로 인식될 수도 있지만, 이 때문에 당신이 옳다고 알고 있는 조정을 하지 않아서는 안 된다. 당신은 당신의 논리적 근거를 모든 사람에게 명확히 할 필요가 있을 것이다.

정량적 요인들에 대한 피드백보다 훨씬 더 중요한 것은 행위 같은 정질적 요인들에 대한 피드백이다. 바로 이것을 통해 당신은 사람들의 태도와 행동에 문제를 제기하고 방향을 바꿀 수 있다. 기술 부서는 그 전문성을 남반구의 사람들과 공유하고 있는가? 남반구에 있는 나라의 지도자는 그 정부와 올바른 네트워크를 맺고 있는가? 북반구와 남반구의 사람들은 시장을 획득하는 데 도움이 되면서도, 다른 나라들의 고객들을 혼란시키지 않을 가격 정책을 고안해내기 위해 협력하고 있는가? 전 지구적 조직들은 전사적으로 단순화되고 표준화된 절차를 가져야 하지만, 사람들은 익숙해진 시스템을 변화시키는 것을 좋아하지 않는다. 그들은 이 변화에 저항함으로써 회사의 결정력을 손상시키고 에너지를 누출시키고 있는가?

두 가지 유형의 행위에 특히 주목할 필요가 있다. 협력과 권력 공유가 그것이다. 예를 들면 전 지구적 사업부나 본사 기능 부서가 자신들의 예산에 미칠 영향에도 불구하고, 남반구 사람들과 전문성을 공유할 의지가 있다면 협력이 가능할 것이다. 그 회사가 현지 시장에 필요한 정교한 기술과 거대한 암묵지* 기반을 본사에 가지고 있다면, 그런 기술들의 단계적인 이전이 계획되어야 한다. 자원에 대한 수요가 너무 커지거나 노하우의 이전이 합당한 이유에서 다툼의 대상이 된다면, 협력적 해결책은 단순히 도움 요청을 거부하는 것이기보다는 고위 인사들로부터 완화책을 찾는 것이다. 그 이슈가 속에서 들끓도록 방치된다면, 이득을 보는 것은 경쟁자들뿐이다.

권력 공유는 예를 들어 어떤 지도자가 남반구에서 의사 결정이 이루어지도록 허용할 때 볼 수 있다. 만약 이런 일이 일어나지 않는다면, 당신은 그 지도자에게 시장과 가까운 사람들에게 결정권을 넘기지 않아온 이유를 질문해야 한다. 현지의 역량이 의사 결정을 감당할 만큼 충분히 형성되지 않은 것도 한 가지 이유가 되겠지만, 아마도 그 지도자는 단순히 심리적 장벽 때문에 그랬을 수도 있다. 이런 방어적 행위는 많은 회사들의 더 빠르고 훌륭한 전진을 방해하는 것이다. 이것은 그대로 방치될 수 없다.

남반구에서 관찰해야 할 또 하나의 영역은 가치다. 사람들이 기업 가치를 보여주고 회사의 행동 규칙을 준수하고 있는가? 규정 준수는 선택이 아니라 필수다. 현장 방문을 통해 당신은 당신의 평가를 유의미하고 정확하게 만들 증거를 관찰하고 축적할 기회를 가질 수 있게 된다.

---

* 학습과 체험을 통해 개인에게 습득되지만, 겉으로는 드러나지 않는 상태의 지식.

전문성의
흐름을 막는
걸림돌은 없는가

일상적인 사업 활동은 돈벌이가 이루어지는 곳이고 재능이 검증받는 곳이며, 전략과 지침이 실행되거나 실행되지 않는 곳이다. 또한 특정한 일상적 사업 활동을 지체할 경우 남반구에서 당신의 목표-투자자들이 기대하는 중대한 계약의 획득 같은-를 달성하지 못하게 될 수 있다. 사람들이 합의에 도달하지 못하거나 협력하지 못할 때마다 최고 지도자들이 개입할 수는 없다. 하지만 그 지도자들은 조직의 사회적 시스템에서 샘플을 검사해 걸림돌-전문적 지식의 결핍이나 자원을 담당하는 지도자의 경직성-을 찾아내고, 그 걸림돌을 다룰 분쟁 해결 메커니즘이 존재하도록 해야 한다. 이 메커니즘은 고위 경영진이 주재하는 월별 원격 화상회의 같은 단순한 것일 수도 있다.

대다수 조직은 이름이 어떻게 붙어 있는지와 상관없이 매트릭스형*으로 구조화되어 있다. 매트릭스는 회사의 규모를 활용함과 동시에 낮은 수준에서 손익 책임을 분명히 하기 위한 기축점을 확인하도록 설계되어 있다. 손익 책임을 진 사람들은 매출과 시장점유율 목표 달성, 현금 창출 또는 특정한 자산 수익률 달성 같은 사업 결과를 낳기 위해 다양한 요인들을 통합해 의사 결정을 내린다. 기축점에 있는 사람들은 책임을 갖지만, 전통적인 명령-통제적 권위나 예산 자원은 갖지 않는다. 그들은 자신들에게 보고하지 않는 사람들에게 일을 시킬 수 없지만, 합의된 수치가 달성되는지를 확인한다.

매트릭스에서 중간 관리자는 보통 두 명 이상의 상사에게 보고하게 된다. 예를 들면 싱가포르의 재무 담당자는 현지 상사에게 보고하고, 동시에 본사의 재무 책임자에게도 보고한다. 그리고 이 책임자는 다시 CFO에게 보고한다. 싱가포르의 재무 담당자는 두 명령 계통으로부터 승인과 자원을 얻어야 한다. 반면에 본사의 재무 담당자는 자신에게 보고하는 다양한 사람들 사이에서 자원을 할당하는 방법을 결정해야 한다. 이들 모두 거절하기 어려운 합리적 근거를 지니고 있을 것이다. 결론은, 자원에 대한 요청이 의도치 않게 사업 타당성 보고서business case ••를 왜곡시키는 필터를 거칠 수도 있고, 따라서 결정이 종종 지연된다. 이것은 자금이 풍부하고 기업가적이며 규모가 큰 현지 경쟁자들에 대해 경쟁상의 불리한 점이 될 수 있다.

지원을 제공하고 전문가들을 배치하는 본사 사람들은 그들 나름의 KPIs를 충족시켜야 한다. 이 KPIs는 대다수 회사에서 연도별로

• 종축(列)과 횡축(行)의 두 지휘명령 계통을 설치하고, 이원적 관리에 의해 활동하는 조직.
•• 투자를 해야 할지 말아야 할지에 대한 비즈니스 결정을 지원하고, 투자의 전체 생명주기에 걸쳐서 투자 관리를 지원하기 위한 운영 도구로 이용되는 이론적 근거 문서를 가리킨다.

고정되어 있고, 따라서 남반구에서 오는 갑작스러운 수요 증가를 수용할 수 없다. 만약 본사 사람이 남반구에 필요한 것을 준다면 다른 사업부는 더 적게 받을 것이다. 의사 결정자들은 매트릭스의 긴장을 느낄 것이다. 이것은 자신들의 목표를 달성하기 위해 필요로 하는 일부 자원에 대한 직접적 통제권을 갖지 못한 다양한 손익 관리자들도 마찬가지일 것이다.

희소한 자원을 둘러싼 경쟁은 현실이다. 남반구에 가장 결정적으로 필요한 것은 전문가들이다. 즉 기술자와 유지 보수원, 제조 공정 전문가, 법률 및 준법 전문가, 인적자원 전문가 등이 그런 사람들이다. 남반구 지도자들이 사업을 키우기 위해서는 회사의 인재들을 활용할 필요가 있음에도 불구하고, 그런 기능이나 부서를 운영하는 사람들은 상사들로부터 "인원수를 늘리면 안 됨"이라는 메시지를 분명하게 받는다는 것은 흔한 불만이다. 따라서 남반구 지도자들은 사업을 성장시키기를 기대받지만, 그렇게 하기 위한 충분한 인적자원을 갖고 있지 않다고 느낀다. 남반구 지도자들이 문화적 이유 때문에 자신들의 입장을 명시적으로 강력하게 옹호하지 못할 수도 있다는 것은 도움이 되지 않는다. 어떤 나라 관리자는 자신이 느낀 압력을 이렇게 표현했다. "CEO는 나에게 계속 더 많은 것을 요구하지만, 우리 쪽 사람들은 제약이 많다. 사정이 전혀 나아지지 않는다."

전문성의 배치는 거의 모든 사업체들이 남반구의 성장 시장에 접근하면서도 북반구에서의 존재감을 유지하고 확대하려고 할 때 씨름하는 난처한 문제다. 공정 기술이나 법률 같은 고도로 전문화된 전문가들은 희소가치가 특히 크다. 이들의 시간을 잘못 할당하면

성장에 심각한 병목이 초래된다. 당신은 조직적인 것(인원수가 동결된 가운데 전문 지식에 대한 너무 큰 수요)이든, 행위적인 것(두려움이나 불안정에 기인하는)이든 그 병목을 찾아내야 한다. 몇몇 중간 관리자들은 남반구로 노하우를 이전하면 그들 자신의 경쟁자를 키우게 되고, 자신들의 일자리가 언젠가는 없어지게 될 것이라고 생각한다. 이것은 자신들이 이용당하고 있다고 느낄 수도 있는 50대 사람들을 특히 괴롭히는 문제다. 남반구 지도자들에 대한 존중과 신뢰, 그리고 정보의 신뢰성 문제도 개입된다. 다른 어떤 사람의 판단과 인식을 믿는 데는 시간이 걸린다. 이렇게 되기까지 그들의 요구에는 심리적 무게가 덜 실린다. 다른 나라 사람들이 회사 전체에 자신들만큼 헌신적일지의 여부에 대해 북반구 사람들이 의심하는 것도 이상한 일이 아니다. 그리고 의심은 협력과 공유에 대한 잠재의식적 저항을 낳는다.

당신은 걸림돌들을 어떻게 알게 되는가? 이 걸림돌들이 보통 중간 관리자급 사람들에게는 유독 잘 보이는데, 이는 그들이 그런 긴장 및 좌절감과 더불어 살기 때문이다. 최고위층에 있는 사람들이 그 걸림돌을 찾아내는 한 가지 방법은 맥박 조사*를 통하는 것이다. 이 조사는 단지 공론가가 아니라 실천가들을 대상으로 하는 설문 조사다. 이것은 보통 제3자에 의한 인터뷰를 통해 이루어진다. 이런 인터뷰는 깊숙한 분위기도 포착할 수 있다. 정보 흐름과 의사 결정 속도, 공식적 및 비공식적 여과 장치들에 관한 질문들은 국지적 및

---

* 회사의 '건강'을 확인하기 위한 일종의 '맥박' 측정 도구로서, 임직원들을 대상으로 하는 근무 환경 및 업무 만족도 설문 조사를 가리킨다.

전 지구적 사업부의 내부 사람들 사이나 업무 기능 부서 내부의 취약점들을 가리켜줄 수 있다. 만약 설문 조사에서 변화를 거부하는 사람들이 드러난다면, 당신은 선두에 선 사람들을 영웅으로 치켜세울 수도 있을 것이다. 이상적으로 말하자면, 당신은 시간의 흐름에 따라 진전 과정을 추적할 수 있도록 설문 조사를 일관성 있게 해야 한다.

조직적 혹은 행위적 걸림돌들을 발견하고 다룰 두 번째 방법은 회의-전화나 기타 여러 가지 방식-와 같은 사회적 메커니즘을 통해서다. 이런 회의는 이러저러한 방식으로 협력할 필요가 있는 사람들 사이에서 최소한 6주에 한 번은 이루어져야 한다. GE의 CEO 제프 이멀트는 그런 회의를 6주마다 수행한다. P&G CEO 밥 맥도널드 Bob McDonald는 한 달에 한 번 그런 회의를 연다. 포드 CEO 앨런 멀럴리Alan Mulally는 매주 한다.

이 회의들에서는 정확한 질문을 하는 것이 중요하다. 최고 지도자들은 조직적인 축의 이동이 올바른 속도로 진행되고 있는지, 회사가 표적으로 삼은 지역에서 승리를 거두고 있는지, 아니라면 그 이유는 무엇인지를 알 필요가 있다. "우리가 소비자를 매혹하는 일을 잘하고 있는가?"라는 기본적인 질문으로 시작하면, 즉각 본사의 고위직 사람들이 고객 매장에서 최고 의사 결정자들과 연락하도록 도와주고, 계약서를 쓸 때 의무 이행에 대한 우려를 전달할 필요성에 관한 토론의 문이 열린다. 이와 비슷하게, "우리의 가장 우선적인 프로젝트가 어떻게 진행되고 있는가"라고 질문하면, 기술 전문가들이 아직 자리를 옮기지 않았다는 이야기를 들을 기회가 생긴다. 걸림돌

제거 –그리고 이에 따른 행동의 변화와 권력과 자원의 이동–는 바로 그때 거기서 일어날 수 있다. 지도자들은 숙제를 함으로써, 즉 논쟁적인 이슈가 무엇일지를 관찰하고 그 이슈들을 가장 중요한 위치로 부각시킴으로써 병목을 쉽게 탐지해낼 수 있다. 집단 안에서 누가 무엇을 해야 하는지를 결정하면, 해결책이 무엇이고 누가 책임을 져야 하는지가 모두에게 보이게 된다. 그런 다음 그것은 6주 후 후속 조치의 문제가 된다.

이 메커니즘의 행복한 부산물은 그것이 공동의 문화를 구축한다는 것이다. 빈번한 토론은 좀 더 격식 없는 환경을 만들어낸다. 사람들은 서로를 알게 되고, 이것은 허심탄회하고 협력적인 분위기를 낳는다. 그리고 사람들은 어떤 가치와 행동이 강화되는지를 본다. 이 메커니즘은 사실 권력과 자원, 행동의 변화를 창출하는 가장 빠른 길이다.

평가는
이루려는 변화에
도움이 되는가

나는 당신이 축의 이동에서 승리하기 위해 큰 조직을 동원하려고 할 때 직면하는 쟁점과 딜레마들을 어렴풋하게 제시했다. 시간은 제한되어 있고, 따라서 당신은 시간을 최대한 잘 활용해야 한다. 6주 회의 같은 사회적 메커니즘은 당신의 역량을 크게 확장시킬 수 있다. 올바로 설계되고 지도된다면, 그런 메커니즘은 분기별 수치 달성을 보장하면서도 조직적 변화를 추동할 수 있다. 사업부나 직능 부서들에 대한 월별 운영 평가와 분기별 재무 평가, 연도별 전략, 인재 또는 규정 준수 평가, 예산 회의 등 이 모든 것은 사회적 메커니즘들이고, 조직 계통들 전반에서 사람들의 반복적인 모임들이다. 간단히 하기 위해 그 모든 것을 '평가'라고 부르기로 하자.

모든 회사는 이런 것들을 다양하게 가지고 있다. 이것들은 엄청난 양의 시간과 정신적 에너지를 흡수한다. CEO는 자기 시간의 3분의 1 이상을 이런 것들에 할애하고, 회사 전반의 지도자들은 이런 것들을 준비하고 그것들에 참여하며, 거기서 나오는 항목들과 관련된 작업을 하는 데 일반적으로 각자 시간의 40퍼센트를 사용한다. 그것들이 이미 사업 운영의 중심이라는 점을 고려하면, 권력을 이동시키고 자원 할당과 행위를 변화시키기 위해 그것들을 활용하는 것이 합당하다. 평가 작업을 극대로 활용하는 것은 연마될 수 있는 기술이고, 소중한 시간에 대한 보상을 해줄 것이다.

다음은 평가 작업을 조직적 축 이동을 위한 도구로 전화시키기 위한 몇 가지 지침이다.

더 많은 남반구 출신 사람들을 포함시켜라. 대개의 경우 평가 작업을 하는 인원 구성은 회사들의 새로운 현실을 반영하지 못한다. 큰 성장 영역 출신의 지도자들이 포함되어야 한다. 이는 많은 평가 값이 사회적 측면에 관한 것이기 때문이다. 사업 이슈들에 관한 토론이 심도 있게 진행된다면, 사람들은 지적으로뿐만 아니라 사회적으로도 연계를 맺지 않을 수 없다. 열쇠는 문화적·언어적인 이유 때문에 망설일지도 모를 사람들을 끌어내는 것이다. 이를 통해 북반구와 남반구 사람들 사이의 논쟁적 이슈와 딜레마가 표면으로 드러나게 된다. 몇몇 지도자들은 현지 지도자들에 대한 평가를 수행하기 위해 다양한 나라를 여행한다. 이것은 그런 사람들의 중요성을 보여줄 뿐만 아니라, 현지 상황에 관해 더 많은 것을 알 큰 기회가 되는 행동이다.

배우고 관찰하기 위해 평가를 활용하라. 평가는 집단과 개인들의 행태를 관찰할 좋은 기회다. 당신은 원하는 변화가 일어나고 있는지를 보게 될 것이다. 북반구 사람들은 현지의 상황을 이해하기 위해 남반구에서 충분한 시간을 투자하고 있는가? 사람들이 목적과 목표, 우선순위에 진정으로 동조하고 있는가? 당신이 예산과 평가 작업에서 이런 것들에 주파수를 맞추면, 실제로 그것들은 파악하기 상당히 쉽다. 또한 당신은 사람들에 관해 많은 것을 알게 될 것이다. 당신은 누가 위험을 감수하는 사람—너무 큰 위험을 감수하고 있을 수도 있을 사람들을 포함—이고, 누가 충분히 과감하지 않으며, 누가 자신들의 우선순위와 초점을 이동시키지 않고 있는지를 알게 될 것이다. 당신은 북반구에서 남반구로 가는 승인 과정이 너무 오래 걸린다는 사실을 발견할 수도 있고, 누가 그 과정을 가로막는지 아니면 촉진하는지를 확인할 수도 있다. 질문과 토론이 필요한 만큼 깊숙이 진행된다고 가정하면, 평가는 현지 조건들을 이해하고 또 다른 눈으로 전 지구적 그림을 볼 때 큰 도움이 된다.

프레젠테이션을 대화로 전환하라. 대부분의 평가는 한 가지 공통된 단점이 있다. 파워포인트 프레젠테이션에는 1시간 50분이 할애되는 반면, 토론을 위해 남겨진 시간은 10분밖에 안 된다. 이것이 변해야 한다. 해당 집단이 지도자의 인도 아래 토론과 토의에 참여할 때, 평가는 행동을 가장 효과적으로 변화시킬 수 있다. 프레젠테이션은 15분 정도 이내로 제한되어야 한다. 그리고 토론이 필요한 항목들이 전면에 올려져야 한다.

연결 고리들을 창출하라. 즉 한 가지 평가의 내용을 다른 평가의 내용과 연계 지을 방법을 찾아라. 예를 들면 만약 당신이 운영 평가에서 남반구의 어떤 지도자가 기술 분야의 인적자원을 더 많이 필요로 한다는 것을 알게 된다면, 영향을 미치는 사람들과 관련된 이슈를 조사하라. 일례로 기술 분야의 수장이 남반구 쪽으로 적절한 사람들을 보내고 있는가? 인사관리는 적절한 종류의 사람들을 채용하기 위해 보수 면에서 충분한 유연성을 허용하고 있는가?

피드백을 주라. 개인들에 대한 피드백으로 각각의 평가를 실시간으로 보완해나가라. 당신의 지도는 권력과 자원을 이동 - 종종 고통스러운 일이지만 - 시킬 개인들의 의지와 행동에 강력한 영향을 미칠 것이다. 토론에서 나온 두드러진 점을 요약하고 당신 마음에 들었던 것을 개인들에게 말해주라. 개인들의 어떤 사고방식을 바꾸어야 할지를 고려하고, 그들이 더 잘할 수 있는 것을 제지하지 말라. '차단' 행위가 그대로 받아들여지도록 방치하지도 말라.

결정은
올바른 절차를 통해
이루어지는가

당신이 더 폭넓은 전략적 방향과 목적 - 예를 들면 남반구의 매출 비중을 늘리는 것 - 을 명확히 한다고 하더라도, 시의적절하게 좋은 결정을 내릴 수 없다면 조직은 그 전략을 실행할 수 없을 것이다. 따라서 당신은 본사 차원에서는 어떤 결정이 내려지고 지역이나 국지적 수준에서는 어떤 결정이 내려져야 하는지, 그리고 어느 것이 공동의 의사 결정이나 협력과 협상을 필요로 할지를 다시 생각해볼 필요가 있다. 당신의 중요한 결정들을 구분해보고, 본사 차원에서 그런 결정을 내린 이유를 다시 생각해보라. 전형적인 사례는, 저비용국으로부터의 경쟁이 격심한 상황에서 매출이 가장 높은 나라에서 성장이 둔화될 때 전 세계를 위한 제품을 개발하는 것이다. 중요한 세 나라가 각각 상당한 현지 맞춤화를 요구하고 있다면, 제품 개발 과정 전체가 그 세 나라 중 한 곳에서 일어나야 하는가?

현지 지도자들의 자신감과 신뢰의 결핍은 당신이 다룰 필요가 있을 별개의 이슈다. 하지만 당신이 강력한 지도자를 두고 있다고 가정해보라. 당신은 남반구에서 현지 사람들의 의사 결정력을 증대시킬 부인할 수 없는 이유를 보게 될 가능성이 있다. 이것은 경영진이 변화시키기에 가장 어려운 것들 중 하나다. 이는 본사 사람들이 자신들의 힘이 줄어들고 있다고 느끼기 때문이거나, 아니면 멀리 떨어진 잘 모르는 지도자들의 강한 영향을 받는 결정이 초래할 전 지구적 결과에 대해 자신들이 책임을 져야 할 경우 위험이 너무 높다고 느끼기 때문이다. 리트머스 시험지는 현지 지도자들이 현지의 사납기 그지없는 경쟁자들만큼 신속하게 적절한 결정을 내리기에 필요한 규모와 범위의 힘을 사용할 수 있는지 여부다.

전략이 얼마나 훌륭할지는 그 전략을 운용하거나 실행하는 의사 결정자들의 질에 달려 있고, 현지 맥락에 대한 깊은 지식이 결정적으로 중요하다. 한 의료 장비 제조업체를 예로 들어보자. 이 회사는 전 세계 의료 장비 산업에서 다섯 번째였고, 중국 시장을 겨냥하고 있었다. 그러나 중국 시장에 들어가기에는 너무 늦은 상태였다. 본사의 전략가가 중국을 여러 차례 방문하고 야심적인 확장 계획을 세웠지만, 그의 중국 내 경험은 제한적이었고, 그 회사는 그 전략가의 생각을 현지에서 이끌 지도자들을 갖고 있지 못했다. 최선의 방법은 유통업체를 통해 판매하는 것이라고 그 전략가는 판단했다. 그는 그 아이디어를 이사회에 제출했는데, 우연히 드러난 일이었지만 이사회 안에 경험 있는 중국인 사업가가 있었다. 이 중국인 사업가는 영업 인력을 구축하는 게 더 좋지 않겠냐고 질문했다. 그는 그렇게 하는 쪽이 느리고 비용이 더 많이 들겠지만, 훨씬 더 장기적인 가치가 있는 일이라고 주장했다. 그는 자신의 논리를 이렇게 설명했다. 즉 중국은 정밀 의료 장비의 사용과 서비스 면에서 매우 후진적이기 때문에 시연을 통해 장비를 판매해야 한다는 것이었다. 자체 영업 인력과 서비스 팀을 구축하면 장기적인 경쟁 우위를 얻게 될 것이었다. 본사는 이 안에 동의했고, 영업과 서비스 팀을 구축하기 위한 예산을 늘렸다. 이 접근법은 성공적인 것으로 입증되고 있다. 현지 사정에 대한 그 사업가의 깊은 지식이 없었더라면, 그 회사는 현실을 보지 못하고 중국 진출은 실패로 돌아갔을 것이다.

현지인의 권한 정도는 명확히 규정되어야 한다. 그렇다면 이 사람에게는 어떤 승인이 필요한가? 현지 지도자들에게 권한이 위임되어야 할 여러 가지 영역이 있다.

먼저 직원의 채용과 보수 체계가 그 한 영역이다. 현지 지도자들은 건별로 본사의 승인을 받을 필요 없이 현지 조건에 맞도록 핵심 직원들을 채용하고 이들의 보수를 결정할 수 있어야 한다. 현지 지도자들에게는 사업 운영을 위한 일정한 범위의 재량권이 주어져야 하지만, 이것은 어디까지나 본사의 인사관리가 시간을 가지고 현지의 조건을 학습한 다음에 이루어져야 한다. 몇몇 곳에서의 격심한 경쟁과 높은 임금 상승 때문에, 그 재량 범위는 본사의 인사관리가 익숙한 것보다 훨씬 더 빈번하게 조정되어야 할 것이다. 북반구 사람들이 똑같은 정도의 봉급 인상을 얻지 못하고 있다는 불만이 있을 수 있기 때문이다. 그럼에도 불구하고 인재가 희소할 경우, 임금이 낮고 채용 의사를 제때 제시하지 않으면 최상의 인력을 놓칠 수 있다. 본사는 현지 지도자들이 지나치게 큰 값을 치르고 있다고 걱정할 수도 있지만, 바로 이 지점에서 그들의 능력과 판단에 대한 신뢰가 문제된다. 인사관리자는 나가서 알아보아야 한다. 즉 시간을 내어 현지 사업장을 방문해 현지 사정과 현지 지도자들을 알아보아야 한다. 채용과 보수에 대한 통제권을 현지 지도자들에게 준다고 해서, 현지인들이 본사를 개입시키지 말아야 하는 것은 아니다. 예를 들면 채용 후보자들에 대한 면접 같은 일에 본사가 개입할 수도 있을 것이다. 현지 지도자들에게 최종 결정권을 허용해주면서도 상호 신뢰를 형성하는 것은 더 나은 결정을 위한 길을 닦아준다.

그리고 전략의 조정도 권한 위임이 필요한 영역이다. 현지 지도자들은 전략을 현지 사정에 맞추어 조정하고 그 실행 방법을 결정할 때 일정한 여지를 가져야 한다. 예를 들어 회사가 세 개의 제품라인을 가지고 있다면, 그 지도자들은 현지 시장이 어떤 발전 단계에 있는지와 경쟁 역학에 근거해 어느 것을 강조하고 가장 빨리 확장해야 할지를 결정할 수 있어야 한다. 대다수 매트릭스 조직에서는 그런 권한 부여가 잘 안 된다. 일상적인 실행의 경우에는 현지 지도자들에게 유연성을 허용하면서도, 장기적으로 어떤 조합이 더 합리적일지에 대한 합의가 있어야 한다.

인수를 통해 확장할지, 아니면 합작을 통해 확장할지, 혹은 신설을 통해 확장할지에 관한 결정은 복잡하지만, 특히 파트너십과 인수의 영역에서는 현지인들이 빠르게 움직이는 상황에 대응할 수 있어야 한다. 현지인들이 본사의 전문성은 물론 본사 관할의 모든 컨설팅 회사와 투자은행가들을 활용할 수 있어야 하지만, 궁극적으로 현지인들이야말로 어느 표적을 추구해야 할지를 가장 잘 알 것이다.

현지인들과 본사 모두 그들의 시야에 들어오는 파트너십과 인수의 규모에 대해 사전에 합의해야 한다. 법률적인 계약도 협력적으로 이루어져야 한다.

가격 책정 역시 권한 위임이 필요한 영역이다. 현장에 가까이 있는 지도자들이 현지의 경쟁 역학을 가장 잘 볼 수 있고, 따라서 일반적인 지침 안에서 가격 책정 문제를 다룰 권한을 가져야 한다. 그들은 다른 곳에서 정면으로 경쟁하지 않는 저비용 경쟁자들에 직면할 수도 있고, 그들의 현지 경쟁자들이 다른 비용 구조를 가지고 있을 수도 있다. 시장을 장악하거나 똑같은 시장 포지셔닝을 달성하기 위해서는, 가격이 적어도 일시적으로라도 다른 곳보다 공격적으로 더 낮거나 더 높아야 할 것이다.

한 가지 제약 조건은 현지의 가격 결정을 다른 곳의 가격 결정과 연관 지을 필요성일 것이다. 지금처럼 투명한 세계에서는 다른 나라에 대한 한 나라의 큰 예외를 유지할 수 없다. 특히 소비자 자신들이 다국적인 상황에서는 더욱 그렇다. 문제는 단지 절대가격이 아니라 가격의 구조다. 가격 구조에는 특정 조건의 지속 기간, 제품과 서비스 구성, 그리고 금융을 포함한 기타 지원책 같은 요인들이 포함된다. 이런 요인들은 가격의 경우와는 달리 다양할 수 있다.

어떤 결정들의 경우에는, 진행하기 전에 먼저 남반구에서 정보를 얻는 것이 중요하다. 제공되는 많은 제품과 서비스는 부분적으로 표준화되어 있고, 나머지는 현지 시장에 맞춤화된다. 기술 제품들은 종종 공통의 '플랫폼'에 기반을 둔다. 전 세계나 지역 전반에 적용될 사양을 결정하는 것은 다양한 국가에서 오는 의견들의 균형을 맞추어야 하는 매우 어려운 과업이다. 종종 결정을 이끄는 사람들은 몇 몇 협소한 필요성과 기준가격에 근거해 개인적 판단을 내리는 북반구 사람들이다. 남반구 사람들이 자료를 제시하고 자신의 관점을 옹호하는 일에 훈련되어 있지 않으면 문제가 더욱 악화된다. 그러나 남반구의 시장이 아직 충분히 성숙하지 않았고, 따라서 북반구 관리자들에게는 긴급해 보이지 않기 때문에, 또 다른 갈등이 일어날 수 있다. 관계도 문제가 되기 시작한다.

그런 결정을 지지하는 메커니즘도 변해야 한다. 예를 들면 단일 제품을 관할하는 지도자들은 남반구의 지도자들과 더 자주 협의하도록 요구받을 것이다. 사회적 메커니즘의 경우와 마찬가지로, 빈번한 접촉은 관계를 형성하고 정보와 아이디어 흐름을 도와줄 것이다. 누가 최종 결정을 내리는지와는 무관하게 협력이 더 나은 최종 결과를 초래할 것이다.

어떤 급진적인 변화 ─ 조직 구조와 사회적 시스템에서 ─ 에 먼저 착수할 것인지는 지도자들이 선택해야 할 문제다. 당신 조직의 사회적 시스템이 북반구와 남반구 사이의 더 나은 균형을 달성하도록 축의 이동을 이끌어간다면, 당신은 올바른 조직 구조를 갖게 될 것이라고 나는 확신한다. 이것은 당신만의 독특한 상황에 따라 다른 양상으로 나타날 것이다. 당신은 이 장에서 제기된 질문에 응답하는 과정에서 지금 무슨 행동 ─ 평가 수행 방식 같은 당신 자신의 습관들을 바꾸는 일 ─ 을 취해야 할지를 알게 될 것이다.

어떤 순서로든 당신이 하기로 결심하는 변화는 실행 가능성이 있어 보일 것이다. 그러나 그것들은 큰 조직적 변화를 추동할 것이다.

그런 일이 일어날 때, 다음 행동 지침이 떠오를 것이고, 결국 당신은 조직적 변화에 착수할 준비를 갖추게 될 것이다. 예를 들어 평가의 내용과 구성을 바꾸어보면, 너무 많은 보고 층위나 정보 필터들 때문에 걸림돌이 만들어지고 있다는 점이 드러날 수도 있다. 당신은 가치를 창조하기보다는 여과기에 지나지 않는 그런 층위들을 없애야 할지도 모른다. 가령 국가별 매니저가 200명이나 되는 복잡성 때문에 의사소통과 신제품 개발이 수렁에 빠지고 있다는 점도 드러날 수 있다.

한 가지 해결책은 지리적 범위를 축소하는 것이다. 또 다른 해결책은 구조적인 것일 수 있다. 즉 몇몇 나라를 클러스터 혹은 지역으로 묶고 디지털 도구들을 사용해 새로운 협력 수단을 창출하는 것이다. 당신은 당신의 지도자들과 또는 두드러지는 몇몇 사람들을 더 잘 알게 될 것이다. 이들을 보유하고 이들의 기술을 활용하려면 이들을 승진시켜주어야 할 것이다. 그러면 이것은 다시 보고 체계를 변화시키거나 간소화시키는 것을 시사한다. 어떤 경우든 권력과 자원의 이동 및 행동의 변화는 축이 이동하는 오늘날의 세계 속에서 당신 회사가 더욱 잘 경쟁하도록 해줄 것이다. 그러면 조직 구조의 변화는 훨씬 덜 험악한 양상을 나타낼 것이다.

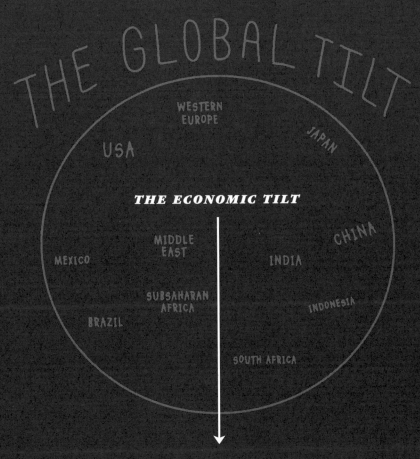

THE GLOBAL TILT

WESTERN
EUROPE

USA

JAPAN

THE ECONOMIC TILT

MIDDLE
EAST

CHINA

MEXICO

INDIA

SUBSAHARAN
AFRICA

INDONESIA

BRAZIL

SOUTH AFRICA

제7장

최전선에서 모험 중인
북반구 기업들

밖에서 안으로와 미래로부터 되돌아보기 시각에서 성장 기회를 평가해보면, 그 결과는 거의 언제나 남반구 시장을 가리킨다. 하지만 그 시장을 어떻게 추구할 것인가? 당신은 자원을 너무 희박하게 펼쳐놓거나(P&G가 최근 더 적은 제품 시장으로 철수한 것의 결함), 너무 일찍 투입하기를 원하지 않을 것이다. 혹은 목표가 다를 수도 있을 파트너나 고객들–더 나쁘게는 해당국 정부–과 기술을 공유함으로써 당신의 기술적 우위를 손상시키고 싶지도 않을 것이다. 불완전한 세계에서 당신이 원하는 것을 언제나 얻을 수 있는 것은 아니기 때문에, 당신은 현실주의와 실용주의의 원칙에 따라 언제 어디서 어떻게 경쟁할지를 결정해야 한다.

현실주의는 당신의 정보와 인식의 정확성에서 온다. 밖에서 안으로와 미래에서 되돌아보기 시각으로 세계를 보면, 북반구 지도자들에게 언제나 멋진 그림만 나타나는 것은 아니다. 오히려 때때로 당신은 당신에게는 없는 든든한 뒷바람을 경쟁자들은 가지고 있다는 것이나, 산업들 간의 장벽이 무너지고 있다는 것, 또는 당신이 결정적으로 의존하는 투입물에 대한 통제를 잃어가는 중이라는 사실을 받아들여야 한다. 용기를 가지면 당신은 과감히 움직임으로써 그런 거친 현실을 장점으로 전화시킬 수 있다.

이것이 바로 보레알리스의 지도자들이 했던 일이다. 오스트리아 비엔나에 본사를 둔 90억 달러짜리 이 회사는 광범위한 소유권을 가지고 있고, 중동에 사업장을 두고 있으며, 세계 최대의 폴리프로필렌과 폴리에틸렌 제조업체 중 하나다. 과거 15년에 걸친 이 회사의 진화를 규정한 것은 두 가지 현실에 대한 그 회사 나름의 해석이었다. 그 두 가지 현실은 산업의 수직적 통합을 향한 경쟁적 추세와 중요한 원료 지배권의 축 이동이 그것이다. 유럽의 파편화된 석유화학 업계의 풍경 속에 뿌리를 둔 이 회사는 바로 거기서부터 전 지구적 강자가 됐다. 이것은 대체로 그 회사가 핵심 자원을 통제하는 자들의 증대하는 힘에 직면해 생존을 위한 고통스럽지만 필요한 조치를 취했기 때문이다.

많은 유명한 소비재 회사들―예를 들어 네슬레와 유니레버, 코카콜라, 콜게이트 같은―은 오랫동안 남반구에 제품을 팔아왔다. 이 회사들은 일찍이 브랜드와 유통망을 구축하면서 천천히 성장했다. 버버리와 프라다, 루이비통 같은 사치재 제조업체들은 자신들의 전 지구적 브랜드를 위한 매장들을 세우기 전에 고급 소비자 수의 임계치가 부상하기를 기다렸다. 그러나 몇몇 산업재 회사들, 즉 다른 회사들에 제품과 서비스를 파는 회사들은 남반구에서 영속적인 경쟁 우위를 확보하기 위해 다른 방침을 취하고 있다. 그들에게 통하는 것은, '사람 첫 번째, 실물 투자 두 번째' 접근법이다. 이런 접근법을 통해 그 회사들은 시장 성장에 앞서 현지 전문성을 개발하고, 따라서 현지 경제와 관련 속에서 확장을 위한 기초를 놓는다.[1] 그들은 비약적 성장이 일어날 가능성이 있는 시장을 확인하고 현지 인력 엔진을 구축한다. 또 이를 위해 그들은 현지 지도자들과 기술 전문가들의 핵심 집단을 고용하고, 기술을 개발해 그 기술을 회사의 문화에 흡수하며, 미래의 고객 기반이 되는 현지 제조업체들과의 관계를 구축한다.

고객 회사 기술진과의 밀접한 관련이 일찍 확립되고 시간이 흐르면서 깊어진다. 이 과정에서 발전하는 신뢰 덕택에 그 회사는 고객사의 제조 공정과 연계를 맺고, 종종 매우 가치 있고 마진이 높은 새로운 기회를 발견한다. 경제가 도약함에 따라 핵심 전문가 집단의 규모가 커지고, 연구소와 제조 시설도 따라오며, 그 회사는 그 산업 고객들과 더불어 성장한다. 후발 주자들에게는 오랜 기간에 걸쳐 형성된 이 경쟁 우위에 맞서 경쟁하는 것이 힘든 일이다. 3M과 델파이는 성장에 앞서 시장에 공을 들여온 B2Bbusiness-to-business 회사들이다.

일찍부터 시장에 공을 들이는 것은 근시안적이고 욕심이 과한 회사들에는 안 맞는 일이다. 그렇게 하는 데는 장기적인 투자가 필요할 뿐더러, 발생기 시장의 지도자들에 대한 경영진의 밀접한 관심도 똑같이 중요하다.

다른 회사들은 파트너십이 새로운 시장으로의 진출을 위한 가장 좋은 방법이라고 생각해왔다. 북반구-남반구 파트너십과 공급 관계는 현재 사업 풍경의 기본 특징이다. 북반구의 많은 기업들-자동차 제조업체, PC 제조업체, 제약업체, 소비재 가전제품, 고속 열차, 심지어 산업용 유리 제조업체들까지-이 남반구의 더 낮은 비용과 더 높은 매출 성장을 추구하며 그런 체제 속으로 들어갔다. 북반구 기업들이 남반구의 친숙하지 않은 환경 속으로 혼자 들어가는 것은 지뢰밭에 들어가는 것이거나 시간을 끄는 일일 수 있다. 따라서 남반구의 현지 파트너들은 북반구 기업들에게 그런 친숙하지 않은 환경 속에서 성공하는 데 필요한 중요한 역량을 빌려줄 수 있다.

몇몇 시장에서는 결정 과정이 복잡해질 수 있다. 무엇보다도 중국과 인도, 말레이시아는 적어도 몇몇 산업에서는 그 시장에 사업장을 여는 외국인 회사들의 소유 지분을 제한한다. 그래서 북반구 회사가 그 파트너에게 기술과 노하우를 이전해야 하는 경우에 문제가 발생한다. 뿌리 깊은 전문성과 독점적 기술에 경쟁적 우위의 기반을 두고 있는 회사들의 경우에, 공유하고 협력하며 파트너십을 맺어야 한다면 계산법이 완전히 달라진다. 파트너가 기술과 노하우를 소화해 직접적인 경쟁자가 될 것인가? 이것은 중국에서 자주 나타나는 문제다. 중국은 매력적인 성장 산업들을 표적으로 삼고 그 시장 규모를 활용해 필요한 전문성을 가진 기업들을 끌어들이며, 그런 기업들이 중국 회사들과 파트너십을 맺어야 한다고 주장한다. 그런 다음 합작 사업으로부터 얻은 노하우로 파트너들과 경쟁한다. 이것은 자동차와 고속 열차 산업의 일반적인 경향이 됐다.

미래의 경쟁자를 만들어내는 것이 암초라면, 성장 시장을 기존 경쟁자들에게 내주는 것은 진퇴양난이다. 북반구의 몇몇 기업은 그 거친 곳으로 기꺼이 비집고 들어가려고 하며, 장래에 서로 등을 돌릴 수 있을지라도 어떤 회사와 팀을 이루면 미래가 더 안전할 것이라고 확신한다. 이 북반구 회사들은 앞서나가기 위해 이전의 실패와 위험을 인식하고 자신들의 능력에 의존해 파트너를 선택하고 관리하려고 한다. 당신이 필요로 하는 원료 투입물과 기술, 시장 접근성에 따른 현실성 있는 질문은, 협력을 하거나 위험한 관계를 맺을 것인지의 여부가 아니라, 그 관계가 당신을 위해 잘 작동하도록 어떻게 만들 것인가이다. 성공하는 회사들은 경쟁을 밀치고 나아갈 수 있다. 통제권을 일정 부분 양도하고 사업을 지속적으로 차별화시킬 방법을 찾는 데 헌신할 의지가 있는 실용주의자들은 현재를 지배하고 있고, 아마 미래도 그럴 것이다. 이것이 바로 GE가 아시아의 신흥 항공 시장에 접근하기 위해 중국과 합작 사업을 만들었을 때 도달한 결론이다.

그러면 여기서 북반구 기업들이 축의 이동으로 받은 타격이 아닌, 어떻게 그것을 성공적으로 헤쳐 나갈 수 있는지를 보여주는 사례로, GE가 직면했던 딜레마와 보레알리스가 보았던 위협, 그리고 3M이 구축한 기반에 대해 살펴보자.

GE의
도전적인
파트너십이
가진 논리

몇몇 북반구 기업은 파트너에게 자신들의 기술과 노하우를 나누어 주어야 할 것이라는 점과 언젠가 그 파트너가 이런 기술과 노하우를 활용해 자신들에 맞서 경쟁할 수 있다는 점을 충분히 알면서도 파트너십을 맺는다. 악마와의 계약처럼 보이는 이것이 사실은 계산된 위험이다. 몇몇 경우에 그런 파트너십은 게임에 남아 있기 위한 가장 확실하고 좋은 방법이다. 이것은 특히 그 기업이 아무런 행동을 취하지 않을 경우 저성장 상태에 빠지거나, 그런 파트너십 제안을 받아들일 수도 있을 다른 경쟁자들에 대해 취약한 상태에 빠질 수 있기 때문이다. 파트너들이 자신들의 지식과 자원, 고객들과의 접촉 기회를 공유하면 양쪽이 모두 이익을 얻는다. 위험은 미래의 어느 시점에 조건이 변할 수 있다-이것은 과거에 실제로 일어났다-거나, 파트너가 전문 지식을 다른 사업체에 흘릴 가능성이 있다는 점이다. 파트너십 결정은 언제나 힘든 것인데, 이것은 또한 그 결정이 언제나 개인적인 차원을 수반하기 때문이다. 사람들은 자신들의 일자리가 위태롭다고 느낀다. 그리고 북반구의 느린 성장은 전 지구적 성장에 대한 북반구 기업들의 강조와 결부되어 공포와 불안이라는 유독성 화합물을 만들어내고, 많은 지도자들을 그 자리에서 얼어붙게 만든다. 특정 사업에 대한 '옳은' 답은 경쟁 행위와 그에 따른 반작용, 잠재적 이익과 손실, 정부가 미래에 무엇을 할 것인지에 관한 가장 정밀한 판단에 달려 있다.

무엇보다도 가장 민감한 파트너십은 모두, 중국이 전략적 표적으로 삼은 산업의 파트너십이다. 이런 파트너십의 가장 큰 사례 중 하나는 GE다. GE는 2011년 중국이 개발하고 있는 좁은 동체 비행기인 C919를 위한 에이비오닉스avionics, 즉 항공 전자 장비에 대한 공동 입찰을 위해 국유 기업인 중국항공공업집단공사AVIC와 55개의 합작 사업을 형성했다. 그러나 이 협약은 GE가 자신의 모국을 희생시키며 자신만의 성공을 추구하는 것은 아닌가 하는 우려를 낳았다. 2011년 9월 《월스트리트저널》의 한 헤드라인은 다음과 같았다.

"중국 사업은 GE에 좋은 일이다. 하지만 미국에도 좋을까?"[2] 우려는 두 입장으로 나뉘었다. 그 거래로 인해 미국은 일자리를 중국에 빼앗기게 될 것이고, GE는 첨단 기술을 양도함으로써 경쟁력을 잃게 되지 않을까 하는 시각이 있었다. 그러나 다른 시각도 있었다. 만약 GE가 중국인들과 파트너십을 맺지 못한다면, 시장을 비미국인 경쟁자들에게 내주고(그 상대적 규모를 잃고) 자기 회사와 장기적으로 미국 경제에 피해를 주지 않을까 하는 것이었다. 중국인들과 파트너십을 맺으려는 GE의 결정은 몇몇 지도자들이 밖에서 안으로 와 미래에서 되돌아보기 관점에서 상황을 명확히 파악하고 내리는 힘든 선택이었다. 또 그 최종 결과를 예측하기도 불가능했다.

항공 산업은 매우 복잡하고 정교하며, 고도로 상호 연관되어 있으며, 축 이동을 시작하고 있다. 2012년 현재 대형 민항기(수백 명의 승객을 장거리 수송하는 비행기) 시장은 보잉과 에어버스 두 회사가 지배하고 있다. 대형 항공기 생산의 어려움과 비용, 그리고 안전 기록의 중요성은 진입 장벽을 엄청나게 높인다. 반면, 좌석 수가 100개 이내이고 비교적 단거리를 운행하는 지역 항공기의 경우, 브라질의 엠브라에르와 캐나다의 봉바르디에가 시장 주도자다. 이 두 회사 모두 1990년대 지역 항공 교통의 증가와 더불어 비약적으로 성장했다.

경제성장 및 축의 이동과 더불어 남반구에서 항공 여행이 증가하고 이와 병행해 상업 항공기 수요도 증가했다. 1964년 이후 매년 보잉은 향후 20년간 중대형twin-aisle 항공기와 소형single-aisle 항공기 수요를 예측하는 '현 시장 전망current market outlook'을 준비해 왔다. 보잉은 '항공사와 공급업체, 금융권이 정보에 입각한 결정을 할 수 있도록' 이 정보를 공개하고 있다. 2012년 보고서에 따르면, 2030년에 비행기 대수가 거의 두 배로 증가할 것이다. 새 비행기 인도는 20년에 걸쳐 총 3만 3,500대, 4조 달러에 이를 것이다(에어버스도 비슷한 예측을 하고 있는데, 여기서 그 예측치는 같은 시기 동안 약간 낮게 나타나고 있다). 미국은 대체로 기존 비행기를 교체하면서 최대의 시장이 될 것이고, 중국이 두 번째로 큰 시장이 될 것이다. 아시아 태평양 지역은 1조 5,000억 달러에 이르는 1만 1,450대의 새 비행기를 필요로 할 것이다. 대형 항공기에 대한 가장 큰 수요도 아시아에서 나올 것이다. 또 전체적으로 수요가 가장 큰 것은 비용 효율성 때문에 소형 항공기가 될 것이다.[3]

기존 항공기 제조업체와 이들의 광범위한 공급업체망도 그 성장에 적극 참여할 것이다. 러시아와 일본, 중국 같은 새로운 참여자들도 나타날 것이다. 이들은 항공기 산업에 특정적인 파트너십과 복합적인 공급자망에도 참여할 것이며, 기존 기술과 노하우를 활용하며 그들 자신의 비행기를 개발해나갈 것이다.

대형 항공기는 동체에서부터 엔진, 전자제어 시스템-이 모든 것은 함께 작동해야 한다-에 이르기까지 수십만 개의 부품을 통합하는 거대하게 복합적인 기계다. 제임스 팰로스James Fallows는 그의 책 『차이나 에어본China Airborne』에서 조종석 통합이라는 단 한 가지 난제를 다음과 같이 서술하고 있다. "이것은 고급 컴퓨터 소프트웨어를 설계하는 일과 같은 것이다. 고온 동력 장치에 대한 감시와 제어를 동시에 수행해야 하고, 수천 개의 커넥터와 수 킬로미터의 케이블을 가진 전기 시스템을 운영하고 검사하며, 조종사들에게 거의 454톤의 무게가 나가고 거의 음속으로 갈 수 있는 운송 수단을 제어하는 데 필요한 데이터를 제공하며, 모두 3중 이상의 중복 기능과 비상 구조 모드로 전환해야 할 항구적인 필요성을 가진, 기타 무수한 다른 기능들을 수행하는 컴퓨터를 위한 소프트웨어를 개발하는 일 말이다."[4]

공급업체들은 무수히 많고 전문화되어 있으며, 종종 다른 회사들과의 밀접한 협력을 통해 혁신하고 조정하며 비용을 공유한다. 때

때로 그들은 합작 사업체를 형성하기도 하고, 때로는 더 작은 회사들에 외주를 주기도 한다. 2000년대 초 러시아는 엠브라에르와 봉바르디에에 대해 저가 공세를 펼칠 목적으로 75~100인승 제트기인 슈퍼제트 100에 대한 작업에 착수하면서 보잉과 협력 관계를 맺었다(보잉은 이미 모스크바 소재 디자인 센터에 1,200명의 러시아 기술자들을 고용했다). 부품들은 러시아 밖의 많은 공급원에서 조달되었는데, 엔진은 스네크마에서, 전자장치는 탈레스에서, 브레이크는 굿리치에서 조달됐다. 조종사들에게 비상경보를 해주는 혁신적인 '능동 비행 시스템'은 러시아인들(중앙항공유체역학연구소와 수호이)과 독일인들(립헤어 에어로스페이스)에 의해 공동으로 개발되었고, 다른 부품들은 하니웰, 커티스-라이트, 파커 하니핀, 메시에-부가티-도티에서 조달됐다.

2011년 슈퍼제트 100의 상업적 서비스가 시작되었고, 러시아의 주도적인 항공기 회사들이 통합항공사UAC라는 하나의 우산 아래 통합됐다. UAC와 기타 추진 중인 지역 제트기 사업에 100억 달러의 종잣돈을 투입하면서, 러시아는 낙오되지 않기 위해 항공기 경쟁에 참여할 것임을 명확히 했다. 일본도 항공기 산업에서 자신의 역할을 높이고 있다. 미쓰비시중공업과 이시카와지마-하리마, 가와사키, 후지 등 일본의 중공업 업체들은 오랫동안 우주 항공 산업의 공급 업체들이었다. 이 회사들의 부품은 보잉의 777 및 787에서, 특히 복합재료 영역에서 매우 두드러진 존재였다. 일본은 이미 소형 제트기와 터보 추진 비행기를 생산하고 있다. 따라서 일본 업체들은 자체 항공기 제작을 향해 나아가고 있다. 예를 들면 미쓰비시는 2016년을 목표로 자체의 지역 제트기인 MRJ(미쓰비시 지역 제트기)를 개발해 왔다.

물론 중국이 가장 큰 계획을 가지고 있다. 중국은 이미 저비용 제조국이자 조립국으로서 항공 생태계의 일원이 되어 있다. 이제 중국의 25개년 계획은 가치 사슬에서 상위로 올라갈 의도를 명확히 하고 있고, 중국 정부는 항공 산업의 무수하고 다양한 회사들을 전 지구적으로 더 큰 경쟁력을 갖추도록 보호 육성해왔다. 1990년대 초 그 보호 육성책은 AVIC, 즉 중국항공공업집단공사로 집약적으로 표현됐다. 그 후 AVIC는 AVIC I과 AVIC II로 분할되었는데, 각각 항공 우주 산업에서 서로 다른 세분 시장에 집중했다. 그리고 2007년 두 회사 모두 국가가 통제하는 COMAC(중국상용항공기유한공사)에 편입됐다. 중국 정부가 표적으로 삼아온 다른 산업들에서와 마찬가지로, COMAC을 통한 산업 전체에 대한 감독은 여러 장점이 있었다. 그중 가장 중요한 것이 정부의 '인내' 자본 공급이었다. 그러나 COMAC은 역시 국가의 통제하에 있는 중국 항공사들의 구매 결정에 영향을 미치고, 그 영향력을 활용해 개인 사업체들을 대신해 협상을 하며, 내부 경쟁을 통제할 수도 있었다.

사상 최초의 중국제 지역 제트기인 ARJ21은 2007년 첫 시험비행을 했다. 물론 이 비행기의 상당 부분이 비중국계 회사들에 하청됐다. 예를 들면 엔진은 GE에, 항공 전자 장비들은 록웰 콜린스에, 비행 통제 시스템은 하니웰에 하청됐다. 그 78~95인승 지역 제트기는 봉바르디에 및 엠브라에르와 직접 경쟁 관계에 있었다. 같은 해 봉바르디에는 ARJ21의 차기 버전과 관련해 중국인들과 협력한다는 장기

계약에 서명하고, 1억 달러와 기술 지원을 약속했다. 이로써 봉바르디에는 경쟁자인 동시에 공급업체가 됐다.

그런 다음 중국인들은 최대 200명의 승객을 수용하는 소형 항공기인 C919를 제작할 계획을 발표하면서 급소를 노렸다. C919로 중국은 보잉과 에어버스가 지배하는 가장 인기 있는 시장에 곧장 발을 들여놓고 있었다. 2011년 6월 파리 에어쇼에서 당시 보잉의 민용 제트기 사업부 수장이었던 짐 알바Jim Albaugh는 진행 중인 심각한 변화를 다음과 같이 인정했다. "에어버스와의 복점의 시대는 끝났다."[5] 딜로이트Deloitte의 2012년 2월 보고서인 「2012년 전 세계 우주 항공 및 방위 산업 전망」은 중국의 ARJ21과 C919에 대해 이렇게 써놓고 있다. "이 두 비행기 출시 프로그램은 그간 힘든 과정을 거쳐 왔지만, 이제 상업적 항공 운송 제품의 믿을 만한 생산자로서 떠오르고 있는 듯한 산업의 출현을 상징한다."[6] 러시아의 UAC와 중국의 COMAC이 2012년 5월, 장거리 항공기 제작을 위해 협력할 것이라고 발표했는데, 이것은 또 한 번 뜻밖의 사건 전개였다.[7]

항공기 산업에서 쇄도의 물결이 일어나는 가운데, 공급업체들은 그 종잡을 수 없는 상황이 그들에게 무엇을 의미하는지를 이해해야 했다. 그들은 새로운 참가자들과 더불어 성장할―실제로 그들이 성장하도록 도울―것인가, 아니면 배제될 것인가? 이것이 바로 GE가 2011년 항공 전자 장비를 개발하고 마케팅하기 위해 AVIC와의 합작 사업을 고려할 때 대답해야 할 질문이었다.

GE는 제1차 세계대전 때 터보 부스터 제작에서부터 오늘날 상업용 및 군용 대형 항공기 엔진의 주도적인 공급업체로 진화해오기까지 거의 100년 동안 항공기 산업에 진출해 있었다. GE 에비에이션 GE Aviation은 비행기를 리스해주고 엔진을 보수해준다. 좀 더 최근에 이 회사는 항공 전자 장비 사업에 참여했다. 수십 년에 걸쳐 이따금씩 시장과 기술의 극적인 변화가 일어났음에도 불구하고, 그 기간 내내 GE는 선두 자리를 지켜왔다. 예를 들면 1990년대 초 GE는 항공 여행의 패턴이 좀 더 단거리 경로에 유리한 방향으로 변화하자, 지역 제트기용 엔진을 개발했다. GE가 어떻게 전진해야 하고 현재의 재편 속에서 사업을 어떻게 해나갈 것인지는 아직 결정되지 않았다.

확실한 사실은 이런 것들이다.

○ 중국은 2030년에 6,000억 달러에 달하는 5,000대의 새 비행기가 필요할 것이고, 이는 중국이 두 번째로 큰 시장이 된다는 것을 뜻한다.
○ 중국 정부는 중국 항공사들이 어떤 비행기를 구매할지에 영향을 미칠 가능성이 농후하다.
○ 중국은 C919를 동남아시아와 아프리카, 라틴아메리카로 수출하는 것을 목표로 하고 있다.
○ 중국인들은 C919 공급업체들이 합작 사업체를 세우고 기술이전을 하도록 그들에게 요구한다.

GE는 파트너십을 두려워하지는 않았다. 파트너십은 항공기 산업에서는 흔한 일이었고, 오랫동안 GE의 사전에 들어 있었다. 1970년대 GE는 프랑스의 스네크마와 합작 사업체를 만들었고, 이것은 오늘날까지 GE의 자회사로 운영되고 있다. 1996년에는 최대의 라이벌 엔진 제조업체인 프랫 앤드 휘트니와 파트너십을 맺었고, 2004년에는 상업용 제트기 엔진을 만들기 위해 혼다와 합작 사업체를 만들었다. 중국에서의 합작 사업체도 GE에게는 새로운 일이 아니었다. GE는 그 사업 전반에 20개 이상의 합작 사업을 이미 가지고 있었다. 또 GE는 중국의 ARJ21을 위해 엔진을 공급하고 있었고, 프랑스의 사프랑 그룹과의 합작 사업을 통해서도 C919를 위한 엔진을 공급하는 데 합의했다.

중국 회사와 맺는 파트너십의 단기적 혜택은 명확했다. 즉 GE는 경쟁자 목록에서 중국을 지우고 단기적인 수익원을 얻게 될 것이었다. 위험도 마찬가지였다. 중국이 기술을 습득해 이것을 GE에 맞서 경쟁하는 데 사용하지 못하도록 하려면 어떻게 해야 할까? 그리고 어떻게 하면 중국 정부가 향후의 게임 규칙을 바꾸지 못하게 할 수 있을까? 항공 전자 장비는 실리콘밸리에서 나오는 그 어느 것 못지 않게 복잡하고, GE 에비에이션은 첨단을 유지하기 위해 열심히 일하고 많은 돈을 써온 소수의 회사들 중 하나다. 예를 들면 2009년 GE는 필수 항행 성능RNP(Reguired Navigation Performance)이라는 차세대 항행 시스템을 개척한 회사인 네이버러스사를 인수했다. 이 RNP는 연료 효율성이 높은 비행경로를 가능하게 해주고, 지상관제 대신 위성에 의존함으로써 지형이 까다롭고 시계가 나쁜 공항에서 안전하게 착륙할 수 있도록 해준다. 그 결과 군사용 제품을 보호하기 위해 미 국방성이 설정해놓은 한계 안에서 기술이 중국과 공유

될 것이었다. 따라서 중국이 기술을 소화해 경쟁할 것이라는 위험은 불가피했고, 중국 정부가 경로를 바꿀 수 있을 것이라는 위험도 그랬다.

그러나 중국과의 파트너십을 거절하면 GE는 기존 시장과 잠재적 시장 속에서 주변화될 수 있고, 기술적으로도 뒤처질 위험이 있었다. 그렇다면 GE는 매출의 차이를 메우기 위해 어디로 눈을 돌릴 수 있을까? 러시아? 러시아는 규모 면에서 중국과는 거리가 멀었지만, 고압적인 정부의 감독 아래에서 역량을 키우기를 너무나 간절히 바랐다. 그리고 일본의 미쓰비시는 지역 제트기를 제작하고 있었고, 항공 전자 장비 사업에 이미 참여하고 있었다. 또 봉바르디에는 합작 사업을 통해 중국과 가까운 유대 관계를 맺고 있었다. 그 합작 사업은 봉바르디에의 다른 구매 결정에도 영향을 미칠 것인가? 만만한 상대는 결코 없었다. 미국에서의 영향은 어떨까? GE의 항공기 사업이 뒤처진다면, 단기적으로 미국의 일자리 증가는 심각하게 축소될 수밖에 없을 것이다. 그 모든 것 외에도 그런 파트너십을 통해 GE 에이비오닉스는 기술 인재 원천을 얻고 네 번째 자리에서 위로 올라갈 기회를 얻게 될 것이다. 비행기 동체와 항공 전자장치의 모든 결합이 장기적인 관계라는 점을 고려하면, 그런 기회는 자주 오는 것이 아니다.

AVIC와 파트너십을 맺을 것인지에 관한 결정은 미래 시장을 둘러싸고 선을 어떻게 그을 것인지의 문제로 귀착됐다. 미래로부터 되돌아보기 분석 틀로 그것을 표현해보면, 그 질문은 이런 것이었다. 즉 GE는 기존 시장에서 더 큰 몫을 목표로 해야 하는가, 아니면 몫은 좀 작더라도 훨씬 더 큰 지구적 시장을 목표로 해야 하는가? 이 결정은 제프 이멀트의 과제가 됐다. 이멀트는 줄어들고 있던 파이의 몫을 차지하기 위한 싸움에는 관심이 없었다. 대신 그는 몫은 좀 더 작지만 규모는 더 큰 지구적 시장을 선택했다. 즉 GE 에비에이션은 중국에서 오는 새로운 경쟁자들에 직면한 미국 기업으로 남는 대신, 가장 큰 시장이 존재하는 남반구에 근거지를 두고 경쟁하는 전 지구적 회사가 될 것이었다. 그리고 그 합작 사업이 잘되어간다면, 그것은 다른 성장 시장으로 수출하기 위한 기지가 될 수 있을 것이었다.

GE는 자신의 미래를 보호하기 위한 조치를 취해왔다. 그중 하나는 합작 사업에 대해 최소한 절반의 소유권을 주장하는 것이었고, 이것을 위해 이멀트는 열심히 싸웠다. 또 다른 하나는 지속적인 연구 개발 투자를 통해 주도적인 우위를 유지하는 것이었다. 그 합작 사업은 자체의 지적재산을 창출하고 보호하도록 허가를 받고, 민수용 제품에만 초점을 맞추는 것이었다. 한편 GE는 다른 항공기 제품과 서비스를 키울 것이다. 독점 기술과 지식의 누출에 대한 우려가 언론의 헤드라인을 장식하고 있지만, 경쟁력은 지속적으로 혁신하는 능력과 그 혁신을 제조 공정과 연계시킬 노하우 같은 다른 방법으로 유지될 수 있다. 기술은 결코 정체되어 있지 않다. 다른 사람들이 당신을 앞설 수도 있고 당신이 다른 사람들을 앞설 수도 있다. 차별화는 혁신뿐만 아니라 관계 형성, 의사 결정 속도, 고객 서비스 같은 여러 가지 요인의 결합에 의해 일어난다. 그것은 누가 경주에 참가하는지와는 상관없이 경쟁자들을 압도할 조직적 및 인적 능력을 갖는다는 것을 의미하고, 파트너가 있든 없든 당신의 혁신 DNA를 세계 최상급으로 유지한다는 것을 뜻한다.

보레알리스는
왜 중동과
합병했는가

축의 이동은 기회와 더불어, 처리되지 않으면 회사의 성장을 제한할 수도 있는 위협을 제기한다. 보레알리스는 유럽에서 충분히 매력적인 기회가 존재하지 않기 때문에, 또 원재료에 대한 통제가 본질적으로 남쪽으로 이동했기 때문에 자신의 미래가 제한될 것이라는 점을 알고 있었다. 보레알리스는 그 이슈를 다루지 않고서는 성장을 계획할 수 없었다.

북반구의 회사들은 석유화학 산업이 처음 탄생할 때부터 그 산업을 지배해왔다. 그 회사들은 원유와 천연가스 성분들-이른바 공급 원료-로 기초 화학제품을 만드는데, 이 제품들은 다시 도료와 플라스틱, 비료, 합성섬유 같은 제품들로 한층 더 가공될 수 있다. 그러나 1990년대 초 석유화학제품에 대한 수요가 증가하면서 규모와 기술적 역량, 매력적인 공급 원료에 대한 접근권이, 새롭게 부상하는 고객들의 필요를 충족시키고 지구화하는 경제 속에서 성공하는 데 점점 더 중요한 이점이 됐다. 유럽의 기업들은 기술적으로 능숙했지만, 다소 파편화되어 있었기에 실질적 규모를 갖추지 못했고, 게다가 매력적인 공급 원료에 대한 접근 기회도 없었다. 구조 개혁과 합병이 시작됐다. 지금은 오스트리아 빈에 본사를 두고 있는 보레알리스가 부상한 것은 바로 그 기간 동안이었다. 즉 두 북유럽 회사인 핀란드의 네스테와 노르웨이의 스탯오일이 결합해 석유화학 회사를 만들었는데, 바로 이것이 보레알리스였다. 네스테는 폴리프로필렌을 만들 기술이 있었고, 스탯오일은 북해에서 나오는 중요한 원재료인 에탄에 대한 접근권을 가지고 있었다. 그러나 그 결합된 회사가 전 지구적으로 경쟁력을 갖추려면 더 큰 규모와 효율성이 필요했다. 그래서 그 회사는 합병을 계속하고 사업장 수를 줄이며 기술을 개선했다. 1998년 보레알리스는 오스트리아의 OMV 그룹 산하 PCD 폴리머와 합병해, 유럽 최대이자 세계 네 번째의 폴리올레핀 생산자로서의 입지를 공고히 했다. 그러면서도 그 지도자들은 유럽에서는 제한적이지만 매력적인 공급 원료에 대한 접근권을 확보할 결정적 필요성을 선견지명 있게 인식했다. 그리고 그들은 중동과 아시아 전역에서 잠재적 파트너들을 찾기 시작했다.

다른 경쟁자들, 특히 석유와 국부라는 강력한 조합으로 무장한 중동의 경쟁자들도 움직이고 있었다. 중동의 국가들은 자신들의 귀중한 석유와 가스를 이용하길 원했고, 그렇게 할 다양한 방법을 추구했다. 1998년 보레알리스와 아부다비국영석유회사는 서로를 발견했다. 그들은 합작 사업체를 만들어 보르쥬Borouge라 불리는 생산 복합체의 일부로서 폴리에틸렌을 만드는 공장 두 개와 에탄 '크래커(복합 분자를 단순한 분자들로 쪼개는)'를 지었다. 이 짝짓기를 통해 보레알리스는 자신이 필요로 하던 원료를 얻게 되었고, 아부다비는 기술이전과 일자리 창출, 풍부한 공급 원료를 기반으로 한 부가가치 창출로부터 이득을 얻었다. 그때 당신이 중동의 하늘 위로 날아가 보았다면, 많은 불꽃이 타오르는 모습을 보았을 것이다. 이것은 석유 시추의 부산물로 나오는 기체들이 타오르는 것이었다. 이제 이 기체들이 포집·분해된 다음 쉽게 수송될 수 있는 고체인 폴리에틸렌이나 폴리프로필렌으로 전환된다. 그 과정은 아부다비를 위해서는 환경문제를 해결해주고, 보레알리스와 보르쥬를 위해서는 중요한 투입물을 매력적인 가격으로 확보해준다.

그런 복합적인 공장들은 건설하는 데 오랜 준비 기간이 걸릴 뿐만 아니라, 최적 상태로 운영하는 데도 더욱 오랜 준비 기간이 필요하다. 보르쥬는 2001년 가동 준비를 했고, 2008년에는 유럽에서 생산되는 350만 톤에 더해 1년에 60만 톤의 폴리에틸렌을 생산하고 있었다. 2005년 150만 톤의 용량을 더하기 위해 두 번째 시설—보르쥬 2—을 짓는 계획이 수립되었을 때, 오스트리아의 OMV는 보레알리스에 대한 소유 지분을 36퍼센트로 확대했고, 반면에 아부다비의 국영석유투자회사IPIC는 소유 지분을 64퍼센트로 확대했다.* 새로운 소유권 체제로 인해 35억 달러의 '인내' 자본이 보르쥬 2를 위한 기금으로 가용되었고, 사업의 무게중심도 유럽에서 중동으로 이

---

* 원래 보레알리스의 소유 구조는 스탯오일 50%, OMV 25%, IPIC 25%로 되어 있었다. 그런데 2005년 스탯오일이 자기 지분 전체를 OMV와 IPIC에 매각함으로써 보레알리스 소유 지분 구조가 이렇게 바뀌었다.

동됐다. 유럽은 여전히 보레알리스의 아부다비 시설보다 더 많이 생산하고 있었지만, 이 기간이 그리 오래 계속되지는 않을 것이었다. 보르쥬 2는 2011년 가동에 들어갔고, 이어 2014년에 착수될 다음 프로젝트인 보르쥬 3을 위한 계획이 수립됐다. 이렇게 되면 유럽의 350만 톤에 더해 보르쥬는 총 450만 톤의 생산능력을 갖게 될 것이었다.

비록 아부다비에서의 확장이 다른 종류의 도전 과제를 제기했음에도 불구하고, 에탄 가스라는 중요한 투입물은 보레알리스가 어디서, 그리고 어느 정도는 얼마나 빨리 성장할지를 결정했다. 아부다비는 인구가 희박해 보르쥬 공장들을 건설하기 위해서는 많은 외국인 노동자들이 필요했다. 보르쥬 2 건설이 정점에 달한 기간 동안 약 2만 3,000명의 도급업자들이 현장에 있었고, 사막의 한복판에서 이들이 필요로 하는 식량과 물, 주택, 심지어 변기까지 공급해주어야 했다. 그 프로젝트는 또한 공장의 배치와 운영 조건을 현지 상황에 적합하게 만들기 위해 많은 기술적 지원이 필요했고, 이것은 대개의 경우 유럽에서 왔다. 사막에서는 모래 폭풍이 드문 일이 아니었고, 외부 온도가 섭씨 49도에 달할 수 있었다. 이것은 보레알리스의 공장들이 핀란드와 노르웨이 같은 곳에서 견뎌야 했던 영하 40도와는 엄청난 차이가 있었다.

대부분 유럽에서 태어나 교육받은 생산 전문가와 기술자들의 직업 경로도 바뀌었다. 이들은 그 회사에서 계속 일할 경우 중동에서 살아야 하고, 새로운 문화에 적응할 준비가 되어 있어야 한다는 사실에 직면해야 했다. 그 회사는 직원들이 새로운 문화에 적응하도록 도와줄 훈련 프로그램을 만들었다. 아부다비의 더 긴 계획 시간대에 적응하려면 사고방식도 바뀌어야 했다. 보레알리스의 CEO 마크 개릿Mark Garrett은 이렇게 설명한다. "유럽과 미국, 심지어 캐나다에서도 시간은 돈이라고 한다. 그러나 중동에서는 철학이 다르다. 그들은 시간이 당신을 피해 달아나는 게 아니라 당신에게 다가온다고 말한다. 이것은 결정적 차이다. 특히 당신이 세계 석유의 10퍼센트 위에 앉아 있다면 더욱 그렇다. 그들 가스전의 과잉 생산을 재촉하는 것은 장기적으로 그들에게 이익이 아니다. 그들은 자신들에게 가장 좋은 것은 오랜 시간에 걸친 꾸준하고 일관된 개발이라고 믿는다. 보레알리스는 아부다비에 최선의 이익이 되지 않는 것은 제안하지 않을 것이다. 우리는 우리의 소유주이자 파트너인 ADNOC와 함께 일한다."

**3M은
먼저 진입하고,
시장 성숙을
기다린다**

1세기 이상 되었고 약 300억 달러 이상의 매출을 올리는 3M은 세계 최대의 혁신 기업들 중 하나로 알려져 있다. 그 회사의 제품은 포스트잇 메모지와 접착제, 연마제에서부터 의학적 목적으로 사용되는 극미침과 인공호흡기에 사용되는 부직포에까지 걸쳐 있다. 또 이 회사는 현지 시장에 제품을 맞춤형으로 공급할 강력한 능력을 발전시켜오고 있다. 수십 년 동안 3M은 새로운 국가들로 확장해 나갈 때, 현지 시장이 성장하기 이전에 사람들을 파견하고 현지 지도자들을 보유·개발하며 고객 관계를 형성해나간다. 그에 이어 시장의 새로운 수요를 시사하는 신호에 따라 연구실과 제조 시설에 대한 투자를 일으킨다. 그리고 규모가 너무 작아서 자급적이 될 수 없는 시장을 위해서는 인근의 제조 중심지를 활용한다. 예를 들면 타이는 인도네시아와 말레이시아, 베트남, 필리핀에 제품을 공급한다. 현지 시장들에서 전문성이 발전함에 따라, 그 회사는 다른 시장들에서 고객 솔루션의 씨앗을 뿌리는 '중추적 연구 거점centers of excellence'을 세운다.

3M은 1950년대 미국 밖으로 확장하기 시작했는데, 고도로 능숙하게 적절한 시점을 택해 시장에 진입했다. 즉 이 회사는 역량을 구축할 수 있도록 충분히 일찍 진입한 다음 시장이 성장하기까지 오랫동안 기다렸다. 예를 들면 이 회사는 약 40년 전에 인도네시아에서 뿌리를 내렸는데, 그 이후 거의 대부분의 기간 동안 인도네시아 경제는 성장하지 않았다. 하지만 거기서 3M은 천천히 작은 영향력을 구축하고, 현지 관리자와 기술자들을 직원 명부 속에 포함시켰으며, 다른 곳에서 생산된 기초 제품을 그 국가의 발생 초기 산업 기반에 판매했다. 그리고 인도네시아 경제가 도약하기 시작한 만큼 3M의 '현지화' 모델이 효과를 나타내기 시작했다. 즉 3M은 현지의 필요를 위해 제품과 서비스를 수정하고, 그 시장을 위해 연구와 제품 개발을 수행했다. 이 모든 일은 주로 현지 인재들과 함께 이루어졌다. 2012년 은퇴할 때까지 3M의 아시아, 오스트레일리아, 뉴질랜드 수장이었던 제이 이렌펠드Jay Ihlenfeld는 이렇게 말했다. "우리는 아주 오래전에 기본적인 인적자원과 지식을 갖추어두었기 때문에, 이제 실험실과 현지 제조 시설에 대한 투자를 신속히 진행할 수 있다. 우리는 우리 현지 고객의 눈으로 모든 서비스를 제공하는 회사로 운영될 수 있다."

큰 보상을 위한 40년의 기다림은 3M에게도 비정상적으로 긴 시간이었지만, 똑같은 기본 원칙에 따라 3M은 지난 10년간 아시아 전역으로 빠르게 확장했다. 현재 아시아 태평양 지역은 이 회사 매출의 약 3분의 1-4년 전에 비해 두 배-을 차지하고, 선진국들이 훨씬 더 느리게 성장할 것으로 예상되는 다음 5년간 다시 두 배로 늘리는 것을 목표로 하고 있다. 연구의 모체는 여전히 미국에 있지만, 3M은 아시아에 새로운 '중추적 연구 거점'을 창출하고 있다. 이 회사는 현지인들의 능력을 개발하고 활용함에 따라, 가장 빠르게 성장하고 있는 지역을 점점 더 잘 이해해나가고 있다. 시기적으로 앞서서 역량을 구축하려는 노력은 기회가 왔을 때 경쟁자들보다 더 빠르고 잘 대응하는 것을 뜻한다.

시장에 전념한다는 것은 3M에게 여러 가지를 의미한다. 첫째로, 그것은 미래의 어느 시점에 전략적으로 중요할 시장에 참여하는 것을 뜻한다. 불확실한 시점에도 불구하고 그 시장은 확대되어 수출 거점으로서의 역할을 할 것으로 예상되기 때문이다. 둘째로, 그런 시장들에서 제조 및 연구 역량과 더불어 고객 관계를 구축하며, 따라서 현지 경제가 성장함에 따라 3M의 존재도 확장되는 것을 의미한다. 셋째로, 사업체들이 성장하고 번성함에 따라 그런 사업체들을 운영하는 데 필요한 기술적 전문성과 지도력을 구축하는 것을 뜻한다.

고객들과의 신뢰를 구축하는 것은 시장에 일찍 참여하는 것의 주된 목표이자 혜택이다. 3M 제품의 대다수는 기술을 기반으로 한 것인데, 이 제품들은 모두 고객들이 그 생산공정이나 제품 성능과 관련해 씨름하고 있는 문제들에 대한 해결책들-때로는 고객들이 인식조차 하지 못했던-이다. 따라서 고객의 제품과 생산공정에 대한 깊은 이해가 결정적으로 중요하다. 예를 들면 이동전화 제조업체들이 배터리 전력을 보존하면서도 밝은 디스플레이를 만들려고 할 때 직면하는 구체적인 문제들을 이해함으로써, 3M은 액정 표시장치를 더 보기 쉽게 만들어주는 필름을 개발하는 데 광학과 접착제 분야의 전문성을 활용했다. 그 모든 것은 광범위한 지적 자원을 이용하기 위한 3M 내의 협력뿐만 아니라, 3M과 고객 매장에서 일하는 기술자들 사이의 많은 의사소통과 신뢰를 필요로 한다. 따라서 기술적 전문성과 고객 관계는 서로 깊은 관련이 있다. 이렌펠드가 다음과 같이 설명하듯이 말이다. "시장이 성숙되었다는 조건에서 현지 제품 개발은 언제나 그 나라의 성장을 가속화시켰다. 바로 그래서 현지에서 시장의 필요와 기회에 대응할 수 있는 사람들을 확보하는 것이 중요하다. 가령 중국 같은 나라 밖에 앉아 있는, 즉 그 한복판에 있지 않은 누군가는 그것을 보지 못할 것이다."

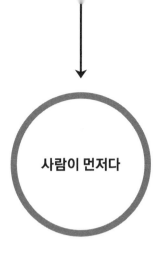

사람이 먼저다

이렌펠드가 2006년 아시아 태평양 지역을 운영할 임무를 받았을 때, 아시아의 나머지 지역은 여전히 주로 미국 출신 지도자들에게 의존하고 있었다. 이 지도자들은 그 지역의 큰 사업체들을 운영하도록 3~5년간의 임무를 부여받고 파견된 사람들이었다. 그런데 이제는 사정이 달라졌다. 이제 아시아의 거의 모든 지도자는 3M이 양성해온 현지인들이다. 그리고 그중 일부는 사업상의 주요 고위 직책까지도 맡고 있다. 현지의 맥락에 관한 이러한 깊은 지식 덕택에 3M은 현지 기업체들에 대해 경쟁력을 갖게 되었고, 나중에 회사의 다른 부분으로부터 지도자들을 이동시키거나 현지 인재를 채용하려는 다른 외국 회사들에 대해 명확한 우위를 갖게 됐다. 즉 지도부나 전문가들을 공급하는 데 한 나라에 의존하기보다는 진정으로 전 지구적인 인재 풀을 창출했던 것이다.

3M은 필요한 인재를 산업계와 캠퍼스에서 미리미리 채용하여 이

들로 하여금 통상적인 방식으로 전문 지식을 개발하고 3M 문화에 적응하도록 만든다. 그런데 여기 한 가지 예외가 있다. 기술 분야 채용의 초점은 학부 과정이 아니라 석사나 박사 학위 과정에서 연구하는 학생들에게 있다. 중국 내 3M의 연구 개발 지도자들 중 약 25퍼센트가 박사이고, 이들 중 다수는 2006년 이후 채용됐다. 그러나 강력한 기술적 배경만으로는 충분하지 않다. 핵심 기준은 3M의 문화에 적응할 능력이다. "우리의 문화 속에서 성공할 그런 유형의 사람을 일찍 찾아내는 것은 비교적 쉬운 일이다"라고 이렌펠드는 말한다. "그들이 어떤 문화나 어떤 나라 출신인지는 중요하지 않다. 중요한 것은 태도다. 즉 위계적이 아니라 협력적인 세계 속에서 일할 능력과 높은 열정, 창조성과 호기심이다. 사람들과 연계를 맺을 능력—인도의 기술자가 가령 중국의 공정 기술자와 연계를 맺을 능력—은 결정적으로 중요하다. 유럽과 일본, 미국, 그리고 아시아 전역에서 그것은 언제나 동일하다."

본사는 자본이 할당되는 방식에 관해 결정을 내리지만, 각국의 지도자들은 그 자본이 사용되는 방식에 관한 의사 결정을 할 때 큰 자율성을 갖고 있다. 그들은 또한 무슨 제품을 개발할지, 가격을 어떻게 책정할지를 결정한다. 여기에는 사업 결과에 대한 책임도 수반된다. 그리고 현지 팀의 능력이 시장에서 성공을 거두기에 충분하다는 것이 확인된 후에야 비로소 권한 위임이 이루어진다.

중국의 기술직원들은 자신들의 지식을 향상시킬 뿐만 아니라 회사 안에서 협력적 관계를 형성하기 위해, 일본이나 미국에서처럼 더욱 성숙한 사업 속에서 몇 달 혹은 몇 년을 보낼 것이다. 예를 들면 최근 한국의 어떤 기술 관리는 3년 동안 중국에 파견되었고, 다른 어떤 관리는 싱가포르에 파견됐다. 사람들을 3M의 다른 사업 부분들로 보내는 경우에 얻을 수 있는 많은 이점은 주제 전문가들* 사이에서 지식의 이전과 기술의 공유를 촉진한다는 데 있다. 베트남 출신의 직원이 훨씬 더 발전된 미국보다는 중국에 파견됨으로써 더 많은 혜택을 얻을 수도 있을 것이다.

공식적인 훈련 프로그램−어떤 것은 일국적 수준에서, 다른 어떤 것은 지역적 및 전 지구적 수준에서 이루어지는−은 연구 개발 관리자들뿐만 아니라 일반 관리자들에게도 지도력과 연결 기술 connecting skill을 형성해준다. 예를 들면 2011년 3M은 모든 수준의 제품 피라미드 혁신과 관련해 중국의 연구 개발 영역 지도자들을 위한 훈련 모임을 가졌다(제품 피라미드는 폭넓은 입문용, 혹은 기본 특징에서부터 대량 시장과 최상위의 고성능에 이르기까지 시장 규모와 필요의 서열을 포착하는 데 사용되는 개념이다). 또한 2011년 그 회사는 연구 개발을 위한 신입 사원 모집과 모범 사례 공유에 관한 지역 차원의 프로그램을 운영했다. 그룹들은 전 지역적으로 정보와 신제품, 혁신, 심지어 도움이 필요한 문제들을 공유하기 위해 작은 규모의 회의를 정기적으로 연다. 이 모든 메커니즘은 연결성과 협력을 높은 수준으로 끌어올린다. 관리자들의 훈련은 문화적 이슈를 구체적으로 다룬다. 즉 문화와 관련해 무엇이 중요한지, 문화를 어떻게 보존할 것인지를 다

---

* 특정 부서나 부문의 정책이나 절차 등에 정통한 사람을 말한다. 주로 이런 사람들이 조직의 비즈니스 룰을 도출하는 데 활용된다.

룬다. 인력 개발을 위한 노력이 계속되고, 이것은 다시 사람들로 하여금 회사에 헌신하게 만든다.

역량을 형성하고 본사로부터 신뢰를 얻는 데 걸리는 시간은 상황에 따라 다양할 수 있다. 규정 준수가 중요한 이슈인 보건과 안전, 보안 같은, 규제의 강도가 가장 강한 사업들에서는 신뢰를 형성하는 데 더 오랜 시간이 걸린다. 유럽과 일본에서의 그것은 수십 년의 과정에 걸쳐 일어난 점진적인 과정이었다. 아시아에서는 지난 10년에 걸쳐 빠른 속도로 성공을 거두어왔다.

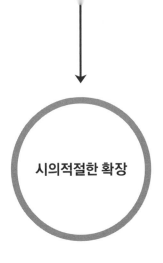

시의적절한 확장

현지 시장이 대체로 자급적인 운영을 지탱하기에 충분할 정도로 커질 때까지 제조 거점을 창출하고 제품 플랫폼들을 개조해나감으로써, 3M은 시장 수요에 따른 확장을 해나가는 데 큰 유연성을 얻는다. "시장보다 앞서 나가는 것은 이치에 닿지 않는다"고 이렌펠드는 말한다. "요점은 일단 일이 점점 더 매력적으로 보이기 시작할 때 신속히 움직일 수 있는 것이다." 바로 이 지점이 각국에 대한 직접적인 지식과 고객들과의 유대가 성과를 내는 지점이다. 그런 지식과 유대는 언제 속도를 내야 하는지에 관한 신호를 준다.

3M의 투자 중 상당 부분이 이제 중국과 인도로 향하고 있다. 일부 투자는 기술 수준이 좀 더 높은 싱가포르 제조업 쪽으로 향한다. 이렌펠드는 이렇게 말한다. "우리는 아주 여러 해 동안 매우 작은 규모로 진출해왔다. 그리고 갑자기 사태가 폭발적으로 진행됐다. 우리는 현지 제품 개발을 하기 위해 2011년 9월에 매우 훌륭하고 중요한

연구 개발 시설을 설립했다. 우리는 공장 확장을 위한 종합적인 공장 프로젝트를 가지고 있다. 인도 대기업들의 출현은 우리에게 좋은 시장 기회를 창출해왔다."

인도네시아와 타이, 방글라데시, 심지어 캄보디아 같은, 초기 성장 단계에 있는 나라들을 위한 투자도 늘어날 가능성이 있는데, 3M은 부상을 위한 신호를 기다리고 있다. "우리는 그런 곳들에서 무슨 일이 일어나고 있는지, 시장에서 우리의 투자 증대를 야기할 무슨 변화가 일어나고 있는지 알아보기 위해 끊임없이 살피고 있다. 그 나라들이 매력적인 곳이 되려면 상당히 많은 산업체들이 그 나라들로 이주해야 할 것이다. 그런 이주가 나타나기 시작한다면, 프리미엄 타입의 제품들에서 우리에게 상당한 사업 기회가 있을 것이고, 그러면 우리는 나머지 제품라인을 증설할 수 있다. 우리는 방글라데시로 섬유와 제약 산업이 이주하는 과정을 추적하고 있고, 캄보디아가 특정한 임계점에 도달하는지를 확인하려고 기다리고 있다. 우리는 수십 년 동안 필리핀에 있었지만, 최근에야 비로소 성장의 방아쇠가 당겨진 것을 보았다. 이제 우리의 선택지가 확대되고 있다."

오랫동안 인도네시아를 관찰해온 3M은 최근에야 비로소 정치적 안정을 찾은 이 나라로부터 기회를 더욱 가까이 살펴보게 됐다. 3M은 지도부와 기술 팀을 확대하고 실물 투자를 하는 것이 합당한 일인지의 여부를 냉정하게 살펴보기 위해 팀을 파견했다. 또 베트남에서의 많은 구조적 변화도 더욱 면밀히 관찰할 필요가 있었다. 물론 베트남이 다음번 중국이 될 것이라는 결론은 시기상조인 것으로 보이지만 말이다. "우리는 베트남의 정부 정책이 상대적으로 강력하지 않다는 점과 베트남의 공급 사슬이 여전히 중국에서 파생되고 있다는 사실을 고려해야 한다"고 이렌펠드는 말한다. "그래서 우리는 베트남 안에서 우리의 존재를 유지할 것이다. 이는 다국적 기업들이 자신들의 공급 사슬을 중국에서 베트남으로 이전하고 있고, 베트남에서 공급 사슬을 구축할 준비를 하고 있기 때문이다."

3M의 많은 고객들 자체가 새로운 지리적 영역에서 공장을 짓고 있는 다국적 기업들이고, 이들은 입지를 이전할 때 공급업체들을 함께 데려간다. 이것은 방글라데시의 제약 산업에 적용되는 이야기다. 이런 상황에서 밀접한 고객 관계는 언제 어디서 규모를 키우고, 심지어 판매 활동의 초점을 어디에 맞추어야 할지를 알려주는 또 하나의 훌륭한 신호원이 된다. 고객들은 종종 어떤 기간 동안 한 국가에서 결정을 내리고 다른 한 국가에서 제품을 제조한다. 예를 들면 3M이 중국에 처음 들어갔을 때, 실제 판매는 다른 어딘가에서 일어나는 게 일반적이었다. 오늘날에도 판매는 타이완 회사들에 하지만 제조는 중국에서 할 경우, 두 나라 모두에서 관계를 형성할 필요가 있다. 모든 신흥 경제들에는 공통된 패턴이 존재한다. 즉 내수 경제를 기반으로 하는 사업에 충분히 진출해 있다가, 공급 사슬이 따라오기를 기다려야 한다는 것이다.

현지 인재들은 고객들의 표준을 충족시킬 수 있어야 한다. 그러기 위해서는 때때로 기능이 계속 발전함에 따라 3M의 다른 부분들로부터 도움을 받을 필요가 있다. 최근 삼성이 베트남에서 사업체를 열었을 때, 삼성은 가장 중요한 사업을 운영하고 있었고, 따라서 한국에서 익숙해져 있던 것과 똑같은 수준의 품질과 서비스로 그 공급업체들이 가동될 필요가 있었다. 현지 3M 팀은 그렇게 높은 수준의 고객 수요와 관련된 경험은 없었지만, 3M의 고도로 네트워크화되고 협력적인 문화 안에서 일하면서 한국인 거래 담당자로부터 도움을 받았다(언어는 문제가 되지 않았다. 우연히도 베트남에 있던 한 팀원이 한국에서 부여받은 일시적인 임무를 수행하고 있었기 때문이다).

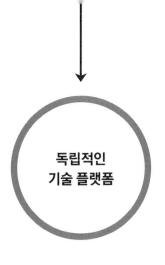

독립적인
기술 플랫폼

3M이 새로운 나라로 들어가고 고객들의 요구 사항들과 관련하여 혁신을 하기 위해 그 지식을 활용함에 따라, 전문 지식의 중요성이 자연스럽게 대두된다. 그런 전문 지식은 '중추적 연구 거점'이 되는데, 이것은 일종의 제조 거점에 상응하는 것으로, 그 시장 부문에서 회사의 최고위 전문가들이 배치된다. 예를 들면 싱가포르의 중추적 연구 거점은 연성 회로를 위한 혁신에 초점을 맞추고 있고, 일본에 있는 연구 거점은 전자 커넥터와 솔루션을 위한 혁신에 초점을 맞추고 있다. 그들은 기술적 도움을 위한 전사적인 참조처가 되고, '제품 플랫폼'을 창출한다. 제품 플랫폼이란 다른 나라의 기술자들이 현지 고객들을 위해 변용하거나 결합시켜 쓸 수 있는 기본적 기술 혹은 디자인이다. 3M의 아시아 태평양 사업부는 12개의 실험실과 20개 이상의 연구 거점을 가지고 있다.

오랜 시간 동안 고객들이 대개 미국에 기반을 두고 있었을 때는 제품 플랫폼이 항상 미국에서 나왔다. 그러나 극적인 변화가 일어났다. 일본의 국내 자동차 산업을 위해 개발된 기술인, 페인트를 대체하는 필름에서 시작해 자동차 사업의 많은 제품 플랫폼이 아시아에서 나왔다. 자동차 분야의 몇몇 새로운 구조용 접착제 플랫폼(예를 들어 차체를 밀폐하는 데 사용되는)은 유럽에서 나왔고, 지금은 세계의 다른 곳들에서 채택되고 있다.

중국은 최근에 고압 송전 분야의 중추적 연구 거점이 됐다. 아시아 태평양 지역 전력 시장 사업부 수장이 1990년대에 5년의 기간에 걸쳐 50번 이상 방문한 이래, 3M은 줄곧 중국의 에너지산업을 추적해왔다. 그는 발전 산업이 떠오르는 기회라고 보았고, 중국에서 관계를 형성하는 일에 착수했으며, 동시에 현지 전문 지식을 개발하기 시작했다. 그런 전문 지식은 이 특수한 사업에서 특히 중요할 것이었다. 3M은 미국에서 오랫동안 에너지산업에 종사해왔지만, 그곳에서 가장 일반적인 저전압 시스템-69킬로볼트 이하-에 집중해왔다. 중국은 발전소와 도시들 사이의 먼 거리 때문에 110킬로볼트 이상을 의미하는 고전압을 지원하기 위한 인프라를 구축하고 있었다. 따라서 여기에 필요한 기술과 공정, 원료가 기존 것들과는 전혀 달랐기 때문에 3M의 기존 제품은 이전되지 않았다.

3M은 중국인 기술자들-이들 중 일부는 미국에서 시간을 보냈다-을 채용하고, 몇몇 미국인 전문가들을 중국에 보냈으며, 제품 개발과 시험을 위해 특수한 전용 실험 장비에 투자했다. 2005년경 중국이 전력 인프라 구축에 대규모 투자를 시작했을 때, 3M은 현지 기술진의 규모를 늘릴 준비가 되어 있었다. 중국은 중추적 연구 거

점이 됐다.

　3M은 결국 중국에서도 제조를 할 것이고, 중국 사업부는 자체의 기능 부문 책임자를 가질 것이며, 그렇게 그것은 완벽히 통합될 것이다.

　중국이 고전압을 위한 최대의 시장이라는 사실은 별도로 하고라도, 중국을 중추적 연구 거점으로 만드는 것은 과거의 일처리 방식-또는 조직적 경험 법칙이라고 할 수 있는 것-과의 명확한 단절을 확인해준다. 이것을 통해 혁신가들은 무엇을 할 수 있고 할 수 없는지에 관한 가정과 선입견을 더 쉽게 피할 수 있고, 완전히 새로운 플랫폼에 도달할 수 있게 된다. 특히 저비용에 대한 중국 시장의 수요는 저비용 해결책에 대한 탐색을 추동한다. 그런 제약 조건 아래에서 자란 연구자들은 창조적 도전을 더 쉽게 받아들인다.

　현지의 성능 기준과 비용 명세는 3M의 기술자들이 작업 기준으로 삼아야 할 제약 혹은 조건을 종종 만들어낸다. 이런 제약 조건 아래에서는 현지 원료와 현지 제조법을 사용하고 제품 설계와 제조도 현지에서 하지 않을 수 없게 된다. 아시아 태평양 지역 연구 개발 책임자인 조 류Joe Liu에 따르면, 사람들이 그런 제약을 다룰 태도와 재능을 가지고 있다면 실제의 혁신을 불러일으키는 것은 바로 그런 제약들이다. 그는 이렇게 말한다. "그것이 핵심이다. 시장이 낮은 기준 가격을 요구하고 본사의 접근법으로는 충족시킬 수 없는 어떤 특징들을 필요로 하는 여기서 사람들이 혁신을 할 때, 당신은 처음부터 새로 시작함으로써 그 일을 잘할 기회를 갖는다." 상하이에 중추적 연구 거점을 세운 지 5년이 지난 지금 3M은 전 범위의 110킬로볼트 제품을 가지고 있고, 이것은 현재 중국에서뿐만 아니라 세계의 다른 곳에서도 제조된다. 이제 연구는 중국의 전력 산업이 향하고 있는 초고압－220킬로볼트 이상－쪽으로 이동하고 있다.

전문성의 분권화와 고객들과의 근접성은 두 종류의 경쟁자들－다국적 기업들과 현지 기업들－에 대한 3M의 경쟁력을 강화해준다. 3M은 무에서 시작했기 때문에, 처음에는 타이코 인터내셔널Tyco International 같은, 오랫동안 고전압 분야에 있었던 다국적 기업들에 비해 불리한 입장에 있었다. 그러나 3M은 중국에서 이미 구축해놓은 발판 덕택에 전 지구적 거대 기업들에 비해 비용 경쟁력을 갖고 있고, 운영 수준에서는 정보의 중심에 위치해 있다. 그리하여 3M은 예를 들어 어떤 기술적 사양이 떠오르고 있고, 누가 의사 결정을 하고 있는지를 알 수 있다. 또한 3M은 현지 회사들에 대해서는 다른 우위를 갖고 있다. 더 저렴한 대안이 있을 수 있겠지만, 3M은 품질 수준이 훨씬 더 높고 따라서 종종 가장 중요한 요인인 더 나은 안전을 제공한다. 최근 몇몇 경우 비용 때문에 현지 회사들과 함께 일해온 고객들이 3M에 도움을 청하고 있다.

어떤 연구 프로그램을 추구할 것인지와 완전히 새로운 플랫폼을 언제 창출할 것인지에 관한 결정은 미국의 본사와는 독립적으로 이루어진다. 이것은 자원 할당과 의사 결정 권한이 가장 낮은 수준－이 수준에서는 기회가 중요하다－으로 실질적으로 이동했다는 것을 뜻한다. 그리고 이것은 본사로부터의 신뢰 때문에 가능한 일이다. 아시아 태평양 전역의 마케팅과 연구 개발, 공급 사슬, 기능 부서 출신의 다양한 사람들 사이에서 여러 날에 걸쳐 많은 토론과 의사 결정이 이루어진다. 고전압에 관한 전문 지식이 기술 포럼과 교류 행사, 워크숍 등을 통해 공식·비공식적으로 전 지구적으로 공유된다. 예를 들면 2011년 초 상하이에서 세계 각지의 사람들이 모여 고전압 제품에 관한 회의를 1주일간 열었다. 이런 지식 이전은 다른 국가들에서 사업을 시작하려는 노력에도 도움이 된다. 예를 들면 그런 국가들에는 고전압 시장이 새롭게 나타나고 있는 인도와 베트남, 인도네시아 같은 국가들과 그동안 관심을 보여온 영국과 독일 같은 몇몇 선진국도 포함된다. 그래서 새로운 종류의 고객들을 위한 새로운 전문 지식의 구축은 회사 전체에 기여한다. 그리고 기준가격이 낮은 곳에서 연구 개발이 수행됨으로써, 본사의 연구 개발 역량은 차세대 기술 개발에 할당되고 있다. 특히 일부 지역에서는 아직 연관성이 없지만 3M이 최첨단 위치를 차지하고 싶어 하는, 바이오테크와 의료 같은 세분 시장을 위한 기술 개발에 본사의 연구 개발 역량이 집중 투입되고 있다.

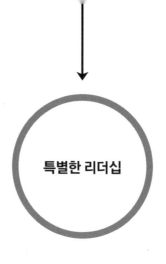

특별한 리더십

일찍 시장에 진입한 다음 시장이 성장함에 따라 규모를 키워가기 위해서는 어떤 특별한 리더십이 필요하다. 지도자들은 투자와 역량 형성을 어떤 속도로 해나가야 하는지를 가늠해나가면서 폭넓고 장기적인 관점-밖에서 안으로, 미래에서 되돌아보기-을 유지해야 한다. 이렌펠드는 지도자의 역할이란 승인이라기보다는 품질 보증에 더 가깝다며 다음과 같이 말한다. "나는 우리의 제조 조직이 타당한 방식과 올바른 속도로 역량을 형성하고 시장에 진출하며 생산을 증강하고 있다는 점을 확인하고 싶다. 그리고 재무 조직들이 다양한 나라에서 성장을 지원하기 위해 해야 할 일을 하고 있다는 점도 확인하고 싶다. 또한 우리의 실험실들이 역량을 키우고 연관 관계를 형성하는 모습도 보고 싶다. 그래서 나는 거시적 관점에서 사태에 접근하고 향후 5년 안에 우리가 가고자 하는 곳에 도달하기 위해 어떤 간극을 메워야 하는지를 살펴보고 그것을 기업적 관점에서 옹호한다. 물론 그런 다음 당신은 사업 운영을 감독하고, 이를 위해서는 전략이 수행되도록 하면서도 우리가 계속 효과적이고도 효율적으로 사업을 운영하도록 해줄 결정적 요소들에 초점을 맞추어야 한다."

"나에게 그것은, 우리가 기술 전문가와 지도력, 마케팅 전문가들을 육성하고, 그 모든 사람이 네트워크로 연결되고 성장하도록 만들고 있다는 점을 명확히 하는 문제다. 그래서 내 시간의 대부분은 실제로 중요한 직책과 승계 계획 수립에 할애되고, 또 이와 관련해 각 국가들과 공동 작업을 하며, 그 과정에서 핵심 골간을 이루는 영역에서 우리가 지닌 핵심 직원들의 역량을 강화하는 일에 할애된다. 그 나머지 시간은 해결되어야 할 모든 혼선과 오해를 이해하는 데 할애된다."

그것은 각 현지 시장의 미묘한 차이를 볼 능력과 3M이 기여할 수 있는 방식에 대해 상상하고 촉진할 능력을 필요로 하는 직접적인 작업이다. 조 류는 자신의 역할을 이런 식으로 서술한다. "나는 최소한 핵심 프로그램과 핵심 인력을 지닌 모든 실험실에서 무슨 일이 일어나고 있는지를 알기 위해 내 시간의 60~70퍼센트를 아시아 태평양 지역을 두루 돌아다니는 일에 할애한다. 내가 알고 있는 많은 제약 회사의 연구 개발 매니저들은 그들 시간의 대부분을 예산과 회의 등의 행정적 이슈들에 쓴다. 이 여행을 통해 나는 사람들을 연결시키고, 사람들을 알며, 사람들이 어떤 문제에 관해 연구하고, 무엇을 발견하고 있는지를 파악한다. 여행 중 나는 대부분의 시간을 연구자들 및 고객들과 함께 보낸다."

"어떤 나라에 가면 나는 회의실에 앉아 있는 것이 아니라 실험실에서 연구자들과 대화를 하며 시간을 보낸다. 나는 현지 팀에 동참해 고객들과 대화를 나누기도 하는데, 이 시간은 종종 큰 발견의 시간이다. 예를 들면 2011년 여름 인도를 방문했을 때, 나는 현지 의료 팀과 함께 대다수 인도인들이 치료를 받으러 가는 병원들을 방문했는데, 이것은 눈에 띄는 놀라운 경험이었다. 의사는 실제로 우리를 환자실로 데려가 덮개를 열어 환자의 상처를 보여주었다. 나는 일생 동안 그렇게 많은 상처를 본 적이 없었다. 이곳 사람들은 우리의 제품을 살 능력이 없는 저소득층 사람들이다. 그 한 번의 방문으로 나는 그 시장에 적합한 기준가격 제한을 설정해야 한다는 확신이 들었다. 우리는 사람들이 구매할 수 있을 제품을 고안해내기 위해 우리의 성숙한 기술을 현지 원료 및 현지 프로세스 사고와 어떻게 결합시킬 수 있을까? 그리고 우리가 이 일을 해낸다면, 이것은 다른 많은 나라에도 적용될 것이다."

"나의 관점은 모든 시장은 성장 시장이라는 것이다. 단지 도전 과제가 다를 뿐이다. 우리는 오스트레일리아와 뉴질랜드뿐만 아니라 일본에도 크고 유능한 실험실을 가지고 있고, 그래서 내가 그것에 주목하는 것이다. GDP가 더 빠르게 성장하고 있고, 따라서 무시할 수 없는 베트남과 인도네시아 같은 곳들이 있다. 우리는 우리의 역사로부터, 우리가 지금 하는 일은 연구 개발을 위한 강력한 기반을 구축하는 일이고, 나중에 크게 성과를 낼 것이라는 점을 안다."

당신의 전 지구적 미래

이 책을 최종 편집하는 동안에도 지도자들로부터 걱정하는 소리가 끊임없이 들린다. 예를 들면 일본과 유럽이 침체 상태에 있고 미국만 천천히 회복되고 있는데 어떻게 사업을 성장시킬 수 있겠는가? 우리는 그 시장들에서 경쟁력을 유지해야 하지만, 아시아와 라틴아메리카, 아프리카의 성장 시장들에서 비용 경쟁력을 갖추어야 한다. 하지만 이것은 불가능해 보인다.

그러나 불가능하지 않다. 한 발 물러서서 지구적 풍경을 더 폭넓고 장기적인 시각에서 보는 것이 큰 기회를 발견하기 위한 시발점이 될 것이다. 그렇다고 해서 당신이 기존 시장의 점진적인 확장을 포기해야 한다는 것은 아니다. 단타와 2루타들도 여전히 의미가 있다. 진짜 문제는 자동적으로가 아니라 선택에 의해 균형을 유지하는 것이다. 이것은 사업의 기본을 시야에서 놓치지 않으면서도 남반구의 다양한 기회의 구체적인 양상을 이해하고 큰 그림을 볼 정신적 능력을 키우는 것을 뜻한다. 당신은 지식 기반을 확장하고 당신의 준거틀을 자주 조정하지 않고서는 성공하지 못할 것이다. 당신이 사고방식과 행동을 바꾸면 당신의 조직도 변화하기 시작할 것이다. 이것이 바로 지도력이다.

전 지구적 기업은 축의 이동 속에서 어떤 모습으로 나타나야 하는가?

- 그 회사는 남반구에 한 개의 중추적 본사를 둘 수도 있다. 또는 세계의 다양한 부분에 여러 개의 본사—각 사업 단위를 위한 개별 본사들—를 둘 수도 있을 것이다. 또는 수많은 직원들이 있는 단일한 하나의 장소가 아니더라도, 전화로 화상회의를 하거나 그 회사가 운영하는 나라들을 두루 순번제로 돌아가며 대면 회의를 할 수도 있다.

- 그 회사에는 거시적 풍경을 유심히 관찰하면서 그 풍경에 관한 관점을 형성하고 현장 수준에서 수집된 정보에 기초해 그 풍경 속에서 기회를 찾는 지도자들이 있다. 그리고 여기서 그 정보는 조직의 여러 층위를 거쳐나가는 과정에서 동질화되거나 미화되지 않는다.

- 그 회사는 목적과 실적 목표, 실적에 대해서 설명할 책임 accountability을 가지고 있다. 이 책임은 지도자들이 직면하고 있는 과제들과 실시간으로 연계된다.

- 한 시장이 둔화되고 다른 시장이 급상승하기 시작하거나 경쟁

이 격화될 때, 그 회사는 자원의 투입 방향을 신속히 바꾼다.

- ○ 그 회사의 의사 결정권자들은 물리적인 거리와는 상관없이 밀접히 연결되어 있고, 그들의 결정이 의존하는 정보원과 가까운 관계를 유지한다.
- ○ 그 회사의 지도자들은 자신들의 인식에 대해 확신을 가지고 있으면서도 경로 수정이 필요할 경우 그 신호를 주의 깊게 읽는다. 이 덕택에 그 회사는 다른 회사들보다 과감히 앞서 움직인다.
- ○ 그 회사는 미지의 것을 받아들일 자세가 되어 있고, 자신감, 유연성, 탄력성을 가지고 있다.

이것은 이루기 어려운 이상적인 것이 아니라 바로 당신의 미래다. 멈출 수 없는 세계적 추세와 남반구의 경제성장의 불가피성을 과연 어떻게 부정할 수 있겠는가? 남반구에 대해 알면 알수록, 남반구에서 성공하기 위해서는 사업을 다른 방식으로 해야 한다는 점을 더욱 뚜렷이 인식하게 될 것이다. 다시 말하면 북반구에 근거지를 두고 있는 본사로부터의 물리적 거리에 기반하여 우선순위를 결정하거나, 당신 회사의 성장에서 주요 부분을 차지하는 나라를 건너뛰는 것은 완전히 바보 같은 짓임을 알게 될 것이다.

당신을 지체시키고 있는 신념과 구조, 시스템을 빨리 해체하면 할수록, 당신은 당면한 불확실성에도 불구하고 세계가 생각보다는 훨씬 덜 험악하다는 것을 더욱 빨리 알게 될 것이다. 세계 경제력 균형의 축 이동은 세계의 끝도 아니고, 당신의 지도력과 조직의 불안정화도 아니다. 전 지구적 축 이동의 속도와 시점은 불확실할 수 있지만, 방향은 명확하다. 그러한 축의 이동에 적응하게 되면, 당신은 그 축의 이동에 참여할 수 있을 뿐만 아니라 축 이동의 불가피한 변동성에도 적응할 수 있게 될 것이다.

보편적인 것들을 기억하라. 즉 돈벌이의 기본과 자신을 포함한 아이들의 삶을 향상시키려는 사람들의 열망을 기억하라. 전 지구적 금융 위기 동안 불안이 확산되었지만, 이것은 세계가 상호 연관되어 있다는 사실을 다시금 입증했다. 전 세계 모든 사람들은 그것이 그들 자신에게 무엇을 의미할지를 걱정했다. 즉 그들은 모기지를 갚을 수 있을 것인가, 혹은 식탁에 음식을 올려놓을 수 있을 것인가를 걱정했다. 사업체들이 뒷걸음질쳤다. 몇몇 기업은 아직도 방어적 자세를 떨치지 못했다.

한 회사는 그 충격에 신속히 적응했는데, 이는 정확히 그 회사의 사업 방식이 이미 축 이동을 했기 때문이다. 그러니까 본사는 실물적 존재에서 가상적 존재에 더 가까워졌고, 그 회사의 지도자들은 다양한 팀을 이루어 당면 이슈를 표면화시키고 여과되지 않은 현장의 정보들에 기반하여 공동으로 —그리고 빠르게— 문제를 해결하는 법을 이미 학습한 상태였다. 비용 제약으로 인해 부과된 여행 금지조차 지도자들이 그들을 분리시키고 있던 수천 킬로미터의 거리와 거대한 문화적 간극을 극복하는 데 장애가 되지 못했다. 반도체를 비롯한 전자 제품 제조업체에 부품을 공급하는 회사인 AZ 일렉트로닉 머티리얼스는 2008년 3개 대륙에 사업장을 가지고 있었다. 딱 2년 전에 그 회사는 사업 방식의 큰 변화를 겪은 상태였다. AZ의 지도자들은 코네티컷의 리지필드와 독일의 뮌헨처럼 멀리 떨어진 곳에서 매달 얼굴을 맞대고 만났다. 그들은 격월간으로 화상회의를 했다. 그들은 국적과 모국어가 달랐기 때문에 이런 회의에서는 영어로 말했는데, 이들 중 일부는 자신들의 모국어식 영어를 짙게 구사했다. 대화의 초점은 언제나 외부 환경의 큰 그림과 회사 전체, 그리고 고객들에 있었다. 경쟁은 격렬했고, 고객 수요는 매우 빠르게 변했으며, 마진은 박했다. 따라서 하나하나가 진부화 정책의 문제가 되었다. 그 지도자들은 자신들의 모든 관찰 결과를 모아 무슨 기술을 개발하고 어디서 얼마나 많이, 어떤 가격으로 생산할지를 결정했다. 그룹들 사이에서 목표 설정과 자원 할당이 이루어졌다.

전 지구적 금융 위기가 닥쳤을 때, 그 회사는 폭발적인 수요를 따라잡기에 충분히 빠르게 확장하는 방향에서, 수요 붕괴에 따라 흑자를 유지하기에 충분히 빠르게 비용을 삭감하는 쪽으로 급격히 선회해야 했다. "갑자기 사업이 끽 소리를 내며 멈추었다"고 당시 CEO 토머스 폰 크래니치펠트Thomas von Krannichfeldt는 설명한다. "파티는 끝났고 우리는 즉각 되돌아가야 한다." 그들은 이렇게 할 수 있었다. 이는 대체로 사람들을 결합시키고 그들의 사고와 행동을 조정하기 위해 그들이 의지했던 메커니즘 때문이었다. 비용을 삭감하기 위해 그들은 대면 회의를 보류했지만, 화상회의가 사태를 정리할 공간이 되었다.

그동안 복수의 조달원을 활용하는 것이 AZ의 전략이었지만, 수요 하락과 환율 변화 때문에 일본에서의 생산 비용이 더 높아지게 되자, 이 회사는 그 접근법을 재고해야 했다. 일본의 공급업체들은 비용이 너무 높아져서 공급원 역할을 더 이상 할 수 없게 되었다. 그러한 공급원을 잘라내는 것은 다른 것들은 확장하는 가운데 일부 생산 시설이 폐쇄되어야 한다는 것을 뜻했는데, 이것은 받아들이기 힘든 현실이었다. 폰 크래니치펠트는 다음과 같이 설명한다.

일본과 유럽으로부터 50/50 혹은 60/40 비율로 조달하는 대신, 일본에서 0, 유럽에서 100의 비율로 조달하는 것이 현명한 일이라는 점이 숫자상으로 명확히 드러나고 있었다. 우리가 이렇게 조달 비율을 바꾸지 않으면, 경쟁자들이 비용 우위를 차지할 수도 있었다. 그러나 그렇게 변화시키는 것은 말이 쉽지 행하기는 쉽지 않았다. 왜 일부는 좋아지는데 다른 일부는 나빠지는지를 이해하기 위해서는 핵심적인 국별 관리자를 얻는 것이 중요했다. 우리는 매주 국별 관리자, 공급망 관리자, 구매 관리자들과 화상 회의를 했다. 전화상으로 하기에는 상당히 큰 규모였지만, 우리는 가능한 한 공개적이 되도록 노력했다. 우리는 여러 심의 과정을 거쳤고, 국지적인 시야를 넘어설 수 있도록 모든 사람을 서로 연계시키려고 노력했다. 일본인들은 엔화가 엄청나게 강력해져 있었다는 사실을 받아들여야 했다. 1달러당 115엔에서 거의 90엔대까지 떨어졌던 것이다. 이것은 거대한 변동이었고, 일본의 우리 측 공급업자들이 가령 독일의 제조업체나 한국의 제조업체와 경쟁하기 위해 할 수 있는 일은 없었다. 이것은 상당히 고통스러웠지만, 사람들은 결국 현지에서 더 이상 조달할 수 없을 것이라는 점을 받아들이게 됐다. 그도 그럴 것이 수치가 말해주었기 때문이다. 너무 비쌌다. 우리가 일본에서 계속 조달을 하면 해당 제품에 대해 100만~200만 달러의 비용이 더 들었다. 말이 안 됐다.

　모든 회사는 변화하는 상황과 새로운 기회에 지속적으로 적응하려면 유연성과 반응성responsiveness이 필요하다. 또 알 수 없는 어느 방면으로부터 밀려오는 해일 같은 일이 일어날 때, 재정적으로 생존하기 위해서도 그것들이 필요하다. 나는 이 책을 통해 여러분이 축의 이동 속에서 자신감을 가지고 앞서 나갈 수 있다는 것을 확신하기를 바란다. 사실 이렇게 앞서 나아가는 것은 여러분의 의무다. 나는 여러분이 전 지구적 축 이동 속에서 지도자가 되기 위해 필요한 사고방식과 기능을 개발함으로써 그 의무를 다하도록 준비하라고 촉구한다.

당신의 전 지구적 지도력 과제 요약

이제 지도력은 기본적인 것 이상을 필요로 한다. 사업 감각, 사람에 대한 정확한 판단, 높은 성실성과 가치, 규율 있는 실행 등의 모든 자질들은 계속 중요할 것이다. 그러나 전 지구적 축 이동 속에서 지도자로서 성공하기 위해 필요할 새로운 필수적인 기능과 능력들도 있다. 예를 들면 이런 것들이다.

1. 변화하는 전 지구적 풍경의 복잡성 속을 꿰뚫어 보고, 멈출 수 없는 추세와 중심점 사건을 포착할 예리함, 그리고 변화의 속도를 따라잡기 위해 이 활동에 시간을 투자할 의지.
2. 기회가 충분히 형성되기 전에 그 기회를 보고 불확실성 속에서

행동하며, 정질적이면서도 때로는 불완전한 지식에도 일부 근거하여 이따금씩 전략적 도박을 감행할 상상력.

3. 여러 문화들을 신속히 흡수하고, 경험 법칙을 새로운 맥락 속에서 이해하며, 문화적 차이들을 꿰뚫고 사업의 바탕을 간파할 예리한 인식 능력.

4. 정부, 규제자, 기타 외부 관계자들과 사회적 네트워크를 구축하고 정보의 가교를 형성할 전문성.

5. 정보 필터를 줄이고 의사 결정을 빠르게 하며 행동 규범을 세우고, 본사나 집중화된 사업부 및 기능 부서들과 지리적 영역들 사이의 고유한 긴장이 신속히 해결되도록 하기 위해 회사의 사회적 시스템을 형성하고 개조할 솜씨.

6. 큰 그림을 보고 이 그림을 현장 수준의 정보와 연계시키며 다른 사람들에게 활력을 주는 성장과 수익성의 경로를 비추어줄 인지 및 인식 능력의 폭과 깊이.

7. 자신의 시간을 관리하고 학습을 계속하며, 해야 할 일을 실행하는 규율.

감사의 말

이 책은 그간 내가 해온 관찰의 결과물인 동시에, 세계적으로 가장 성공한 사업계 지도자들과 해온 토론의 결과물이다. 이 지도자들은 오늘날의 현기증 날 정도로 빠른 변화 속에서 살아남아 있을 뿐만 아니라, 성공 또한 거두고 있다. 그리고 그중 몇몇의 경우에는 전 지구적인 지리경제학적geo-economic 축 이동 창출에 기여하고 있다. 나는 이 지도자들이 내게 내준 시간과 관심에 깊이 감사드린다. 그들의 지적인 관심은 나의 사고에 자극제가 되었고, 그들의 모범적인 지도력은 이 책에서 제시된 많은 교훈의 원천이 됐다. 특히 나는 3M의 제이 이렌펠드(은퇴)와 신디 존슨Cindy Johnson, 조 류, 잉게 툴린 Inge Thulin, 아디티야 비를라 그룹의 쿠마르 망갈람 비를라와 산트 럽트 미스라Santrupt Misra, AZ 일렉트로닉스의 톰 폰 크래니치펠트 (은퇴), 바르티 에어텔의 수닐 미탈과 마노지 콜리, 보레알리스의 마크 개릿, GE의 스티브 볼츠Steve Bolze와 존 치민스키John Chiminski,

존 플래너리John Flannery, 제프 이멀트, 존 라이스, 그리고 GMR 그룹의 G. M. 라오와 키란 쿠마르 그랜디Kiran Kumar Grandhi에게 감사를 드리고 싶다.

또한 자신들의 생각과 통찰을 아낌없이 나눠준 다음과 같은 매우 유능한 사업계 지도자들에게도 감사를 드리고 싶다. 트립 아헌Tripp Ahern, 밥 베클러Bob Beckler, 토드 브래들리Todd Bradley, 딕 브라운 Dick Brown, 그레그 브라운Greg Brown, 마이크 캠벨Mike Campbell, 데니스 캐리Dennis Carey, 빌 코너티Bill Conaty, 모하메드 엘-에리언Mohamed El-Erian, 브래드 펠드먼Brad Feldmann, 켄 프레이저Ken Frazier, 고든 파이프Gordon Fyfe, 에릭 피어왈드, 마노지 가우르 Manoj Gaur, 채드 홀리데이Chad Holliday, 무타 켄트Muhtar Kent, 존 코스터John Koster, 존 크레니키, A. G. 래플리A. G. Lafley, 존 루크John Luke, 스테퍼니 메타Stephanie Mehta, 잭 내서Jack Nasser, 존 니덤John Needham, 로드 오닐Rod O'Neal, 토니 파머Tony Palmer, 마리아 루시아 페레 랭걸Maria Lusia Ferré Rangel, 헬렌 런태그Hellene Runtagh, 이반 세이든버그, 데이븐 샤르마Deven Sharma, 아닐지트 싱Aniljit Singh, 미리언 그래딕 위어Mirian Graddick Wier 등이 그들이다.

크라운 출판사의 내 편집자인 존 매허니John Mahaney는 독자들이 이 책에서 최상의 경험을 할 수 있도록 탁월한 전문성을 발휘했다. 그는 모든 것을 구체적이고 명확히 표현하기 위해 세심한 노력을 기울였을 뿐 아니라, 이 책이 완성되기까지 시간은 말할 것도 없고 엄청난 양의 정신적 에너지를 투여했다. 탁월한 유머 감각과 더불어 그가 이 책에 해준 편집상의 기여와 지적인 도움에 감사드린다.

게리 윌리건Geri Willigan도 이 책의 편집에서 빼놓을 수 없는 기여를 했다. 그는 평소처럼 예리한 지적 능력을 발휘해 방대한 양의 정보를 파악하고 분석했다. 지난 20년 동안 그는 콘텐츠 개발자이자 작가, 편집자, 연구자, 프로젝트 매니저로서 나에게 큰 도움을 주었다.

'실행'과 관련해 래리 보시디 및 나와 함께 작업했던《포춘》지의 전 편집 주간 찰리 버크Charlie Burck는 이 프로젝트에 깊은 지적 능력과 탁월한 글쓰기 기술을 빌려주었다. 그는 복잡한 주제를 깊숙이 꿰뚫어 보고 이것을 이해하기 쉽게 전달할 수 있는 보기 드문 능력을 지녔다.

나는 이 책을 위한 연구 조사 작업을 하기 위해 멀리 떨어진 세계의 구석구석을 수십 번 여행해야 했다. 신시아 버Cynthia Burr와 캐럴 데이비스Carol Davis는 나를 계속 순조롭게 움직이도록 해준 내 댈러스 사무실의 마술사들이었다. 그들은 나에게 단순한 여행사 직원 이상의 존재다. 그들은 내가 전 세계를 돌아다니면서도 일상 업무를 볼 수 있도록 해주는 인프라와 같은 존재다. 나는 이들의 부가가치에도 매우 감사한다.

훌륭한 저널리스트로서 나에게 유용한 평가 의견을 제시해준 제프 콜빈과 데이비드 휘트포드David Whitford, 래리 유Larry Yu에게도 감사를 표시하고 싶다. 존 갤리Jon Galli와 나의 오랜 사업 동료인 존 조이스John Joyce에게도 마찬가지다. 마지막이지만 여전히 중요한 분들이 남았다. 즉 인내심을 가지고 세세한 것까지 주의를 기울이며 도움을 준 마리 챠티보르스키Mary Choteborsky와 데릭 리드 Derek Reed를 비롯한 크라운 출판사의 나머지 팀원들에게도 감사를 드린다.

그리고 독자 여러분에게도 감사드린다. 나는 배우고 더 나아지고 자 하는 여러분의 열망에 감사드린다. 더 좋은 세상을 만들어나갈 사람은 바로 여러분과 같은 사람들이다.

제1장

1 World Trade Organization, International Trade Statistics, 2012.

제2장

1 Charles Roxburgh, Susan Lund, and John Piotrowski, *McKinsey Global Institute: Mapping Global Capital Markets 2011* (McKinsey & Company).

2 Mary Anastasia O'Grady, "Ben Bernanke, Currency Manipulator," *Wall Street Journal*, October 30, 2012.

3 Robin Harding, "IMF Gives Ground on Capital Controls," *Financial Times*, April 5, 2011.

4 Charles H. Ferguson, *Predator Nation* (New York: Crown Business, 2012), p. 223.

5 Ibid., p. 20.

6 Ian Bremmer, *The End of the Free Market* (New York: Penguin Group, 2010).

7 Kenneth G. Lieberthal, *Managing the China Challenge* (Washington, D.C.: Brookings Institution, 2011).

8 Bloomberg News, "Copper: China's Red Gold," *Bloomberg Businessweek*(http://www.businessweek.com/magazine/copper-china-redgold/에서 볼 수 있음), 2012년 8월 17일에 열람.

9   Bill Powell, "Why China Is Losing the Solar Wars," *Fortune*, August 2, 2012.

10 http://www.hbs.edu/competitiveness/.

11 James Manyika, Michael Chui, Brad Brown, Jacques Bughin, Richard Dobbs, Charles Roxburgh, and Angela Hung Byers, "Big Data: The Next Frontier for Innovation, Competition, and Productivity," *McKinsey Quarterly*, May 2011.

12 Ibid.

13 Erik Brynjolfsson and Andrew McAfee, *Race Against the Machine* (Lexington, MA: Digital Frontier Press).

14 Karim Sabbagh, Roman Friedrich, Bahjat El-Darwiche, and Milind Singh, "Maximizing the Impact of Digitization," Booz & Co. Inc, 2012.

15 Scott D. Anthony, *The Little Black Book of Innovation* (Cambridge, MA: Harvard Business Review Press, 2012).

16 Anthony, "The New Corporate Garage," *Harvard Business Review*, September 2012.

17 Homi Kharas and Geoffrey Gertz, "The New Global Middle Class: A Cross-Over from West to East," http://www.brookings.edu/~/media/research/files/papers/2010/3/china%20middle%20class%20kharas/03_china_middle_class_kharas.pdf.

18 Rukmini Shrinivasan, "Middle Class: Who Are They?," *Economic Times* of India, December 1, 2012.

19 Homi Kharas and Geoffrey Gertz, Brookings Institution, in a 2011 report by *Economist*, July 23, 2011.

20 Yougesh Khatri, Wilianto Ie, and Alastair Newton, "Indonesia: Building Momentum," Nomura, June 9, 2011.

21 Matt Moffett, "A Rags-to-Riches Career Highlights Latin Resurgence," *Wall Street Journal*, November 15, 2011.

22 Nouriel Roubini, "Young, Poor, and Jobless," *Slate*, March 8, 2011.

23 Joe Leahy and James Fontanella-Khan, "India: Squeezed Out," *Financial*

Times, December 17, 2010.

24 "Steelmakers Accuse Iron Ore Producers of 'Illicit' Price Change," *Financial Times*, April 1, 2010.

25 유럽 자동차공업협회의 2010년 3월 언론 발표문. 이 협회 회원사는 BMW Group, DAF Trucks, Daimler, FIAT Group, Ford of Europe, General Motors Europe, Jaguar Land Rover, MAN Nutzfahrzeuge, Porsche, PSA Peugeot Citroën, Renault, Scania, Toyota Motor Europe, Volkswagen, Volvo 등이다.

26 Craig Trudell and Mark Clothier, "Auto Output Threatened by Resin Shortage After Explosion," Bloomberg, April 17, 2012.

27 Sanjeev Choudhary, "Indonesia Tax Plan May Turn India Power Firms to Australia, Africa," Reuters, April 4, 2012.

28 James Wellstead, "Indonesia's Coal Game," *Coal Investing News*, April 16, 2012.

29 Choudhary, "Indonesia Tax Plan."

30 Sarita C. Singh and Devina Sengupta, "Foreign Firms Like Rio Tinto, BHP Lure Mining Engineers with Fancy Packages and Perks," *Economic Times* of India, May 15, 2012.

31 Richard Dobbs, Susan Lund, Charles Roxburgh, et al., "Farewell to Cheap Capital?: The Implications of Long-Term Shifts in Global Investment and Saving," McKinsey Global Institute, December 2010.

32 Ferguson, *Predator Nation*, p. 20.

33 Matthew Ruben, "Forgive Us Our Trespasses?: The Rise of Consumer Debt in Modern America," ProQuest Discovery Guides, February 2009, www.csa.com/discoveryguides/debt/review.pdf.

제3장

1 별도의 주석이 없을 경우 이 장과 다른 장들에서의 인용은 나의 개인적인 인터뷰에 근거한 것이다.

2 Carlos Brito, interview by Big Think, September 9, 2010, video at http://

bigthink.com/users/carlosbrito.

3 하이얼과의 이 논의에 대해서는 주로 하버드 비즈니스 스쿨에서 마련한 다음 두 가지 사례연구에 의존했다는 점에 유의하라. 이 두 사례연구는 결국 훌륭한 근거 자료였다. Tarun Khanna, Krishna Palepu, and Phillip Andres, "Haier: Taking a Chinese Company Global in 2011," Harvard Business School, August 11, 2011; Krishna Palepu, Tarun Khanna, and Ingrid Vargas, "Haier: Taking a Chinese Company Global," Harvard Business School, August 25, 2006.

4 Patti Waldmeir, "Haier Seeks to Boost European Sales," *Financial Times*, June 18, 2012.

5 Geoff Colvin, "Zhang Ruimin: Management's Next Icon," *Fortune*, July 15, 2011.

6 Sunil Bharti, interview, "Bharti Group's Sunil Bharti Mittal on Lessons of Entrepreneurship and Leadership," *India Knowledge@Wharton*, July 10, 2008.

7 Ibid.

8 Ibid.

9 Joji Thomas Philip, "We Didn't Imagine 100 mn in Our Dreams: Sunil Mittal," *Economic Times*, May 16, 2009.

제4장

1 "Kodak's New Focus," *BusinessWeek*, February 12, 1995, http://www. businessweek.com/stories/1995-02-12/kodaks-new-focus.

2 Andrew Hill, "Snapshot of a Humbled Giant," *Financial Times*, April 2, 2012.

제7장

1 몇몇 소비재 회사들도 사람을 우선시한다. 예를 들면, KFC는 자사의 레스토랑들이 중국에서 큰 확장을 시작하기 전에 필요로 할 많은 미숙련 노동자들을 훈련시킬 최소한의 필수 매니저들을 양성하는 데 주의를 기울였다.

2 John Bussey, "China Venture Is Good for GE but Is It Good for U.S.?" *Wall Street Journal*, September 30, 2011.

3 Boeing, "Current Market Outlook 2012-2031, http://www.boeing.com/commercial/cmo/pdf/Boeing_Current_Market_Outlook_2012.pdf.

4 James Fallows, *China Airborne* (New York: Pantheon, 2012).

5 Mark Odell, "Boeing and Airbus Call Time on Duopoly," *Financial Times*, June 20, 2011.

6 Deloitte, "2012 Global Aerospace and Defense Industry Outlook: A Tale of Two Industries," Deloitte Global Services Limited, February 2012.

7 Yuliya Fedorinova, "Russia, China to Produce New Long-Haul Aircraft, Vedomosti Says," Bloomberg.com, May 30, 2012, http://www.bloomberg.com/news/2012-05-31/russia-china-to-produce-new-long-haul-aircraft-vedomosti-says.html.

KI신서 5247

세계 경제 축의 대이동

1판 1쇄 인쇄 2013년 11월 4일
1판 1쇄 발행 2013년 11월 11일

지은이 램 차란 **옮긴이** 김현구
펴낸이 김영곤 **펴낸곳** (주)북이십일 21세기북스
부사장 임병주 **해외사업본부장** 김상수
해외콘텐츠개발팀 이현정 백은혜 **디자인** 씨디자인
해외기획팀 김영희 송효진 **콘텐츠제휴사업팀** 송근우 임동렬
마케팅영업본부장 이희영 **영업** 이경희 정경원 정병철
광고제휴 김현섭 강서영 **프로모션** 민안기 최혜령 이은혜 유선화
출판등록 2000년 5월 6일 제10-1965호
주소 (우 413-120) 경기도 파주시 회동길 201(문발동)
대표전화 031-955-2100 **팩스** 031-955-2151 **이메일** book21@book21.co.kr
홈페이지 www.book21.com **트위터** @21cbook **블로그** b.book21.com

ISBN 978-89-509-5189-4 03320
책값은 뒤표지에 있습니다.